2022年国家

主观题
模板写作一本通

ZHUGUANTI MUBAN XIEZUO YIBENTONG

厚大法考○组编

崔红玉 卢 杨 陈 橙 张 燕 张 佳 柳子亮 文 君 李夕言○编著

中国政法大学出版社

厚大在线

硬核干货
八大学科学习方法、2022年新旧大纲对比及增删减总结、考前三页纸等你解锁。

法考管家
法考公告发布、大纲出台、主客观报名时间、准考证打印等，法考大事及时提醒。

定期直播
备考阶段计划、心理疏导、答疑解惑，专业讲师与你相约"法考星期天"直播间。

新法速递
新修法律法规、司法解释实时推送；最高院指导案例分享；牢牢把握法考命题热点。

免费课堂
图书各阶段配套名师课程的听课方式，课程更新时间获取，法考必备通关神器。

职业规划
了解各地实习律师申请材料、流程，律师执业手册等，分享法律职业规划信息。

法考干货　通关神器　法共体

更多信息
关注厚大在线

代总序

做法治之光

——致亲爱的考生朋友

如果问哪个群体会真正认真地学习法律，我想答案可能是备战法考的考生。

当厚大的老总力邀我们全力投入法考的培训事业，他最打动我们的一句话就是：这是一个远比象牙塔更大的舞台，我们可以向那些真正愿意去学习法律的同学普及法治的观念。

应试化的法律教育当然要帮助同学们以最便捷的方式通过法考，但它同时也可以承载法治信念的传承。

一直以来，人们习惯将应试化教育和大学教育对立开来，认为前者不登大雅之堂，充满填鸭与铜臭。然而，没有应试的导向，很少有人能够真正自律到系统地学习法律。在许多大学校园，田园牧歌式的自由放任也许能够培养出少数的精英，但不少学生却是在游戏、逃课、昏睡中浪费生命。人类所有的成就靠的其实都是艰辛的训练；法治建设所需的人才必须接受应试的锤炼。

应试化教育并不希望培养出类拔萃的精英，我们只希望为法治建设输送合格的人才，提升所有愿意学习法律的同学整体性的法律知识水平，培育真正的法治情怀。

厚大教育在全行业中率先推出了免费视频的教育模式，让优质的教育从此可以遍及每一个有网络的地方，经济问题不会再成为学生享受这些教育资源的壁垒。

最好的东西其实都是免费的，阳光、空气、无私的爱，越是弥足珍贵，越是免费的。我们希望厚大的免费课堂能够提供最优质的法律教育，一如阳光遍洒四方，带给每一位同学以法律的温暖。

没有哪一种职业资格考试像法考一样，科目之多、强度之大令人咋舌，这也是为什么通过法律职业资格考试是每一个法律人的梦想。

法考之路，并不好走。有沮丧、有压力、有疲倦，但愿你能坚持。

坚持就是胜利，法律职业资格考试如此，法治道路更是如此。

当你成为法官、检察官、律师或者其他法律工作者，你一定会面对更多的挑战、更多的压力，但是我们请你持守当初的梦想，永远不要放弃。

人生短暂，不过区区三万多天。我们每天都在走向人生的终点，对于每个人而言，我们最宝贵的财富就是时间。

感谢所有参加法考的朋友，感谢你愿意用你宝贵的时间去助力中国的法治建设。

我们都在借来的时间中生活。无论你是基于何种目的参加法考，你都被一只无形的大手抛进了法治的熔炉，要成为中国法治建设的血液，要让这个国家在法治中走向复兴。

数以万计的法条，盈千累万的试题，反反复复的训练。我们相信，这种貌似枯燥机械的复习正是对你性格的锤炼，让你迎接法治使命中更大的挑战。

亲爱的朋友，愿你在考试的复习中能够加倍地细心。因为将来的法律生涯，需要你心思格外的缜密，你要在纷繁芜杂的证据中不断搜索，发现疑点，去制止冤案。

亲爱的朋友，愿你在考试的复习中懂得放弃。你不可能学会所有的知识，抓住大头即可。将来的法律生涯，同样需要你在坚持原则的前提下有所为、有所不为。

亲爱的朋友，愿你在考试的复习中沉着冷静。不要为难题乱了阵脚，实在不会，那就绕道而行。法律生涯，道阻且长，唯有怀抱从容淡定的心才能笑到最后。

法律职业资格考试不仅仅是一次考试，它更是你法律生涯的一次预表。

我们祝你顺利地通过考试。

不仅仅在考试中，也在今后的法治使命中——

不悲伤、不犹豫、不彷徨。

但求理解。

厚大®全体老师 谨识

主观题考试的科目按照大纲的规定，包括习近平法治思想、法理学、宪法、刑法、刑事诉讼法、民法、商法、民事诉讼法（含仲裁制度）、行政法与行政诉讼法、司法制度和法律职业道德。考试时长为 240 分钟。2018~2021 年主观题的考试题量均为 5 题（含 2 选 1），题型为论述题、案例分析题。学科分布顺序如下：第一题为论述题，即习近平法治思想（之前被称为"中国特色社会主义法治理论"），第二题为刑法题，第三题为刑诉法题，第四题为民法、民诉法与商法的民事综合题，第五题为选做题，在商法与行政法中二选一。预计 2022 年的题型不会有很大的变动，很可能延续以往的模式。但基于稳妥考量，考生也要预防 6 道题的模式（即不出选做题）出现。同时需要注意的是，虽然过去四年的主观题尚未考查文书题，但不排除在 2022 年加以考查。那么，论述题、案例分析题、法律文书题这三种题型将以何种方式展开？分别结合什么部门法进行出题？这些题型又该如何破解？另外，考场配备的电子法条如何使用？本书将予以详细分析，以期为法考时代主观题备考考生提供有益帮助。

论述题综合考查考生的信息分析能力、法律素质与写作能力；案例分析题综合考查考生的搜索与整理信息能力、逻辑分析与说理能力、知识点的应用能力以及对法条的熟悉程度；法律文书题考查考生写作法律文书的实务能力。这些题目对考生的要求相当之高。所以，虽然考试时长达 240 分钟，但整体而言，时间上依旧非常紧张，每年都有不少考生反馈做不完题。因此，如何顺利做完题目是考生必须面对的一个问题。除了夯实各科目理论基础，提前做好知识储备外，应试技巧也是极为重要的。以下就是几个比较重要的主观题应试技巧：

一、整体把握，心中有数

拿到试卷后要先快速通览试卷，了解题量的大小，从而在 2~3 分钟内作出一个基本判断：题量是多还是少，自己做题时间是否充分。通览的时候主要快速扫一眼总共有几题，每一题的案情长不长，每个案例多少问，每一问你看到的时候是否有熟悉感等。这样花几分钟建立起对整张试卷的感受是非常有必要的。2018年，就有考生犯了致命的时间分配不均的错误。有些考生看了刑法有3问，刑诉法只有1问，整个题量只有5题，就作出了错误的判断，即认为题量很少。因此，其在前三题耗费大量时间，等翻过来看到第四题时，整个人就懵掉了，因为第四题的案情太长，设置了13问（在笔试作答时，有一小部分考生还漏看成11问），此时才发现，题量并不少，最后导致题目没有做完。2019年，不少考生则在刑法科目上耗费太多时间，导致最后没有做完其他题。2020年的问题主要出在选做题的商法案情太过复杂，比正常情况要耗费更多时间，不少考生表示完全来不及梳理清楚案情结构。所以，不要着急直接下笔，通览全试卷，客观把握题量与难度，才能做到合理分配宝贵的答题时间，避免做不完题。

二、先易后难，各个击破

首先，原则上要先写第一题论述题与法律文书题，因为这两种题型是偏记忆的，在进入考场之前也许你刚背过，趁着还有记忆的余温赶紧作答。作答完成后，就不用担心脑袋因为疲惫而"死机"，憋不出字来，或者字不成句。

其次，答题时也要注意选择自己掌握最好的科目优先作答，做题速度要提上来，防止出现题目做不完而那部分没做完的题目恰恰是你所掌握的知识点的悲剧。比如，当你发现刑法的案情特别长，涉及的罪名你并不熟悉，而且还要求你写观点展示的时候，如果你觉得太难了，就可以把刑法部分调整到后面作答。

三、法言法语，答完为王

主观题的时间绝对非常紧张，因此你不能拖沓，只需要把结论和理由按照法言法语规范表达出来即可，别想着像写一篇优美的文章那样字字推敲，没有那个时间的！而且也没啥用。50秒的时间，阅卷老师没心情欣赏，所以不要白白浪费在这上面。解答一道题目，不能超过40分钟，如果超过40分钟，一定会影响整体的完成进度。案例分析题中遇到问题卡住了，不要停留，跳过去；不确定的，跳过去。等做完所有你有把握的题目后，再回过头来安心琢磨。法考有这个特点：会就是会，不会就是不会，把你掌握的题目优先做完是第一要务。

四、不急不躁，乐观做题

考场之上要有强大的乐观精神。虽然在备考期间不可盲目乐观，不能觉得大家都不会，自己不会也没事，但在考场之上，反而需要有这种乐观的精神了。当然，这种精神是建立在自己确实认真努力过的基础上的。如果自己已经这么努力学了，还是不会，凭什么别人就轻易会？如果遇到那些别人也可能不会的题目，你就不用过于担心，相信自己不会比别人分数低。事实上，没有任何人能够对所有的答题有把握。所以在考场之上，遇到不会的问题，或者更糟糕的是遇到风格新颖、别出心裁的题目时，别慌，要稳住，相信自己。因为一慌就会影响第六感。这一点在 2019 年的民事综合题中就体现得非常鲜明。当年这道题最后 3 问是关于合并破产清算的，而这个知识点当年几乎是没有学生学到的。故而即便 3 问都不会，也不致命，因为大家都不太会。如果因为这 3 问而乱了心态，就可能严重影响后面答题的发挥。

五、规范作答，法条为辅

对于 2022 年的考生，我们需要严肃提醒一下法条引用的问题。请备考中的考生一定要清晰确认一点：主观题的考试，法条就是制胜的核武器，如果你能够做到引用法条作答，那么在阅卷评分时必然会有所体现。但是，需要考生始终明白一个问题：不能依赖法条，一定要在完成所有题目的基本说理后，最后再补上法条，而不能指望通过翻法条来寻找答案。考试中，特别忌讳边答题边翻阅法条，这样会浪费时间而导致做不完题目。一旦做不完，通关的希望就十分渺茫。法条的作用在答题中就是锦上添花，而非雪中送炭。所以，希望各位考生朋友在备考之初就重视法条，重视对于答题技巧的训练，但又不可依赖法条，务必做到没有法条也能独立答题。要理性对待法条，明确核心还是在知识点本身。所以，不论是首战考生还是二战考生，对待法条都要量力而行。不要因为觉得它难就放弃一开始的努力，也不要因为它重要就孤注一掷。一定要根据自己的切身情况来理性对待。

本书的最终目的就是通过一些经典的题目，给大家提供具有可操作性的答题范式，来帮助大家培养、训练主观题的答题能力，掌握应试技巧。最后，祝愿所有的主观题考生都能够顺利通关，开启法律征途新篇章。

厚大法考

2022 年 4 月

缩略语对照表

民间借贷规定	最高人民法院关于审理民间借贷案件适用法律若干问题的规定
九民纪要	全国法院民商事审判工作会议纪要
民法典担保制度解释	最高人民法院关于适用《中华人民共和国民法典》有关担保制度的解释
行诉解释	最高人民法院关于适用《中华人民共和国行政诉讼法》的解释
刑诉解释	最高人民法院关于适用《中华人民共和国刑事诉讼法》的解释
民诉解释	最高人民法院关于适用《中华人民共和国民事诉讼法》的解释
高检规则	人民检察院刑事诉讼规则
公安部规定	公安机关办理刑事案件程序规定
排非规定	最高人民法院、最高人民检察院、公安部、国家安全部、司法部关于办理刑事案件严格排除非法证据若干问题的规定
认罪认罚指导意见	最高人民法院、最高人民检察院、公安部、国家安全部、司法部关于适用认罪认罚从宽制度的指导意见
公司法解释	最高人民法院关于适用《中华人民共和国公司法》若干问题的规定

C 目 录
ONTENTS

专题一　案例题专项突破

第一节　案例分析题考试规律分析

一、案例分析题主考科目分析

案例分析题的主考科目为六大部门法：刑法、刑诉法、民法、商法、民诉法、行政法。同时可能在个别设问中考查法律职业道德。

二、案例分析题模型分析

（一）单科案例题模型

科　目	案例模型
刑　法	多主体、多行为、涉及多罪名，知识点混合复杂，最终对各行为人定性，考查核心在于考生对刑法基本理论和分则罪名的掌握程度；同时案例的设问亦采取"笼统式"设问，对考生的书面表达能力要求更高。
刑诉法	通过让考生分析具体案例的各阶段诉讼程序如何进行、案情描述的程序是否存在不合法之处来考查考生对刑事诉讼基本程序的理解与把握，另外，通过分析题目的定罪标准、证据的审查判断等相关问题来得出被告人是否构成犯罪的结论也是刑诉法常见的命题角度。
民　法	通过多行为人之间所产生的具体民事纠纷来考查考生对当事人之间的法律关系进行定性、梳理权利义务内容以及寻找救济途径的能力，多为合同编与物权编相关知识点。
商　法	法考改革后，即2018~2021年商法考查的综合性、灵活性、实务性大大提高，掌握商法的常考点是基础，关键在于考试时候的理解运用。以公司的设立、治理结构、股东权利、公司行为与解散为主线，从以下几个方面考查：①公司设立纠纷；②股东出资与股东资格认定纠纷；③股东权利；④公司与债权人的关系；⑤股东与公司债权人的关系；⑥董事、高级管理人员的义务；⑦公司的法人性质；⑧公司法、破产法结合民诉法、民法考查；⑨票据法的部分知识点（偶尔出现）结合民法、民诉法考查等。

续表

科　目	案例模型
民诉法	以当事人纠纷发展过程为主线进行设计，考查当事人地位的列明、管辖法院、证据与证明制度、审判以及执行中的救济等。
行政法	通过公民与国家机关在行政管理中产生的纠纷来考查具体行政行为的定性以及如何具体运用复议、诉讼和国家赔偿等制度来实现公民权利的救济。

（二）科目融合案例题模型

在案例分析中已经出现了跨部门法融合的考试特色。具体表现如下：

交叉科目	考查模型	评　析
职业道德 + 诉讼法	司法制度与法律职业道德也在2018年主观题的考试范围中，但根据该学科的特点与之前考查的历史记录来看，职业道德很难独立成为一种题型进行考查，往往需要依附于诉讼法，可能会被设计成诉讼法案例分析中的一问，当然从现在法考的考试趋势来看，这种题型考查概率相对较小。 [例1] 2008年第5题为民诉法案例分析题，其中第6问涉及了法官的职业道德问题："本案中，有关法官的哪些行为违反了法官职业道德？" [例2] 2008年延考卷第5题为民诉法案例分析题，其中第6问考查了律师的职业道德："律师杨某有哪些行为违反了律师职业道德？" [例3] 2016年第6题为民诉法案例分析题，但其第6问考查律师职业道德问题："根据律师职业规范，评价甲律师事务所及律师的职业行为，并简要说明理由。"	2018年的考试大纲中增加了其他法律职业人员职业道德，其中涉及行政机关中从事行政处罚决定审核、行政复议、行政裁决的公务员职业道德规定。因此并不排除在之后的主观题考试中，司法制度与职业道德可能会结合行政法与行政诉讼法来考查公务员的职业道德问题。希望广大考生朋友予以注意。
刑法 + 刑诉法	从刑事实体法上对行为人的犯罪行为进行定性，同时从刑事程序法上对其进行分析。 [例] 2018年主观题的问题为："根据以上证据，法院应当对李四作出什么判决？"此题首先需要分析出李四涉嫌的罪名，此为刑法问题；然后在罪名的基础上找出争议焦点，分析证据，此为刑诉法问题。	这种刑法和刑诉法的结合考查呈现出一种趋势，为2022年进行刑法、刑诉法学科交叉考查的一个参考。
刑法 + 民法	在民法的设问中考查刑事责任。 [例] 2006年第1题第6问："唐某应否承担刑事责任？为什么？"	民法与刑法两大实体法的结合频率并不高，考生不用过于担忧。
民法 + 商法	在商法案例中考查商事主体对外从事民事行为的效果，在民法案例分析中设计特殊主体，从而考查商事规则。 [例1] 2007年第5题主要为商法题，但在其第4问中考查了代理："乙以新雨公司的名义单方向某银行出具的保函性质和效力如何？为什么？"	商法与民法的融合考查概率偏高，结合得比较自然，2018~2020年的综合题型，都是民法、商法和民诉法

续表

交叉科目	考查模型	评 析
民法 + 商法	[例2] 2010年第6题主要为商法题（民商结合比较经典的案例），但在其中的第4、5、9问涉及民法的诉讼时效适用以及债权人撤销权："北陵公司于2010年8月请求丁归还借款，其请求权是否已经超过诉讼时效？为什么？""北陵公司是否有权请求法院确认其向建设银行出具的担保函无效？为什么？""北陵公司与当地慈善机构的捐赠合同是否有效？为什么？万水公司可否请求法院撤销北陵公司的上述行为？为什么？" [例3] 2012年第4题为商法题，但其中第2问涉及《民法典》合同编知识点："甲以鑫荣公司名义与隆泰公司签订的技术转让合同效力如何？为什么？" [例4] 2017年第4题主要为民法案例题，但其中第2、6问为个人独资企业法与保险法知识："就S企业对丙的200万元借款，甲、丁、戊各应当承担何种责任？为什么？""谁有权享有M房屋火灾损失的保险金请求权？为什么？"	的三法融合题（具体参见下文的专项突破）。该种方式很可能在2022年的主观卷中继续出现。
民法 + 民诉法	在民法的案例分析中询问纠纷解决的管辖法院、案件的原被告，或者在民诉法案例分析中结合民事实体法，如《民法典》侵权责任编来对侵权案件中的举证责任分配进行考查。 [例1] 2018~2020年科目融合题中，以民法和商法等实体法考查为主，但其中仍会涉及民诉法的部分题目和考点。如2020年的民商事科目融合题中，其中两问涉及民诉法的考点，考查房地产合作开发合同纠纷的管辖法院和连带责任保证中当事人的诉讼地位，而解决这些问题必须以民事实体法律关系的分析作为前提。但需要说明的是，2021年的科目融合则是民法和民诉的融合，没有融合商法内容。如此民诉的分值就比前三年提高了，大概会涉及4道民诉题目。 [例2] 2002年第6题主要为民法题，但其中第2问涉及民诉法知识："假设甲公司以乙公司解除合同构成违约为由向法院起诉，请问哪个法院有管辖权？为什么？"2003年第4题主要为民法题，但其中第3、4问考查的为民诉法相关知识点："乙公司如果起诉请求支付20台电脑货款，应以谁为被告？怎样确定管辖法院？""乙公司更换商标的行为如何定性？哪些主体可以作为适格的原告起诉乙公司？" [例3] 2007年第6题主要为民诉法题，但其中第4问考查的内容为合同、侵权法律关系："如果张某就自己的医疗费索赔，可以向谁主张？为什么？" [例4] 2016年第4题主要为民法题，但在第7问中考查诉讼管辖问题："丙公司与乙公司之间的财产诉讼管辖应如何确定？法院受理丙公司破产申请后，乙能否就其债权对丙公司另行起诉并	民法与民诉法学科交叉考查比较频繁，而且套路比较固定化，希望考生朋友予以重视，并且熟悉民法与民诉法的融合考查模式。

续表

交叉科目	考查模型	评 析
民法 + 民诉法	按照民事诉讼程序申请执行？" ［例5］2017年第6题为民诉法题，但在案情设计中穿插侵权责任的归责原则，并将其与民事诉讼的举证责任制度相结合进行考查。(详情见下篇民法专题分析)	同 前

三、案例分析题考查知识点分析

经过对共计20年真题的细致研究，我们发现六大部门法的案例分析题所考查的知识点的范围是比较有限的，存在"重者恒重"的命题规律。本书将各大部门法中的常考知识点予以列举，以期为考生高效高分突破主观题提供可能性。

科 目	考查知识点分析
刑 法	刑法案例分析主要考查知识点涉及总论与分论。其中，总论常考知识点为事实认识错误、共同犯罪、犯罪的形态、自首、立功、追诉时效等；分论主要考查章节为人身犯罪、财产犯罪、贪污贿赂犯罪，重复性比较高，比如非法拘禁罪（5次）、抢劫罪（6次）、盗窃罪（4次）、贪污贿赂犯罪（4次）；偶尔涉及破坏社会主义市场经济秩序罪与妨害社会管理秩序罪，比如信用卡诈骗罪（3次）、伪造身份证件罪（1次）、滥伐林木罪（1次）。涉及的分则罪名常考的不超过10个，总计不超过15个，因此考生并非需要掌握全部刑法分则的内容，只需要重点掌握不超过20个罪名即可。
刑诉法	经过对刑诉法案例分析题考查知识点分布的研究，可以发现刑诉法中存在着如下常考的知识点：认罪认罚从宽制度；管辖（管辖的分工与竞合、分案或并案管辖）；辩护（值班律师的地位与权利）；证据（定罪标准、非法证据排除规则、证据的审查判断）；一审（2022年重点关注《刑诉解释》修改或新增的地方，如庭前会议、法庭调查、宣判、特殊问题的处理）；二审（2022年重点关注《刑诉解释》修改或新增的地方，如上诉不加刑、二审的庭审裁判）；再审（对申诉的处理、法院提起再审的程序，2022年重点关注《刑诉解释》修改或新增的地方，如异地申诉审查制度）；死刑复核程序（2022年重点关注《刑诉解释》修改或新增的地方，如死刑立即执行的复核程序）；特别程序（2022年重点关注缺席审判程序）。
民 法	民法考查知识点存在个别知识点高度重复命题的现象（详见分则具体分析），比如违约责任与合同解除权、无权处分合同的效力与物权的变动、一物数卖的合同效力与物权变动、租赁合同相关、合同的违约责任与风险负担、抵押与混合担保相关。总则编的重点为法人、代理与民事法律行为三部分内容；侵权编常考的特殊侵权为职务侵权责任与产品责任。主观题整体主要考查的范围为合同编、物权编与担保编。
商 法	商法的案例分析题的知识点考查是以公司法为主进行设计的，偶尔涉及破产法、票据法相关规则。保险、证券等部门法一般不在案例分析之列。公司法常考的知识点为：设立中公司民事法律行为、公司设立时的出资规则与出资瑕疵的法律责任、股东资格的认定、股东会决议的程序与股东会决议的效力、股权转让规则、损害股东优先购买权、股权回购请求权、增资、

续表

科　目	考查知识点分析
商　法	股东优先认购权、公司担保、股东会和董事会的职权、董事和高级管理人员的忠实勤勉义务、股东代表诉讼与解散公司诉讼以及公司债权人保护制度等。这些知识点均为公司法学习中的重要知识点，考查的有些知识点虽然基础，但考查角度以及案例却难以定性。破产法也会在商法中加以考查，主要考查破产管辖、债权申报、债务人财产（取回权与追回权）等问题。
民诉法	民事诉讼法的案例分析题涉及的知识点总体比较少，主要考点十分突出。常考的知识点为：管辖法院的确定（结合侵权、合同等特殊案件），适格当事人的确定，证据与证明责任（证据的法定种类和理论分类、结合侵权责任编考查证明责任的分配），重复起诉的判断，二审的审理程序和裁判类型，再审的启动与再审程序，以及案外人救济制度、执行中的相关制度和程序等。
行政法	行政法案例分析题主要考查知识点为：行政许可、行政处罚、行政强制、政府信息公开、行政复议的复议机关、行政复议与行政诉讼的关系、行政诉讼的受案范围、行政诉讼中对规范性文件的审查问题、行政诉讼中被告的确定、行政诉讼的管辖以及国家赔偿制度。

四、案例分析题设问类型分析

本书对案例分析题设问类型进行归纳与展示，目的在于让考生快速熟悉案例分析题的设问模式，直观感受知识点的出题方式。

（一）救济类设问

此类设问要求考生答出对当事人如何进行救济，甚至考查考生纠纷有几种解决途径。以往 20 年的主观卷中，采取该类型的设问主要如下：

大数据展示		
考试年份	示	例
2015 年第 4 题第 2 问	如商玉良认为作为法院执行根据的判决有错，可以采取哪两种途径保护自己的合法权益？	
2014 年 第 6 题第 2~4 问	（1）根据案情，李有福如果要对案中所提到的紫砂壶主张权利，在民事诉讼制度的框架下，其可以采取什么方式？采取相关方式时，应当符合什么条件？（考生可以就李有福采取的方式可能出现的后果作出假设） （2）根据案情，张益友如果要对那个元代青花瓷盘所涉及的权益主张权利，在民事诉讼制度的框架下，其可以采取什么方式？采取该方式时，应当符合什么条件？ （3）根据案情，钱进军如果要对赵军主张 5 万元债权，在民事诉讼制度的框架下，其可以采取什么方式？为什么？	
2012 年第 4 题第 5 问	丁与戊可以通过何种途径保护自己的权益？	
2011 年第 5 题第 5 问	根据现行法律规定，黎某解决甲公司拖欠工资问题的途径有哪些？	

（二）纠错类设问

该种设问模式主要出现在诉讼法中，考查诉讼程序和相关文书中存在哪些问题，有时候也会询问被告是否正确等。以往 20 年的主观卷中，采取该类型的设问主要如下：

大数据展示	
考试年份	示　　例
2018 年第 5 题行政法 选做题第 2、4 问	（1）王某起诉所列被告是否正确，请说明理由。 （2）区城建大队强制拆除行为是否违法？
2017 年第 5 题第 1 问	昌顺公司的治理结构，是否存在不规范的地方？为什么？
2017 年第 6 题第 4 问	一审案件的审理在程序上存在哪些瑕疵？二审法院对此应当如何处理？
2012 年 第 5 题第 3、4 问	（1）根据民事诉讼法学（包括证据法学）相关原理，一审法院判决是否存在问题？为什么？ （2）根据《民事诉讼法》有关规定，二审法院判决是否存在问题？为什么？
2010 年 第 5 题第 2、4 问	（1）一审法院在审理中存在什么错误？为什么？ （2）二审法院的判决有何错误？为什么？
2008 年延考卷第 3 题	请结合刑事诉讼法和有关司法解释的规定及刑事诉讼理论，分析本案的诉讼程序有哪些错误之处？
2007 年第 6 题第 1 问	请指出一审法院在审理中存在的问题，并说明理由。
2007 年第 3 题	请指出以上案例中在程序方面的不当之处，并简要分析原因。
2005 年第 5 题第 1 问	本案诉讼过程中法院的何种做法不符合法律规定？正确的做法是什么？

（三）观点开放类设问

此类设问要求考生答出不同观点或者设计的问题最终存在多个可能的正确答案。以往 20 年的主观卷中，采取该类型的设问主要如下：

大数据展示	
考试年份	示　　例
2017 年第 2 题	该题为分析行为人的犯罪行为如何定性，其中对于丙的行为定性就给出了两种参考答案： ［答案一］丙为控制小孩采取捆绑行为致其死亡，构成故意杀人罪。这是一种具有高度危险的侵犯人身权利的行为，可能造成死亡的结果，可以评价为杀人行为，丙主观上对此有明知并持放任的态度，是间接故意杀人，因而构成故意杀人罪。甲、乙对于人质的死亡没有故意、过失，没有罪责。具体来说，丙的杀人故意行为超出了非法拘禁之共同犯罪故意的范围，应当由丙单独负责，甲、乙没有罪过、罪责。 ［答案二］丙构成过失致人死亡罪。丙应当预见到自己的行为可能造成小孩死亡，但是丙不希望也不容忍小孩死亡，主观上是疏忽大意的过失，构成过失致人死亡罪。

续表

考试年份	示 例
2017 年第 4 题第 1 问: "就甲对乙的 100 万元借款, 如乙未起诉甲履行借款合同, 而是起诉甲履行买卖合同, 应如何处理? 请给出理由。"	司法部对于这个问题的处理, 给出了两种不同的答案: [答案一] 本案应按照民间借贷法律关系作出认定和处理。理由是: 根据《民间借贷规定》第 23 条第 1 款的规定, 当事人以订立买卖合同作为民间借贷合同的担保, 借款到期后借款人不能还款, 出借人请求履行买卖合同的, 人民法院应当按照民间借贷法律关系审理。当事人根据法庭审理情况变更诉讼请求的, 人民法院应当准许。根据《民间借贷规定》第 23 条第 2 款的规定, 按照民间借贷法律关系审理作出的判决生效后, 借款人不履行生效判决确定的金钱债务, 出借人可以申请拍卖买卖合同标的物, 以偿还债务。就拍卖所得的价款与应偿还借款本息之间的差额, 借款人或者出借人有权主张返还或者补偿。 [答案二] 应当按照抵押合同处理。根据《民法典》第 146 条第 1 款 "行为人与相对人以虚假的意思表示实施的民事法律行为无效" 的规定, 认定买卖合同无效; 进而, 又根据《民法典》第 146 条第 2 款 "以虚假的意思表示隐藏的民事法律行为的效力, 依照有关法律规定处理" 的规定, 认定隐藏的行为为抵押合同, 应当按照抵押合同处理。
2017 年第 5 题第 3 问: "刘昌解聘钱顺的总经理职务, 以及钱顺以监事身份来罢免刘昌董事长职位是否合法? 为什么?"	在该问的参考答案中, 给出了两种答案: [答案一] 刘昌解聘钱顺符合公司法规定。在不设董事会的治理结构中, 执行董事即相当于董事会。而按照《公司法》第 49 条第 1 款的规定, 由董事会决定聘任或解聘经理, 从而刘昌解聘钱顺总经理职务的行为, 符合《公司法》规定。 [答案二] 刘昌行为不合法。因本案中存在两个事实情节: ①钱顺任职总经理已规定于公司章程中, 从而对钱顺的解聘会涉及是否符合公司章程修改程序的判断; ②刘昌解聘行为, 是二人间矛盾激化的结果, 而在不设董事会的背景下, 刘昌的这一行为确实存在职权滥用的嫌疑。
2016 年第 2 题第 1、2、4 问	(1) 关于赵某杀害钱某以便将名画据为己有这一事实, 可能存在哪几种处理意见? 各自的理由是什么? (2) 关于赵某以为钱某已经死亡, 为毁灭罪证而将钱某活埋导致其窒息死亡这一事实, 可能存在哪几种主要处理意见? 各自的理由是什么? (3) 孙某向赵某索要名画的行为构成何罪 (说明理由)? 关于法定刑的适用与犯罪形态的认定, 可能存在哪几种观点?
2015 年第 2 题	请根据《刑法》相关规定与刑法原理分析高某、夏某、宗某和尹某的刑事责任 (要求注重说明理由, 并可以同时答出不同观点和理由)。
2013 年第 2 题第 5 问	就事实五, 有人认为丁构成侵占罪, 有人认为丁不构成侵占罪。你赞成哪一观点? 具体理由是什么?
2011 年第 2 题第 3 问	对事实三, 可能存在哪几种处理意见 (包括结论与基本理由)?
2010 年第 2 题第 2 问	赵某致钱某死亡的事实, 在刑法理论上称为什么? 刑法理论对这种情况有哪几种处理意见? 你认为应当如何处理? 为什么?

（四）问题解决类设问

此为案例分析题的常用设问方式，要求考生说明应当怎么做，以及为什么这么做。以往20年的主观卷中，采取该类型的设问主要如下：

大数据展示	
考试年份	示　例
2016年第3题第5问	此案再次上诉后，二审法院在审理程序上应如何处理？
2014年第5题第6问	就葛梅梅所领取的奖金，管理人应如何处理？为什么？
2014年 第3题第2、4问	（1）如中级法院直接对段某作出强制医疗决定，如何保障当事人的救济权？ （2）发回重审后，丁区法院在作出强制医疗决定时应当如何处理被害人家属提出的附带民事诉讼？
2013年第7题第2问	如果乙市中院调解无效，应当如何处理？

（五）评价类设问

此类设问要求考生评价案件中的主体的行为。以往20年的主观卷中，采取该类型的设问主要如下：

大数据展示	
考试年份	示　例
2017年第5题第6问	解散公司的判决生效后，就昌顺公司的后续行为及其状态，在法律上应如何评价，为什么？
2016年第5题第1问	应如何评价美森公司成立时三个股东的出资行为及其法律效果？
2009年第5题第3问	如何评价仲裁庭（委）在本案审理中的做法？理由是什么？
2008年延考卷 第5题第2问	请评价C区法院在本案一审中的做法是否合法？为什么？

（六）选择类设问

此类设问给出考生A、B两个选择，让考生进行选择并说理。以往20年的主观卷中，采取该类型的设问主要如下：

大数据展示	
考试年份	示　例
2018年第4题 第11问（回忆版）	甲乙公司间有仲裁协议，现甲公司破产，法院已经受理破产时，双方的纠纷应由仲裁委管辖还是法院管辖？
2016年第2题第3问	孙某对钱某的死亡构成何罪（说明理由）？是成立间接正犯还是成立帮助犯（从犯）？
2008年 第2题第1、3、4问	（1）徐某与顾某构成贪污罪还是私分国有资产罪？为什么？ （2）徐某与顾某的犯罪属于既遂还是未遂？为什么？ （3）给周某送的1万元是单位行贿还是个人行贿？为什么？

（七）对错类设问

该类设问会问考生某个做法是否正确，然后要求考生进行说理。以往 20 年的主观卷中，采取该类型的设问主要如下：

大数据展示	
考试年份	示　　例
2018 年第 4 题 第 12 问（回忆版）	若乙公司将本金和利息分两次提起诉讼，是否属于重复起诉？
2017 年第 6 题第 2 问	本案的当事人确定是否正确？为什么？
2016 年 第 3 题第 2~4 问	（1）本案一审法院庭前会议对非法证据的处理是否正确？为什么？ （2）发回原审法院重审后，检察院对一包甲基苯丙胺重量为 2.3 克的补充起诉是否正确？为什么？ （3）发回重审后，原审法院的改判加刑行为是否违背上诉不加刑原则？为什么？
2013 年 第 3 题第 1、3 问	（1）检察机关对李某贪污行为采取技术侦查措施是否正确？为什么？ （2）检察机关对李某采取指定居所监视居住措施是否正确？为什么？
2011 年第 3 题第 1 问	法院对于辩护人提出排除非法证据的请求的处理是否正确？为什么？

（八）合理/合法性设问

该类设问主要会询问考生案例中的某种做法是否合理（合法），或者能否采取某种做法，并要求进行说理。以往 20 年的主观卷中，采取该类型的设问主要如下：

大数据展示	
考试年份	示　　例
2018 年第 5 题行政法 选做题（回忆版）	区城建大队强制拆除行为是否违法？
2017 年第 5 题第 4 问	法院判决不支持钱顺要求公司与刘昌回购自己股权的诉求是否合理？为什么？
2016 年第 5 题第 4 问	大雅公司让白某将原来用作出资的资产转移给美阳公司的行为是否合法？为什么？
2014 年第 7 题第 2 问	材料一中，市政府能否以会议纪要的形式要求工商局撤销原处罚决定？
2014 年第 3 题第 3 问	发回重审后，丁区法院的做法是否合法？为什么？

从以上分析中，可以得出如下结论：①刑法案例分析题非常喜欢考查开放性问题；②诉讼法中经常考查诉讼程序中存在的问题、对庭审活动进行评价等；③诉讼法中经常考查考生对于纠纷要如何进行处理。

第二节　案例分析题解题思路与模板

一、案例分析题解题思路

案例分析题多以一问一答的方式进行考查。答题中存在着结论与说理的双重要求。对于这种类型的案例分析题，主要的解题思路与模板为三段论："大前提（法律规则）——小前提（案件事实）——结论"。不过在分析案情寻找答案的过程中，三段论的顺序应该为"小前提（案件事实）——大前提（法律规则）——结论"，而在最终呈现的答卷中，三段论的模板应该为"结论——大前提（法律规则）——小前提（案件事实）"。其中需要特别提醒考生的是，从 2018 年法考元年开始，考场之上将为考生配备法条，这个重要的改革举措，对于主观题的答案也会产生重大影响。以前的案例分析中，在大前提部分，考生大致能够说出知识点即可得分。但从 2018 年开始，考生不仅要能够写出知识点，最好还要能够引用法条作为论据。这部分的变化在民法部分的参考答案设计中体现得最为明显。不过并非所有科目案例分析均需如此作答，引用法条的要求主要体现在民法、商法、民诉法、刑诉法与行政法中，对于刑法的法条，不是必须引用。这与刑法的考查角度也有很大的关系。希望考生在主观题训练的过程中，严格按高标准进行训练。具体写作中"三段论"的使用以及法条的引用，本书将在下篇中予以详细展开。

二、案例分析题的总模板

案例分析题要控制字数，并非字数越多越好。本书对此给出以下建议：

对于一问一答设计的，字数标准如下：

结论：2~20 字（是非问答，2 个字解决：可以/有效/构成/合理；一问分别作答型，字数会稍多，但很少能够超过 20 个字）。

大前提：20~50 字。主要内容为法条阐述和引用。所谓的法条阐述，是指用自己的语言转述出法条的精神，当然，此处的自己的语言，不是口头语，而是法言法语，只是在法条很长的情况下对法条的总结。所谓的法条引用，需要写出法条具体条数，如果法条很长，不需要全文抄下来，写重点部分，其他部分用……来代替即可。如"根据《民法典》第 143 条的规定，一个合法有效的民事法律行为必须符合三个要件：行为人合格、意思表示真实、标的合法"。此时并非要将法条全部抄上去（尤其是法条表述太长的时候）。

小前提：10~30 字。切记，不要用大量字数描述案情（刑法除外，有时候必须进行细节描述才能定位），简单点出行为哪里不对，不符合法律的规定即可。只有当你实在不知道答案而又不能空着的时候，才采取小前提多写字的方式作答。

一个问题的答案，一般成文控制在 100 字以内。超过 100 字，往往属于拖泥带水，也会影响到整个试卷的答题进度。当然如果这个问题属于必须分类讨论的，那么字数则会相应增加。比如一问包含三小问，这种一般字数就会多一些，每一问大概在 100 字左右即可。

三、案例分析题类型化设问模板

（一）救济类设问的示范（以 2015 年第 4 题第 2 问为例）

问题："如商玉良认为作为法院执行根据的判决有错，可以采取哪两种途径保护自己的合法权益？"

参考答案：商玉良可以根据《民事诉讼法》第 59 条第 3 款的规定，提起第三人撤销之诉；或根据《民事诉讼法》第 234 条的规定，以案外人身份申请再审。

救济类设问答题模板为："根据××法第××条的规定，其可以采取的措施是……"

如果有多个措施，分别作答。此类设问不需要描述"小前提"，采取"大前提+结论"模式即可。

（二）纠错类设问的示范（以 2017 年第 6 题第 4 问为例）

问题："一审案件的审理在程序上存在哪些瑕疵？二审法院对此应当如何处理？"

参考答案：

（1）一审案件的审理存在如下瑕疵：①遗漏被告迟丽华，作为楼房所有人之一，应当作为被告参加诉讼。②一审法院通过包童新向郝志强送达开庭传票没有法律根据，属于违法行为；法院未依法向郝志强送达开庭传票，进而导致案件缺席判决，不符合作出缺席判决的条件，并严重限制了郝志强辩论权的行使。

（2）遗漏当事人、违法缺席判决、严重限制当事人辩论权的行使，都属于司法解释中列举的程序上严重违法、案件应当发回重审的行为，因此，二审法院应当裁定发回重审。

纠错类设问答题模板为：

存在以下错误：①小前提（案件事实），结论（本质是找出违背了什么大前提），然后再给出正确做法；②……

此类答法需要考生注意：

第一，必须直接点出错误，干脆利落，不可拐弯抹角。因为此类问题一般答案会比较多，如果做不到干脆，必然导致答案字数太多，影响做题速度。

第二，存在多个错误时一定要分别作答。采取一个错误，配套说理的方式进行；不要一下子答出多少错误，然后再去说理，这样容易乱，没有层次感，比较容易丢分。

第三，如果是诉讼法纠错程序，不需要引用法条，直接用法理知识作答即可。但如果是实体法纠错（比如商法），最好能够答出法条依据。法条具体内容可以不抄上。

（三）观点开放类解题思路

观点开放类主要出现在刑法案例分析题中，此类题目的解题关键是对于不同的观点足够熟悉。因此，对于此类设问，需要考生去专门总结刑法中对哪些问题有什么样的观点，需要考生积累观点总结。比如：死者占有问题、事前故意的处理结论、对象错误的处理等。其他部门法虽然也会涉及观点，但要求考生直接展示观点。

观点的展示类答法中，不需要引用大前提，只需要做到：小前提（将刑法的规定与案情融合一起说明）+结论即可。

（四）问题解决类设问的示范（以 2016 年第 3 题第 5 问为例）

问题："此案再次上诉后，二审法院在审理程序上应如何处理？"

参考答案：

（1）组成合议庭不开庭审理，但应当讯问被告人，听取辩护人、诉讼代理人意见。

（2）鉴于本案系发回重审后的上诉审，第二审法院不得以事实不清再发回原审法院重新审理。

（3）如果认为原判认定事实和适用法律正确、量刑适当，应当裁定驳回上诉，维持原判；如果认为原判适用法律有错误或量刑不当，应当改判，但受上诉不加刑限制。

（4）第二审人民法院应当在 2 个月以内审结。

问题解决类是案例分析题的主要设问模型，此类设问主要在于考查考生对问题的处理能力。此类设问的答法为：

第一，如果解决方式比较多样化，直接答结论即可，不须展开进行，如上所展示的答案；

第二，如果解决方式比较单一化，先答怎样解决（结论），再谈为什么（大前提）。

（五）评价类设问的示范（以2017年第5题第6问为例）

问题："解散公司的判决生效后，就昌顺公司的后续行为及其状态，在法律上应如何评价，为什么？"

参考答案：法院作出的解散公司的判决，在性质上为形成判决，据此，公司应进入清算阶段。对此，《公司法》所规定的程序如下：①依第183条及时成立清算组；②清算组按照法律规定的期限，按第184条至第187条进行各项清算工作；③清算结束后，根据第188条，清算组应当制作清算报告，报股东会确认，并报送公司登记机关，申请注销公司登记，公告公司终止。概括来说，按照我国公司法的规范逻辑，解散判决生效后，公司就必须经过清算程序走向终止。

本案昌顺公司被司法解散后仍然继续存在的事实，显然是与这一规范层面的逻辑不相符的，这说明我国立法关于司法解散的相关程序与制度，在衔接上尚有不足之处，有待将来立法的完善。

评价类设问其实本质是对于合法性、合理性的判断。此类设问的答案遵守三段论，按照"结论＋大前提＋小前提"方式组织答案。结论要干脆，说理要分序号进行，就如上题展示的答案一样。

（六）选择类设问的示范（以2008年第2题第1问为例）

问题："徐某与顾某构成贪污罪还是私分国有资产罪？为什么？"

参考答案：徐某与顾某构成贪污罪，而不构成私分国有资产罪。（结论）本案不符合以单位名义集体私分的特征，而是采取隐瞒的方式将公款据为己有，符合贪污罪的特征。（大前提）

选择类设问以前仅出现在刑法的案例设计中，此类设问重在说理，即为什么选择前者而不是后者。此类的说理关键在于找出所给的两个罪名之间的本质区别，而非对每个罪名的构成要件都进行表述。此类答案的要求不在求"全"，而在于求"准"——准确找出二罪区分的标准。如果其他科目也采取此种设问，说明其要考查的是两个相似制度或者相似法条的适用问题。因此对于这类的设问，对应的战术为总结各科目中相似的、常用来对比的两个制度的核心区别。

（七）对错类设问的示范（以2017年第6题第2问为例）

问题："本案的当事人确定是否正确？为什么？"

参考答案1：

［结论］本案一审当事人的确定不完全正确（或者部分正确/部分错误）。温茂昌作为原告，郝志强、包童新作为被告，正确；遗漏迟丽华为被告，错误。

［分析1：说理分析］温茂昌是受害人，与案件的处理结果有直接的利害关系，作为原告，正确。

［分析2：大前提＋小前提］《民法典》第1253条规定，建筑物、构筑物或者其他设施及其搁置物、悬挂物发生脱落、坠落造成他人损害，所有人、管理人或者使用人不能证明自己没有过错的，应当承担侵权责任。所有人、管理人或者使用人赔偿后，有其他责任人的，有权向

其他责任人追偿。郝志强为楼房所有人，包童新为楼房使用人，作为被告，正确。

[分析3：说理分析] 迟丽华作为楼房的所有人之一，没有列为被告，错误。

参考答案2：

[结论] 本案一审当事人的确定完全正确。温茂昌作为原告以及郝志强、包童新作为被告正确，没有追加迟丽华为共同被告的做法正确。

[分析1：说理分析] 温茂昌是受害人，与案件的处理结果有直接的利害关系，作为原告，正确；迟丽华作为连带责任人，应依据原告主张来确定被告。

[分析2：大前提+小前提]《民法典》第1253条规定，建筑物、构筑物或者其他设施及其搁置物、悬挂物发生脱落、坠落造成他人损害，所有人、管理人或者使用人不能证明自己没有过错的，应当承担侵权责任。所有人、管理人或者使用人赔偿后，有其他责任人的，有权向其他责任人追偿。郝志强为楼房所有人，包童新为楼房使用人，作为被告，正确。

提示： 在建筑物、构筑物或者其他设施及其搁置物、悬挂物脱落、坠落致人损害的这类案件中，所有人、管理人和使用人之间承担的责任类型属于连带责任，对于被告承担连带责任的情形，原告具有对被告的选择权，从保护原告对当事人的选择权的角度来讲，本案中当事人的列明是没有问题的。2017年真题之所以这么设置，在于考查此类案件中适格当事人的确定以及遗漏当事人的处理问题，所以本问中上述两种参考答案选择一种回答即可。

对错类设问从历年答案看，有一个"铁律"，问对还是错，几乎都是错（偶尔一次存在部分错误）。考生在完全不知道正确答案是什么的时候，请按照"错误"来回答。参考答案按照"结论+大前提+小前提"标准进行，其中大小前提可以进行融合回答，并非一定泾渭分明。上述答案中，即在部分表述时将大小前提融合。

（八）合法/合理类设问的示范（以2017年第5题第4问为例）

问题： "法院判决不支持钱顺要求公司与刘昌回购自己股权的诉求是否合理？为什么？"

参考答案： 合理。（结论1）依《公司法》第74条第1款的规定，股东回购请求权仅限于该款所列明的三种情形下对股东会决议的异议股东（即公司连续5年不分红决议、公司合并分立或转让主要财产决议、公司存续上的续期决议）（大前提1），钱顺情形显然不符合该规定（小前提1）。而就针对其他股东的强制性的股权购买请求权，现行公司法并无明文规定。（结论2）即在现行公司法上，股东彼此之间并不负有在特定情况下收购对方股权的强制性义务；即使按照《公司法解释（二）》第5条第1款的规定，法院在审理解散公司的案件时，应尽量调解，并给出由其他股东收购股权的调解备选方案，也不能因此成立其他股东的收购义务。（大前提2）故钱顺对股东刘昌的诉求，也没有实体法依据。（小前提2）

合法/合理类归根到底其实就是判断说理题型。标准答案设计同样是遵守三段论，即"结论——大前提——小前提"。不过考生需注意，如果有多个做法评价，要分别作答。比如上题即是如此，要拆成"法院不支持钱顺要求公司回购股权是否合理"以及"法院不支持钱顺要求刘昌回购股权是否合理"来分别作答。否则将会被扣掉一半分。由此可见，审题极为关键。

第一节　论述题考试规律分析

何为论述题？论述题在历年的考试中主要分为两类，第一类是时政型论述题。在司考时代，从 2007 年开始一直到 2017 年，时政型论述题（因字数及分值的要求，也有人将其称为时政型简答题）就成为一种固定的模式出现在卷四中。第二类即为复合型论述题，这种类型的论述题自 2003 年开始也成为一种固定的模式出现在卷四中。时政型论述题在首，复合型论述题在尾。中间第 2~6 题为案例分析题。过去 10 年中，卷四的试卷构造都是这样的。不过 2018 年的试卷结构并没有采取过去 10 年固定的那种模式，仅考查了时政型论述题，提高了字数要求（不少于 600 字）与对应的分数（35 分，以 2021 年分值为例），2019~2021 年也是此种模式。传统的复合型论述题没有出现在 2018~2021 年的主观题试卷中。但考虑到法考改革的过渡时期，试卷的结构可能会进行优化调整，考生依旧需要注意复合型论述题再出现的可能性。因此本书从抗风险的角度出发，依旧希望考生将这两类的题型都加以把握，有备无患。

一、时政型论述题规律剖析

在过去的 10 年里，时政型论述题的考试内容非常固定，就是结合时政热点，考查中国特色社会主义法治理论（现为习近平法治思想）。答题的要求为：①观点明确，表述完整正确；②字数上不少于 400 字（根据考查年份不同，有所不同）。由于考查内容的固定性，这种时政型论述题成为主观卷中最容易进行破解的一个题型。用来作答的法治理论知识库内容相对较少，考生背下相关知识点，利用相应的答题技巧，把握正确的答题框架，基本可以做到从容应对题目。2018 年时政型论述题的答案素材来源于三个文件：《中共中央关于全面推进依法治国若干重大问题的决定》、党的十九大报告有关法治的论述、《习近平关于全面依法治国论述摘编》。因此对此类题目，本书给考生的建议是：字数 800 左右，30~45 分钟完成，不可在纠结语言组织中耗费时间，否则试卷将很难做完。而且在 50 秒定分数的评卷大环境中，阅卷老师很难停下来去欣赏和品味你的简答。因此，针对此类题目，一个字：快！2018 年，因为舍弃了复合型论述题，故而第一题考查的社会主义法治理论分值增加为 38 分，字数要求改为不少于 600 字，但本质还是原来的时政型论述题。从 2018 年来看，社会主义法治理论的题目性价比极高，比如刑法案例分析题只有 30 分，但却需要考生花费大量的时间投入备考，难度也比较高。但分值 30 分以上的法治理论则相对来说非常容易得分，备考过程也不需要花太多的精力，属于多背多得分的政治题。

二、复合型论述题规律剖析

2003 年开始至 2017 年，复合型论述题成为每年必考的一种题型。该种题型固定出现在最后。根据过去的考试研究可以发现，复合型论述题考查的规律也是非常明显的，即通过热门社会事件，考查学生的法律思维与语言表达能力。要求考生从法学理论的角度或者部门法的角度（往往是法理与部门法均有所涉及）来分析热门事件中各个主体的行为合法性与合理性，以及某些行为举措背后所体现的法的价值、意义。复合型论述题与时政型论述题的区别在于，时政型论述题一般单独考查中国特色社会主义法治理论（现为习近平法治思想）的相关知识，而复合型论述题则主要在于考查对法理学知识与部门法的原则的理解与把握。

历史上，复合型论述题有两种出题的模式：①"1 个案例+1 或 2 个论述"，即全文会描述一种社会现象，材料会给出现有的做法，然后设置 1 问或者 2 问："结合材料，从××角度，谈谈你的认识。"2003~2011 年均是如此的模式。②"1 个部门法案例分析 + 1 个论述"，即将部门法的案例题与论述题合二为一，设置 3~5 问，最后一问是论述题。2012 年及以后均采用这样的出题模式。对于第一种论述题，字数要求不低于 500 字，我们的建议是 600~800 字；第二种论述题的要求是"总字数不得少于 800 字"，扣除前几问的案例作答，纯论述的字数应该在 500 字左右，不建议超过 600 字。

复合型论述题所结合的科目具有很大的特点，从 2003 年至今，这类论述题结合法理学 8 次、行政法 6 次、民诉法 5 次、刑诉法 3 次、民法与刑法各 1 次。由此可知，对于法理学相关的知识点，考生需要提前做好素材的充分准备，因为用到的可能性极大。而所结合的部门法，在考查中都有涉及，即主要考查基本原则类。因此六大部门法的基本原则也是需要考生进行整理的。也就是说复合型论述题，其实也是可以构建出来答案题库的。虽然这种题型在 2018~2021 年的法考试卷中没有被采用，但不排除在 2022 年会出现，因此考生不可掉以轻心。2022 年主观题的试卷类型，并不一定直接按照 2018~2021 年的模式来，可能会存在变动。在律考变司考的改革，以及 2018 年的法考改革中，都存在试卷结构不稳定的可能性。

第二节　时政型论述题解题思路与模板

时政型论述题必须快刀斩乱麻，但难就难在如何在保证速度的同时确保分数不会出问题，30 分钟内憋出一篇 800 字思维清晰、表达流畅的文章，那是必须经过训练才能达到的。对此，本书提出以下的应试建议：

一、必须自备"标答"库

时政型论述题的特点在于，我们无法预测题目是什么，但可以提前穷尽可能的答案。所以快速成文的知识点储备必须有，否则其他一切技巧就是无源之水。这项工作需要考生对背诵材料进行二次加工。如何二次加工才能更加有利于考场快速作答呢？答案是柏拉图问答式整理，即自行将答案整理成问答方式进行记忆。根据往年的考试特点，时政型论述题的设计分为三个层次：

（一）超级宏观层次

比如："从依法治国的指导思想和意义等方面，谈谈你对依法治国的理解。""结合材料，谈谈你对依法治国的法治工作基本格局建设的理解。"此类宏观题直接出题的话，难度比较低，因为这个知识点是每个同学都会学习的，差距就在于有些考生会认真背诵这些，有些考生并不会。如2018年的社会主义法治理论，考查的就是坚定不移走中国特色社会主义法治道路的核心要义。这就属于宏观的，自然也属于比较简单的，可能与法考改革第一年的特殊期有很大关系。2018年的整个试卷难度是比较常规的，总体难度比较低。习近平法治思想相关的知识点考生背下来不会吃亏，因为"字数不够，万能原理来凑"，依法治国的概念与意义、习近平法治思想的重大意义等属于任何时候引用都不会出错的。但是需要提醒考生注意的是，利用万能原理答题时，需要在紧扣题干、保证不离题的情况下，再进行运用。

（二）中性宏观层次

这类设计属于重要的出题方式。所以关于中性宏观题的问与答，考生就要多进行准备，多积累习近平法治思想的素材。比如："根据以上材料，结合依法治国的总目标，谈谈如何完善中国特色的法律体系？""结合材料，谈谈如何深入推进依法行政，加快法治政府的建设？""结合材料谈谈如何提高司法的公信力？"2019年的时政型论述题就是属于中性宏观层次，考查了党与法治政府的关系、法治政府具体措施等。

（三）微观层面考查

考查的知识点比较细节化，比如："结合材料谈谈我国加强律师职业建设对建设社会主义法治国家的意义，以及如何加强律师职业建设？"（职业道德也是有可能结合法治理论在时政型论述题中涉及的）"结合××法的修改，谈谈修改法律对于依法治国的意义。"这类微观题切入点一般为热点，比如结合《民法典》的出台、刑诉法相关立法工作的进行，所以考生可以做到根据2018~2021年的重要举措，提前结合好知识点，把答案准备好。

本书为大家做一个示范：

柏拉图问答式示范

问：根据以上材料，结合依法治国的总目标，谈谈如何完善中国特色社会主义法律体系。

答：法律是治国之重器，良法是善治之前提。

建设中国特色社会主义法治体系，必须坚持立法先行，提高立法质量是关键。要恪守以民为本、立法为民理念，使每一项立法都符合宪法精神、反映人民意志、得到人民拥护。具体可以从以下几个方面进行：

首先，健全宪法实施和监督制度。完善全国人大及其常委会宪法监督制度，健全宪法解释程序机制。加强备案审查制度和能力建设，把所有规范性文件纳入备案审查范围，依法撤销和纠正违宪违法的规范性文件，禁止地方制发带有立法性质的文件。

其次，完善立法体制。加强党对立法工作的领导以及立法制度的建设。明确立法权力边界，从体制机制和工作程序上有效防止部门利益和地方保护主义法律化。

再次，深入推进科学立法、民主立法。健全立法机关主导、社会各方有序参与立法的途径和方式。注重健全立法机关和社会公众沟通机制。（民法切入点一）

最后，加强重点领域立法。如完善社会主义市场经济法律制度。用严格的法律制度保护生态环境，加快建立有效约束开发行为和促进绿色发展、循环发展、低碳发展的生态文明法律制度，强化生产者环境保护的法律责任，大幅度提高违法成本。建立健全自然资源产权法律制度，完善国土空间开发保护方面的法律制度，制定完善生态补偿和土壤、水、大气污染防治及海洋生态环境保护等法律法规，促进生态文明建设。（绿色民法典就用这个答题）（民法切入点二）

另外在准备过程中，可以围绕主题进行准备，也就是俗称的"套路题"。本书给考生们列举一个范例：

问："法律修改、法律出台"的重要意义。

答：第一，修改/出台××法对推进国家治理体系和治理能力现代化具有重要的现实意义；

第二，修改/出台××法是实现全面依法治国的总目标，不断完善中国特色社会主义法治体系的客观要求；（依法治国建设）

第三，修改/出台××法是全面深化改革，确保重大改革于法有据的现实要求；（司法改革）

第四，修改/出台××法是提高立法质量，解决我国立法领域突出问题的客观需要。（法律的局限性）

如果考到相关知识点，考生提前做好准备，就可以很好地调动知识库进行作答。专业硬知识（也就是要死背的）大概有200字左右，另外的结合案情进行描述，最后加一段展望，再把依法治国梦想等共性语言一套。30~45分钟内800字的文章绝对不成问题。

二、审题精准勿跑题

如果你发现问题不在你背的知识库中，不要慌，万事皆习近平法治思想。把它用过渡的方式引到你熟悉的知识点上。注意，一定要过渡，否则有跑题、生搬硬套的风险存在。

三、文章构造科学化

文章构造中要坚持"专业观点先行，结合案例紧跟其后，最后总结升华展望法治"来进行展开。不要将观点藏在材料描述里。因为阅卷老师第一眼扫不到观点，考生就会丢分。

四、合理分段清晰化

布局技巧上，一定要分段行文，800 字左右，一般来说以 3 段到 4 段为宜，太少显得没有层次，太多显得非常零散不成体系。

第三节　复合型论述题解题思路与模板

复合型论述题比时政型论述题的难度高，字数要求也会多一些（多 100 字），所涉及的知识点范围更广，故而实为考生所头疼。但是，考生一旦能够把握住命题规律，则可事半功倍。根据前文分析，考生掌握复合型论述题的规律后，自可知道破解之道。本文顺势而为，为考生提出以下破解之法：

一、构建专业素材库

复合型论述题看似花样百变，但核心的知识点部分是不会改变的，对于该部分知识点，考生可以做到提前把握、以静制动，最起码不会半天憋不出来看得过去的文章。素材库的构建来源主要为法理学的法的价值与法的价值的冲突解决、法的局限性；其次就是各大部门法的基本原则，尤其是行政法与程序法的基本原则（程序正义、诉讼效率等）。本书对于素材库的搭建予以展示，希望考生能够自己动手、丰衣足食。

法理学论述题素材·法的价值

1. 秩序

秩序是通过法律所形成的稳定的社会状态，是自由和正义的基础，是最重要的价值之一。"法律就是秩序，有好的法律才有好的秩序。"（亚里士多德）失去秩序的保障，法律所有的价值和功能就会因为缺乏必要的保障而面临现实的威胁，从而失去意义。因此，法律必须服务于秩序，保证秩序的稳定、安定，保证社会行为的规则性和可预测性。法律根本而首要的任务就是确保统治秩序的建立。秩序必须接受法律的规制，专制的侵犯人权的秩序则难以立足。秩序同时还必须接受"正义"与"自由"规制。没有秩序，法律根本没有施展的空间，也失去了实施的意义；而没有法律，秩序就没有最重要、最可靠的保证。

2. 自由

（1）评价公民的行为

面对公民的行为，法不禁止即自由。自由是法的最高价值追求，是评价法律善恶的基本标准。法律保障人们的自由，法律以立法的形式确认自由，通过司法、执法、法律监督等方式实现人们的自由。故而"法典就是人民自由的圣经"。人生而自由，却无往不在枷锁之中。没有绝对的自由（自由不是为所欲为，自由不是毫无边界），自由必须受到限制：

权利不可滥用（我的权利止于你的鼻尖），不得侵害他人自由（法律面前人人平等，每个人的自由都至高无上，不得通过侵犯他人自由的方式实现自己的自由），不得侵害社会公序良俗等。法律追求自由，尽可能充分尊重个人隐私，法律对于自由的限制，是最低标准的限制，且必须是为了保护自由而限制自由。（一切对他人行为的干涉，牺牲他人部分自由，只能是因为该行为侵害了他人的权益或者损害了社会公序良俗，只有这样才具有正当性。）

（2）评价国家行政行为（**合法性+合理性**）

面对国家权力，法无授权即禁止。国家权力是手段，公民权利才是目的。国家权力的存在是为了保证公民更好地享有权利。但权力天然存在扩张性，公权力本身也可能侵犯公民的权利，因此，为了保证公民更好地享有权利，必须以法律控制国家权力。依法治国，建设社会主义法治国家的关键就在于依法行政，建设法治政府。依法行政要求做到以下几点：合法行政、合理行政、程序正当、诚实守信、高效便民、权责统一。（**找到材料中体现其中一点或者几点的**）

二、掌握复合型论述题破题模板

从复合型论述题的出题结合来看，主要分为两大类：公民权利类与国家权力类。①对于公民权利（私权），主要从公民权利（法无明文禁止即自由）以及公民权利的行使原则（诚实信用或者禁止权利滥用）、法理中的自由限度方面寻找答案；②对于国家权力（公权），主要为对国家权力的限制（法无授权即禁止）与国家权力服务于民（便民原则）。考生明白这两大类后，即需要通过快速地阅读题干找出纠纷的主体从而定位其属于哪一类题目，公权力还是私权利？或者公权力与私权利之间的紧张关系？刑事、行政法与诉讼法的纠纷属于权力限制与便民类；民事主体的纠纷，属于私权利类。定位出关系，即可同步寻找到破题的关键知识点。

研究法考综合论述分析题的答题要求，我们会发现，卷四的论述分析题，实际上完全可以当作我们所熟悉的议论文来写作。根据我们对众多议论文的考察和研究，我们发现，几乎所有的议论文都遵循着一种固定的模式。对这种模式进行训练，无疑对应付法考将会有很大的帮助。对于法考主观题试卷的任何一种论述分析题，我们都可以从下面的模板也就是议论文的三段论模式出发：

分　段	内　容
第一段（100字）	读材料；提观点；析概念；写原因；如果是态度题（你的态度是什么），一定要坚定地表达出自己的态度
第二段（300~350字）	结合材料和理论分析如何好、如何坏，并经通篇考虑后答出怎样做（如何好，如何坏，总规划，怎样做）
第三段（100字）	总结和升华全文观点：口号（进行法治美好展望）

三、个性化润色模板，杜绝千篇一律

特别提醒考生注意的是，论述题不存在唯一的模板。模板是需要加入个性进行润色的，除了观点的个性化之外，考生也需要对模板进行润色，体现个性，从而杜绝千篇一律，凸显出亮点。

这个润色的办法有二：

1. 给一个亮眼的标题（复合型论述题可以写标题，也可以不写）。如果想不到合适的标题，此项不建议。

2. 配备一些法律名言，让文章看起来更有厚重感。名言可放在段首或者段尾，以作点睛。法律名言部分，同样建议考生自行准备一个素材库，按照主题进行整合。要选一些自己背起来顺口又舒服的，别自己为难自己，整一些自己完全不懂也记不住的名言。本书为大家提供相应展示：

不得不背的法律格言

1. 法律的重要性

（1）在民主的国家里，法律就是国王；在专制的国家里，国王就是法律。（*法律与民主*）

（2）服从法律：无论是我或任何人都不能摆脱法律光荣的束缚。

2. 法律的局限性

（1）法律必有漏洞。

（2）要理解法律，特别是要理解法律的缺陷。——边沁

（3）有一百条法律，却有一百零一个问题。（*法律的局限性*）

3. 平等/公正

（1）法不阿贵，绳不绕曲。（*法律的公正*）

（2）法律不能使人人平等，但在法律面前人人是平等的。

（3）人与人是不相同的，人们不能将法律面前人人平等理解成平等就是一视同仁、人人相等。

（4）一次不公正的审判，其恶果甚至超过十次犯罪。因为犯罪虽是无视法律——好比污染了水流，而不公正的审判则毁坏法律——好比污染了水源。——培根（*司法公正的重要性，习大大2014年曾引用*）

4. 公民权利

（1）法律不保护权利上的睡眠者。（*权利滥用的限制*）

（2）认真地对待权利。

（3）你所说的话不一定正确，但我誓死捍卫你说话的权利。（*尊重权利*）

（4）在民法慈母般的眼神中，每个人就是整个国家。——孟德斯鸠（民法对权利的尊重和保护）

（5）风可进，雨可进，国王不可进。（限制公权力，保护私权利）

（6）行政权力退缩的空间有多大，民事权利伸展的空间就有多大。（限制公权力，保护私权利）

5. 程序重要性

（1）正义不仅应当得到实现，而且应以人们能够看得见的方式加以实现。（程序正义）

（2）程序是法治和恣意而治的分水岭。（程序的重要性）

（3）法官是法律世界的国王，除了法律就没有别的上司。（司法独立）

6. 自由与限制

（1）人生而自由，却无往不在枷锁之中。

（2）你的权利止于我的鼻尖。

7. 其他

（1）无保障的权利不是权利。

（2）法无明文规定不为罪，法无明文规定不处罚。

（3）任何人在被证明有罪前，皆应被视为无辜。

（4）迟来的正义即非正义。（效率的重要性）

（5）法律职业的社会地位是一个民族文明的标志。（用来应对律师职业制度的改革）

（6）法律应该是稳定的，但不能停止不前。——庞德（用来解读法律的修改问题）

专题三　法律文书题专项突破

第一节　法律文书题考试规律分析

1. 法律文书题曾在司考时代考查过四次：

（1）2002 年第 10 题："现假定你为本案的公诉人，请根据上述案情撰写一份起诉书。"

（2）2003 年第 2 题："请根据刑事附带民事诉讼的法律规定和基本理论，从对执业律师法律文书规范化的角度，分析本刑事附带民事诉状存在哪些问题，并简要说明理由。"

（3）2005 年第 6 题："假定你是甲聘请的律师或者乙聘请的律师，或是本案的主审法官（任选其中一个身份），请根据上述案情撰写一份法律文书。"

（4）2013 年第 7 题第 1 问："请结合本案，简要概括钱某的起诉状或法院的一审判决书的结构和内容。（起诉状或一审判决书择一作答；二者均答时，评判排列在先者）"

但这并不意味着法律文书不重要，因为在重视实务能力的法考改革之下，文书很可能会再次回归，因此考生必须做好相应的准备。

2. 从 2018 年的法考开始，迄今尚未考查过法律文书，但从之前司考时代四次的考查中，我们可以预估到 2022 年法考法律文书可能出现的考查方式：

（1）直接要求考生根据案情写相应的某个法律文书；

（2）纠错题，即出题人在题目材料中给出一种法律文书，要求考生挑出来其中的错误之处；

（3）"温柔"一些，让考生写出某种法律文书的主要组成部分即可；

（4）要么自成一题单独考查，要么会出现在其他题目中作为其中一问来考查。

总之，对于重要的、常考的法律文书还是要把握其篇章结构，这样答题速度才能跟上，得分才有把握。

第二节　法律文书题答题模板

一、法律文书题解题思路

法律文书题的答题要求：要求应试人员对试题所提供的事实材料进行加工整理，并按试题要求将其制作为相应的法律文书，或要求应试人员给试题所提供的法律文书找错，并说明理由或进行分析。法律文书题要求答题格式规范、文字通顺、标点正确、无语法错误。

针对上述要求，考生作答时，首先应注意格式的准确性，并应同时注意内容的准确，抓住重点和要点。评卷人在评卷时按点给分，因此只要把要点答到了，就可以得到相应的分值。具体要注意以下几点：

1. 仔细分析案情，准确判断出法律文书的类型、名称，争取格式规范，项目齐全，层次分明。

2. 正确列明诉讼参加人的诉讼地位。叙事清楚，说理充分，要点突出，结论明确。

3. 使用的语言文字要言简意赅、朴实庄重、用词准确（不滥用方言、行话），尽可能地使用法言法语（如"原告诉称""被告辩称""第三人称"等）。

4. 如果时间紧迫，可先书写法律文书格式（确定名称、首尾部、诉讼请求、附件项目等），再填充事实、答出理由要点和引用法律依据。

5. 认真研习历年真题出现过的法律文书格式，并把这些考过的法律文书的格式简要地写在自己的小本子上，可以按照自己的记忆习惯很简明地列出格式的要点。另外还要把本书中列举的范本自己动手写在小本子里，这样大约十多页纸张就能把一些常考的法律文书全部记录下来。

二、法律文书题模板

整体上来看，法律文书主要由以下几部分构成：

（一）首部

首部是法律文书的开头部分，一般包括：文书名称、文书编号、当事人情况、案由、案件来源和处理经过等内容。这些项目通常有较为固定的结构及表述方式，是法律文书格式化特点的集中体现。

1. 法律文书名称

法律文书名称即文书标题，每一篇法律文书都有自己的标题，一般由制作法律文书的机关名称和法律文书名称组成。如：×××人民检察院起诉书、×××人民法院民事判决书。在写法上则分为两行，第一行写机关名称"×××人民检察院""×××人民法院"，第二行写法律文书名称"起诉书""民事判决书"。

2. 法律文书编号

法律文书编号，是司法机关制作法律文书时，为方便办案，将众多案件有序排列而设置的内容，一般在法律文书名称的右下方，包括：年度、制作机关简称、案件性质简称、法律文书简称和顺序号。如：法院法律文书编号"（××××）×××字第×××号"，人民检察院法律文书编号"×检×诉（××××）×××号"。

3. 当事人基本情况

法律文书的首部一般都必须介绍当事人和其他诉讼参加人的基本情况。如民事案件当事人包括原告、被告和第三人。如果当事人是一般公民，其基本情况应分别写出：姓名、性别、年龄、民族、籍贯、职业、住址等。如果当事人是法人或其他组织的，其身份情况只写单位名称和住所地，并写明其法定代表人及其姓名和职务。

4. 案由、案件来源和处理经过。

（二）正文

正文是法律文书的核心部分，每一篇法律文书的正文包括事实、理由和结论三部分。但不同的法律文书其正文部分的内容要点不完全相同。如，起诉状的正文内容包括：诉讼请求、事实与理由、证据和证据来源、证人姓名和住址。裁判类文书则包括：事实、证据、理由和结论。

(三) 尾部

法律文书的尾部除了交代一些相关事项外，还包括签署、日期、用印以及附项等。

三、常考的重要的法律文书标准模板展示

法律文书题的破解之道就是背模板，本书将具有考试价值的法律文书比较全面地予以展示，以期为广大考生朋友的法律文书写作提供实质帮助。

(一) 刑事法律文书

起 诉 书

起诉书由下列部分组成：

1. 首部

（1）标题。主要写明"×人民检察院起诉书"字样。其右下方注明案号：（年度）×检 × 字第 × 号。

（2）被告人的基本情况。主要写明被告人的姓名、性别、年龄、籍贯、身份证号码、民族、文化程度、职业、住址、主要经历（包括有无前科）、何时被拘留、逮捕、在押被告人的关押处所等。共同犯罪的案件，应当逐个写明被告人的上述情况。

（3）案由和案件来源。这部分是说明人民检察院所认定的罪名和案件从何处来的。采用何种方式表述，可根据具体情况决定，但必须将"案由"、"案件来源"和"查明的犯罪事实"这三个项目交代清楚。

2. 犯罪事实和证据。犯罪事实和证据是起诉书的主要部分。起诉书要写明被告人的罪名、罪状、罪证以及认罪态度。在记叙被告人的犯罪事实时，一定要写明犯罪的时间、地点、经过、手段、动机、目的、危害后果七大要素。

3. 结论。这部分即起诉的理由和法律根据，是人民检察院对被告人犯罪事实的分析、认定，直接反映对被告人所犯罪追究法律责任的具体意见，因而十分重要。这部分结束时，还应写明：此致，×××人民法院。并由检察长（员）署名，注明具文的时间，加盖公章。

4. 附项。这部分应写明：被告人的住址或羁押处所；证据目录、主要证据复印件或者照片；证人名单及其住址或单位地址；鉴定人的住址或单位地址；随案移送案卷的册数、页数；随卷移送的赃物、证物。

不起诉决定书

内容包括：

1. 不起诉决定书的名称、编号。

2. 犯罪嫌疑人的基本情况，包括姓名、性别、出生年月日、出生地、民族、文化程度、职业、住址、身份证号码，是否受过刑事处罚，拘留、逮捕的年月日等。

3. 案由和案件来源。

4. 案件事实，包括否定或者指控犯罪嫌疑人构成犯罪的事实以及其他作为不起诉决定根据的事实。

5. 不起诉的理由和法律根据，写明作出不起诉决定适用的刑事诉讼法条款。

6. 检察长署名，制作日期和加盖院印。

7. 附注事项。

刑事附带民事起诉状

附带民事诉讼原告：……（姓名、性别、民族、出生年月日、出生地、职业、工作单位、住址等）。

附带民事诉讼被告：……（姓名、性别、民族、出生年月日、出生地、职业、工作单位、住址等；出生年月日不详者写明其年龄）。

诉讼请求：……。

事实和理由：……。

证据和证据来源，证人姓名和住所：……。

此致

××××人民法院

附：本诉状副本×份。

附带民事诉讼原告：（签名）

××××年××月××日

公诉词

公诉词在写法上没有统一的格式，一般来说，内容可分为标题和正文两个部分。标题应写明"×××人民检察院公诉词"字样，也可写作"×××人民检察院关于××案的公诉词"。正文部分，可分为引言、主体和结尾三部分。

1. 引言

引言的开头，一般应先写称呼语，即顶格写"审判长、审判员（人民陪审员）"。在行文中，有时为了宣读的需要，可以在重要的地方或需要提醒法庭注意的地方，相应插入称呼语。引言内容，需要写明对法庭调查情况的简要概括。如"在以上法庭调查中，通过宣读证人证言、技术鉴定意见、现场勘查笔录，证人出庭作证，出示物证以及讯问被告人，已清楚地证明本院起诉书中所列被告人×××所犯罪行，事实清楚，证据确实、充分。现在我就本案发表以下几点意见，请法庭在判决时予以考虑"。

2. 主体

主体部分是公诉词写作的核心部分。可视其不同的情况，着重从以下几个方面入手：

（1）进行证据分析，认定被告人的犯罪行为；

（2）揭露被告人犯罪的动机、目的、手段、性质和犯罪行为的社会危害性；

（3）分析被告人犯罪的思想根源和社会根源；

（4）进行法律上的论证，指出被告人触犯的刑事法律条款和应负的法律责任；

（5）提出对被告人依法处理的要求。

3. 结尾

最后是公诉词的结尾部分，即正文分析论证后的结束语。主要是对公诉意见进行总结，并就如何处罚被告人向法庭提出意见和要求。根据审判程序的不同可相应采用如下两种行文方法：

（1）一审案件的公诉词可写为：

以上几点意见请法庭结合全案情节，考虑被告人的认罪态度，依照我国刑法的有关规定，作出正确的判决。

（2）二审案件的公诉词可写为：

以上对被告人×××的一审判决是否正确，被告人×××上诉是否有理，阐明了我们的意见，供二审法庭合议中考虑。

4. 最后

注明制作的年月日。

辩 护 词

辩护词的内容由序言、辩护理由和结论三部分组成。

1. 序言

包括五项内容：

（1）标题，写出"辩护词"三字，也可写作"×××（被告人）××一案的辩护词"。

（2）称呼语，顶格写"审判长、审判员（人民陪审员）"。

（3）写明辩护人的出庭辩护的法律依据和责任，如"根据《中华人民共和国刑事诉讼法》第33条的规定，我经××市××律师事务所的委派，担任被告人的辩护人"。

（4）简要说明辩护人开庭前做的主要工作。

（5）表明对本案的基本观点，包括：或认为被告人无罪，或认为被告人罪轻，或认为被告人应当减轻处罚，或认为被告人应当免除刑事责任。

2. 辩护理由

本部分是辩护词的核心部分，可以从以下几个方面提出：

（1）事实辩；

（2）证据辩；

（3）无罪辩；

（4）罪轻辩；

（5）罪轻免刑辩；

（6）适用法律辩；

（7）管辖辩；

（8）诉讼时效辩；

（9）其他。

3. 结论

又称结束语。首先应对辩护理由作一概要小结，而后提出对被告人从轻、减轻、免除刑事责任或无罪辩护的意见，最后还要使用适当的结束语表示发言的完结。

×××人民法院
刑事判决书
（一审公诉案件适用普通程序用）

（××××）×刑初字第××号

公诉机关×××人民检察院。

被告人……（写明姓名、性别、出生年月日、民族、籍贯、职业或工作单位和职务、住址和因本案所受强制措施情况等，现羁押处所）。

辩护人……（写明姓名、性别、工作单位和职务）。

×××人民检察院以×检×诉［年度］×号起诉书指控被告人×××犯××罪，于××××年××月××日向本院提起公诉。本院依法组成合议庭，公开（或不公开）开庭审理了本案。×××人民检察院指派检察员×××出庭支持公诉，被害人×××及其法定代理人×××、诉讼代理人×××，被告人×××及其法定代理人×××、辩护人×××，证人×××，鉴定人×××，翻译人员×××等到庭参加诉讼。现已审理终结。

×××人民检察院指控……（概述人民检察院指控被告人犯罪的事实、证据和适用法律的意见）。

被告人×××辩称……（概述被告人对指控的犯罪事实予以供述、辩解、自行辩护的意见和有关证据），辩护人×××提出的辩护意见是……（概述辩护人的辩护意见和有关证据）。

经审理查明，……（首先，写明经庭审查明的事实；其次，写明经举证、质证定案的证据及其来源；最后，对控辩双方有异议的事实、证据进行分析、认证）。

本院认为，……（根据查证属实的事实、证据和有关法律规定，论证公诉机关指控的犯罪是否成立，被告人的行为是否构成犯罪，犯什么罪，是否应从轻、减轻、免除处罚或者从重处罚。对控辩双方关于适用法律方面的意见，应当有分析地表示是否予以采纳，并阐明理由。）依照……（写明判决的法律依据）的规定，判决如下：

……［写明判决结果。分三种情况：

1. 定罪判刑的，表述为：

"一、被告人×××犯××罪，判处……（写明主刑、附加刑）。

"（刑期从判决执行之日起计算。判决执行以前先行羁押的，羁押1日折抵刑期1日，即自××××年××月××日起至××××年××月××日止。）

"二、被告人×××……（写明决定追缴、退赔或没收财物的名称、种类和数额）。"

2. 定罪免刑的，表述为：

"被告人×××犯××罪，免予刑事处罚（如有追缴、退赔或没收财物的，续写第2项）。"

3. 宣告无罪的，无论是适用《刑事诉讼法》第200条第2项还是第3项，均应表述为：

"被告人×××无罪。"］

如不服本判决，可在接到判决书的第二日起十日内，通过本院或者直接向×××人民法院提出上诉。书面上诉的，应交上诉状正本一份，副本×份。

审判长×××

审判员×××

审判员×××

××××年××月××日

（院印）

书记员×××

本件与原本核对无异

×××人民法院
刑事附带民事判决书
（一审公诉案件适用普通程序用）

（××××）×刑初字第××号

公诉机关×××人民检察院。

附带民事诉讼原告人（被害人）……（写明姓名、性别、出生年月日、民族、籍贯、文化程度、职业或工作单位和职务、住址等）。

被告人……（写明姓名、性别、出生年月日、民族、籍贯、职业或工作单位和职务、住址和因本案所受强制措施情况等，现羁押何处）。

辩护人……（写明姓名、性别、工作单位和职务）。

×××人民检察院以×检×诉〔年度〕×号起诉书指控被告人×××犯××罪，于××××年××月××日以被告人×××犯××罪，向本院提起公诉。在诉讼过程中，附带民事诉讼原告人向本院提起附带民事诉讼。本院依法组成合议庭，公开（或不公开）开庭进行了合并审理，×××人民检察院派检察员××出庭支持公诉，附带民事诉讼原告人××及其法定（诉讼）代理人×××、被告人×××及其法定代理人×××、辩护人×××，证人×××，鉴定人×××，翻译人员×××等到庭参加诉讼。现已审理终结。

×××人民检察院指控……（概述人民检察院指控被告人犯罪的事实、证据和适用法律的意见）。附带民事诉讼原告人诉称……（概述附带民事诉讼原告人的诉讼请求和有关证据）。

被告人×××辩称……（概述被告人对指控的犯罪事实和附带民事诉讼原告人的诉讼请求予以供述、辩解、自行辩护、答辩的意见和有关证据）。辩护人×××提出的辩护意见是……（概述辩护人的辩护意见和有关证据）。

经审理查明，……（首先，写明经庭审查明的事实，既要写明经法庭查明的全部犯罪事实，又要写明由于被告人的犯罪行为使被害人遭受经济损失的事实；其次，写明据以定案的证据及其来源；最后，对控辩双方有异议的事实、证据进行分析、认证）。

本院认为，……（根据查证属实的事实、证据和有关法律规定，论证公诉机关指控的犯罪是否成立，被告人的行为是否构成犯罪，犯什么罪，应否追究刑事责任；论证被害人是否由于被告人的犯罪行为而遭受经济损失，被告人对被害人的经济损失应否负民事赔偿责任；应否从轻、减轻、免除处罚或者从重处罚。对控辩双方关于适用法律方面的意见，应当有分析地表示是否予以采纳，并阐明理由。）依照……（写明判决的法律依据）的规定，判决如下：

……［写明判决结果。分四种情况：

1. 被告人构成犯罪并应赔偿经济损失的，表述为：

"一、被告人×××犯××罪，判处……（写明主刑、附加刑）。

"（刑期从判决执行之日起计算。判决执行以前先行羁押的，羁押1日折抵刑期1日，即自×××年××月××日起至×××年××月××日止。）

"二、被告人×××赔偿附带民事诉讼原告人×××……（写明受偿人的姓名、赔偿的金额和支付的日期）。"

2. 定罪免刑并应当赔偿经济损失的，表述为：

"一、被告人×××犯××罪，免予刑事处罚。

"二、被告人×××赔偿附带民事诉讼原告人×××……（写明受偿人的姓名、赔偿的金额和支付的日期）。"

3. 宣告无罪但应赔偿经济损失的，表述为：

"一、被告人×××无罪。

"二、被告人×××赔偿附带民事诉讼原告人×××……（写明受偿人的姓名、赔偿的金额和支付日期）。"

4. 宣告无罪且不赔偿经济损失的，表述为：

"一、被告人×××无罪。

"二、被告人×××不承担民事赔偿责任。"］

如不服本判决，可在接到判决书的第二日起十日内通过本院或者直接向×××人民法院提出上诉。书面上诉的，应交上诉状正本一份，副本×份。

审判长 ×××

审判员 ×××

审判员 ×××

×××年××月××日

（院印）

本件与原本核对无异

书记员 ×××

×××人民法院
刑事附带民事判决书

（一审公诉案件适用简易程序用）

（××××）×刑初字第××号

公诉机关×××人民检察院。

被告人……（写明姓名、性别、出生年月日、民族、籍贯、职业或工作单位和职务、住址和因本案所受强制措施情况等，现羁押何处）。

辩护人……（写明姓名、性别、工作单位和职务）。

×××人民检察院以×检×诉［年度］×号起诉书指控被告人×××犯××罪，于××××年××月××日以被告人×××犯××罪，向本院提起公诉。本院依法适用简易程序，公开（或不公开）开庭审理了本案，××××人民检察院检察员×××、被告人×××、辩护人×××等到庭参加诉讼。现已审理终结。

×××人民检察院指控……（概述人民检察院指控被告人犯罪的事实、证据和适用法律的意见）。

被告人×××的供述、辩解和辩护人×××提出的辩护意见……（予以概述）。

经审理查明，……（写明经庭审查明的被告人的犯罪事实和据以定案的证据）。

本院认为，……（写明判决的理由）。依照……（写明判决的法律依据）的规定，判决如下：

被告人×××犯××罪，判处……（写明判处的具体内容）。

（刑期从判决执行之日起计算。判决执行以前先行羁押的，羁押1日折抵刑期1日，即自××××年××月××日起至××××年××月××日止。）

如不服本判决，可在接到判决书的第二日起十日内通过本院或者直接向××人民法院提出上诉。书面上诉的，应交上诉状正本一份，副本×份。

审判员×××

××××年××月××日

（院印）

书记员×××

本件与原本核对无异

×××人民法院
刑事判决书
（一审自诉案件用）

（××××）×刑初字第××号

自诉人……（写明姓名、性别、出生年月日、民族、籍贯、职业或工作单位和职务、住址等）。

诉讼代理人……（写明姓名、工作单位和职务）。

被告人……（写明姓名、性别、出生年月日、民族、籍贯、职业或工作单位和职务、住址等）。

辩护人……（写明姓名、性别、工作单位和职务）。

自诉人×××以被告人×××犯××罪，于××××年××月××日向本院提起控诉。本院受理后，依法实行独任审判（或组成合议庭），公开（或不公开）开庭审理了本案。自诉人×××及其诉讼代理人×××、被告人×××及其辩护人×××等到庭参加诉讼。现已审理终结。

自诉人×××诉称……（概述自诉人指控被告人犯罪的事实、证据和诉讼请求）。

被告人×××辩称……（概述被告人对自诉人的指控予以供述、辩解、自行辩护的意见和有关证据）。辩护人×××提出的辩护意见是……（概述辩护人的辩护意见和有关证据）。

经审理查明，……（首先，写明经庭审查明的事实；其次，写明据以定案的证据及其来源；最后，对控辩双方有异议的事实、证据进行分析、认证）。

本院认为，……（根据查证属实的事实、证据和有关法律规定，论证自诉人的指控是否成立，被告人的行为是否构成犯罪，犯的什么罪，是否从轻、减轻、免除处罚或者从重处罚。对控辩双方关于适用法律方面的意见，应当有分析地表达是否予以采纳，并阐明理由。）依照……（写明判决的法律依据）的规定，判决如下：

……［写明判决结果。分三种情况：

1. 定罪判刑的，表述为：

"被告人×××犯××罪，判处……（写明判处的刑罚）。

"（刑期从判决执行之日起计算。判决执行以前先行羁押的，羁押1日折抵刑期1日，即自××××年××月××日起至××××年××月××日止。）"

2. 定罪免刑的，表述为：

"被告人×××犯××罪，免予刑事处罚。"

3. 宣告无罪的，表述为：

"被告人×××无罪。"］

如不服本判决，可在接到判决书的第二日起10日内，通过本院或者直接向××××人民法院提出上诉。书面上诉的，应交上诉状正本一份，副本×份。

审判员×××

××××年××月××日

（院印）

书记员×××

本件与原本核对无异

×××人民法院
刑事判决书
（一审自诉、反诉并案审理用）

（××××）×刑初字第××号

自诉人（反诉被告人）……（写明姓名、性别、出生年月日、民族、出生地、职业或工作单位和职务、住址等）。

诉讼代理人（辩护人）……（写明姓名、性别、工作单位和职务）。

被告人（反诉自诉人）……（写明姓名、性别、出生年月日、民族、籍贯、职业或工作单位和职务、住址等）。

辩护人（诉讼代理人）……（写明姓名、性别、工作单位和职务）。

自诉人×××以被告人×××犯××罪，于××××年××月××日向本院提起控诉。被告人×××于××××年××月××日又以自诉人×××犯××罪提起反诉。本院受理后，依法组成合议庭（或者实行独任审判），对本案公开（或不公开）开庭进行了合并审理。自诉人（反诉被告人）×××及其诉讼代理人（辩护人）×××、被告人（反诉自诉人）×××及其辩护人（诉讼代理人）×××等到庭参加诉讼。现已审理终结。

自诉人×××诉称……（概述自诉人指控被告人犯罪的事实、证据和诉讼请求）。

被告人×××辩称……（概述被告人对自诉人的指控予以供述、辩解、自行辩护的意见和有关证据）。辩护人×××提出的辩护意见是……（概述辩护人的辩护意见和有关证据）。

反诉自诉人×××诉称……（概述反诉自诉人指控反诉被告人犯罪的事实、证据和诉讼请求）。

反诉被告人×××辩称……（概述反诉被告人对反诉自诉人的指控予以供述、辩解、自行辩护的意见和有关证据）。辩护人×××提出的辩护意见是……（概述辩护人的辩护意见和有关证据）。

经审理查明，……（首先，写明经庭审查明的事实；其次，写明据以定案的证据及其来源；最后，对自诉、反诉各方有异议的事实、证据进行分析、认证）。

本院认为，……（写明根据查证属实的事实、证据和有关法律规定，论证自诉人、反诉自诉人的指控是否成立，被告人或者反诉被告人或者双方的行为是否构成犯罪，犯的什么罪，应当如何处罚。对控辩双方关于适用法律方面的意见，应当有分析地表示是否予以采纳，并阐明理由。）依照……（写明判决的法律依据）的规定，判决如下：

……［写明判决结果。分四种情况：

1. 被告人构成犯罪，反诉被告人无罪的，表述为：

"一、被告人×××犯××罪……（写明判决结果）。

"（刑期从……）

"二、反诉被告人×××无罪。"

2. 被告人无罪，反诉被告人构成犯罪的，表述为：

"一、被告人×××无罪。

"二、反诉被告人×××犯××罪……（写明判决结果）。

"（刑期从……）"

3. 双方都构成犯罪的，表述为：

"一、被告人×××犯××罪……（写明判决结果）。

"（刑期从……）

"二、反诉被告人×××犯××罪……（写明判决结果）。

"（刑期从……）"

4. 双方都不构成犯罪的，表述为：

"一、被告人×××无罪。

"二、反诉被告人×××无罪。"］

如不服本判决，可在接到判决书的第二日起十日内，通过本院或者直接向×××人民法院提出上诉。书面上诉的，应提交上诉状正本一份，副本 × 份。

审判长 × × ×

审判员 × × ×

审判员 × × ×

× × × ×年 × ×月 × ×日

（院印）

书记员 × × ×

本件与原本核对无异

刑事上诉状

上诉状主要由三部分组成：

1. 首部

这部分应写明以下事项：

（1）标题，写明"刑事上诉状"字样。

（2）在上诉人栏内，写明上诉人的姓名、性别、出生年月日、民族、籍贯、职业或工作单位和职务、住址等基本情况。

（3）在被上诉人栏内，写明被上诉人的姓名、性别、出生年月日、民族、籍贯、职业或工作单位和职务、住址等基本情况（刑事公诉案件被告人提出上诉者不列被上诉人）。

（4）案由，写明不服原审判决（或裁定）的事由："上诉人因 × ×一案，于 × × × ×年 × ×月 × ×日收到 × × ×人民法院 × × × ×年 × ×月 × ×日（ × × × ×） × 字第 × ×号刑事 × × ×，现因不服该 × × ×提出上诉。"

2. 上诉请求和理由

上诉请求，主要写明上诉人不服原审裁判，要求二审法院撤销、变更原审裁判，或请求重新审理。

上诉理由部分主要是针对原审裁判的不当，采用驳论手法，在反驳中正面说理，阐述上诉的根据。

这部分写完，正文即结束，下面写：

……为此，特向你院上诉，请求依法撤销原判决（或裁定）予以改判（或重新审判）。

此致

× × ×人民法院

3. 附项及尾部

附项按规定写明下列事项：本上诉状副本 × 份。

尾部为，在右下角由上诉人签名盖章，注明具状年月日。

× × ×人民检察院

刑事抗诉书

× 检 × 抗字（ × × × ×） 第 × ×号

原审被告人……（依次写明姓名、性别、年龄、出生年月日、民族、籍贯、职业、单位及职务、住址、被采取强制措施或服刑情况。有数名被告人的，依从重至轻顺序分别列出。）

原审被告人×××……一案（写明姓名、案由），由×××公安局侦查终结移送本院审查起诉，本院×××年××月××日提起公诉（对自诉案件，相应改写为"自诉人×××年××月××日向×××人民法院提起诉讼"）。×××人民法院以××号刑事判决书（裁定书）作出判决（裁定）：……（判决、裁定结果）。经依法审查：……（如果是被害人及其法定代理人不服地方各级法院第一审的判决而请求人民检察院提出抗诉的，应当写明这一程序。如果是按审判监督程序提出抗诉的，应当写明生效的一审判决或二审判决的情况、有关人民检察院提请抗诉的程序。然后再写"经依法审查，本案的事实如下"。）

（概括叙写检察机关认定的事实、情节。应当根据具体案件事实、证据情况，围绕刑法规定该罪构成要件特别是争议问题，简明扼要叙写案件事实、情节。一般应当具备时间、地点、动机、目的、关键行为、情节、数额、危害结果、作案后表现等有关定罪量刑的事实、情节要素。一案有数罪、各罪有数次作案的，应依由重至轻或时间顺序叙写。但是，文字应当简明扼要。）

原审被告人上述犯罪事实清楚，证据确实、充分，足以认定。

本院认为，……［以下写明，对判决（裁定）的审查意见和抗诉理由。层次是：①"本院认为"之后，先概括指出被告人行为危害程度、情节轻重程度，依法应当如何判决；②再明确指出判决（裁定）错误的核心之处，明确写明抗诉焦点，如"认定事实有误""适用法律不当""量刑畸轻"等；③集中阐述抗诉理由，具体分析原审判决、裁定错误所在，论证检察机关的正确意见。］

综上所述，在坚持以事实为根据，以法律为准绳的基本原则基础上，依照《中华人民共和国刑事诉讼法》第××条的规定，特提出抗诉，请依法改判。（理由写完之后，另起一段，写明适用提起抗诉的法律依据，依法提出予以抗诉、请求改判的请求。）

此致

×××人民法院

检察员×××

×××年××月××日

（院印）

附：1. 被告人×××现羁押于×××（或者现在×××）

2. 证人名单或证据目录（证据目录、证人名单与一审无异，可注明"证据目录、证人名单与一审无异"，不必另行移送）

×××人民法院

刑事判决书

（二审改判用）

（××××）×刑终字第××号

原公诉机关×××人民检察院。

上诉人（原审被告人）……（写明姓名、性别、出生年月日、民族、出生地、文化程度、职业或工作单位和职务、住址和因本案所受强制措施情况等，现羁押处所）。

辩护人……（写明姓名、工作单位和职务）。

×××人民法院审理×××人民检察院指控原审被告人×××犯××罪一案，于×××年××月××日作出（××××）×刑初字第××号刑事判决。原审被告人×××不服，提出上诉。本院依法组成合议庭，公开（或者不公开）开庭审理了本案。×××人民检察院指派检察员×××出庭履行职务。上诉人（原审被告人）×××及其辩护人×××等到庭参加诉讼。现已审理终结。

……（首先，概述原判决认定的事实、证据、理由和判处结果；其次，概述上诉、辩护的意见；最后，概述人民检察院在二审中提出的新意见）。

经审理查明，……（首先写明经二审审理查明的事实；其次写明二审据以定案的证据；最后针对上诉理由中对原判认定的事实、证据有异议的问题进行分析、认证）。

本院认为，……（根据二审查明的事实、证据和有关法律规定，论证原审法院判决认定的事实、证据和适用法律是否正确。对于上诉人、辩护人或者出庭履行职务的检察人员等在适用法律、定性处理方面的意见，应当有分析地表示是否予以采纳，并阐明理由。）依照……（写明判决的法律依据）的规定，判决如下：

……[写明判决结果。分两种情况：

1. 全部改判的，表述为：

"一、撤销×××人民法院（××××）×刑初字第××号刑事判决。

"二、上诉人（原审被告人）×××……（写明改判的具体内容）。

"（刑期从……）"

2. 部分改判的，表述为：

"一、维持×××人民法院（××××）×刑初字第××号刑事判决的第×项，即……（写明维持的具体内容）。

"二、撤销×××人民法院（××××）×刑初字第××号刑事判决的第×项，即……（写明撤销的具体内容）。

"三、上诉人（原审被告人）×××……（写明部分改判的具体内容）。

"（刑期从……）"]

本判决为终审判决。

审判长×××

审判员×××

审判员×××

×××年××月××日

本件与原本核对无异　　　　　　　　　　　　　　　　　　（院印）

书记员×××

×××人民法院
刑事裁定书

（二审维持原判用）

（××××）×刑终字第××号

原公诉机关×××人民检察院。

上诉人（原审被告人）……（写明姓名、性别、出生年月日、民族、出生地、文化程度、职业或工作单位和职务、住址和因本案所受强制措施情况等，现羁押处所）。

辩护人……（写明姓名、性别、工作单位和职务）。

×××人民法院审理×××人民检察院指控原审被告人×××犯××罪一案，于×××年××月××日作出（××××）×刑初字第××号刑事判决。原审被告人×××不服，提出上诉。本院依法组成合议庭，公开（或者不公开）开庭审理了本案。×××人民检察院指派检察员×××出庭履行职务。上诉人（原审被告人）×××及其辩护人×××等到庭参加诉讼。现已审理终结。

……（首先，概述原判决认定的事实、证据、理由和判处结果；其次，概述上诉、辩护的意见；最后，概述人民检察院在二审中提出的新意见）。

经审理查明，……（首先，写明经二审审理查明的事实；其次，写明二审据以定案的证据；最后，针对上诉理由中与原判认定的事实、证据有异议的问题进行分析、认证）。

本院认为，……（根据二审查明的事实、证据和有关法律规定，论证原审法院判决认定的事实、证据和适用法律是正确的。对于上诉人、辩护人或者出庭履行职务的检察人员等在适用法律、定性处理方面的意见，应当逐一作出回答，阐明不予采纳的理由。）依照……（写明裁定的法律依据）的规定，裁定如下：

驳回上诉，维持原判。

本裁定为终审裁定。

审判长×××
审判员×××
审判员×××
×××年××月××日
（院印）
书记员×××

本件与原本核对无异

×××人民法院
刑事裁定书

（二审发回重审用）

（××××）×刑终字第××号

原公诉机关×××人民检察院。

上诉人（原审被告人）……（写明姓名、性别、出生年月日、民族、籍贯、职业或工作单位和职务、住址和因本案所受强制措施情况等，现羁押何处）。

辩护人……（写明姓名、性别、工作单位和职务）。

×××人民法院审理×××人民检察院指控原审被告人×××犯××罪一案，于××××年××月××日作出（××××）×刑初字第××号刑事判决，认定被告人×××犯××罪，判处×××（写明判决结果）。被告人×××不服，以……（概述上诉的理由）为由，提出上诉。本院依法组成合议庭审理了本案。

本院认为，……（具体写明原判事实不清、证据不足，或者违反法律规定的诉讼程序的情形，阐明发回重审的理由）依照……（写明裁定的法律依据）的规定，裁定如下：

一、撤销×××人民法院（××××）×刑初字第××号刑事判决。

二、发回×××人民法院重新重判。

本裁定为终审裁定。

审判长×××

审判员×××

审判员×××

××××年××月××日

（院印）

书记员×××

本件与原本核对无异

（二）民事法律文书

民事起诉状

原告（自然人用）：姓名×××，男/女，××××年××月××日出生，民族×××，职业×××，工作单位×××，住所×××，联系方式×××。

委托代理人：姓名×××，职务×××。（没有委托代理人此项可不写）

原告（法人或其他组织用）：公司或其他组织机构的名称×××，住所地×××，联系方式×××。

法定代表人：姓名×××，职务×××。

委托代理人：姓名×××，职务×××。

被告（自然人用）：姓名×××，男/女，××××年××月××日出生，民族×××，职业×××，工作单位×××，住所×××，联系方式×××。

委托代理人：姓名×××，职务×××。

被告（法人或其他组织用）：公司或其他组织机构的名称×××，住所地×××，联系方式×××。

法定代表人：姓名×××，职务×××。

委托代理人：姓名×××，职务×××。

一、诉讼请求：

……

二、事实与理由：

……

三、证据和证据来源、证人姓名及住所：
……

此致
×××法院

附：本诉状副本×××份

起诉人：×××（签名/盖章）
××××年××月××日

×××人民法院
民事判决书
（第一审普通程序用）

（××××）××××民初××××号

原告：×××，男/女，××××年××月××日出生，×族，……（工作单位和职务或者职业），住……。

法定代理人/指定代理人：×××，……。

委托诉讼代理人：×××，……。

被告：×××，住所地……。

法定代表人/主要负责人：×××，……。

委托诉讼代理人：×××，……。

第三人：×××，……。

法定代理人/指定代理人/法定代表人/主要负责人：×××，……。

委托诉讼代理人：×××，……。

（以上写明当事人和其他诉讼参加人的姓名或者名称等基本信息）

原告×××与被告×××、第三人×××……（写明案由）一案，本院于××××年××月××日立案后，依法适用普通程序，公开/因涉及……（写明不公开开庭的理由）不公开开庭进行了审理。原告×××、被告×××、第三人×××（写明当事人和其他诉讼参加人的诉讼地位和姓名或者名称）到庭参加诉讼。本案现已审理终结。

×××向本院提出诉讼请求：1.……；2.……（明确原告的诉讼请求）。事实和理由：……（概述原告主张的事实和理由）。

×××辩称，……（概述被告答辩意见）。

×××诉/述称，……（概述第三人陈述意见）。

当事人围绕诉讼请求依法提交了证据，本院组织当事人进行了证据交换和质证。对当事人无异议的证据，本院予以确认并在卷佐证。对有争议的证据和事实，本院认定如下：1.……；2.……（写明法院是否采信证据，事实认定的意见和理由）。

本院认为，……（写明争议焦点，根据认定的事实和相关法律，对当事人的诉讼请求作出分析评判，说明理由）。

综上所述，……（对当事人的诉讼请求是否支持进行总结评述）。依照《中华人民共和国××法》第×条……（写明法律文件名称及其条款项序号）规定，判决如下：

一、……。

二、……。

（以上分项写明判决结果）

如果未按本判决指定的期间履行给付金钱义务，应当依照《中华人民共和国民事诉讼法》第二百六十条的规定，加倍支付迟延履行期间的债务利息（没有给付金钱义务的，不写）。

案件受理费×元，由……负担（写明当事人姓名或者名称、负担金额）。

如不服本判决，可以在判决书送达之日起十五日内，向本院递交上诉状，并按照对方当事人或者代表人的人数提出副本，上诉于××××人民法院。

审判长×××

审判员×××

审判员×××

××××年××月××日

本件与原本核对无异

（院印）

书记员×××

××××人民法院
民事判决书

（二审改判用）

（××××）××××民终××××号

上诉人（原审诉讼地位）：×××，……。

……

被上诉人（原审诉讼地位）：×××，……。

……

原审原告/被告/第三人：×××，……。

……

（以上写明当事人和其他诉讼参加人的姓名或者名称等基本信息）

上诉人×××因与被上诉人×××/上诉人×××及原审原告/被告/第三人×××……（写明案由）一案，不服××××人民法院（××××）××××民初××××号民事判决，向本院提起上诉。本院于××××年××月××日立案后，依法组成合议庭，开庭/因涉及……（写明不开庭的理由）不开庭进行了审理。上诉人×××、被上诉人×××、原审原告/被告/第三人×××（写明当事人和其他诉讼参加人的诉讼地位和姓名或者名称）到庭参加诉讼。本案现已审理终结。

×××上诉请求：……（写明上诉请求）。事实和理由：……（概述上诉人主张的事实和理由）。

×××辩称，……（概述被上诉人答辩意见）。

×××述称，……（概述原审原告/被告/第三人陈述意见）。

×××向一审法院提出诉讼请求：……（写明原告/反诉原告/有独立请求权的第三人的诉讼请求）。

一审法院认定事实：……（概述一审认定的事实）。一审法院认为，……（概述一审裁判理由）。判决：……（写明一审判决主文）。

本院二审期间，当事人围绕上诉请求依法提交了证据。本院组织当事人进行了证据交换和质证（当事人没有提交新证据的，写明：二审中，当事人没有提交新证据）。对当事人二审争议的事实，本院认定如下：

……（写明二审法院是否采信证据、认定事实的意见和理由，对一审查明相关事实的评判）。

本院认为，……（根据二审认定的案件事实和相关法律规定，对当事人的上诉请求进行分析评判，说明理由）。

综上所述，×××的上诉请求成立，予以支持。依照《中华人民共和国×××法》第×条（适用法律错误的，应当引用实体法）、《中华人民共和国民事诉讼法》第一百七十七条第一款第×项规定，判决如下：

一、撤销×××人民法院（××××）×××民初×××号民事判决。

二、……（写明改判内容）。

二审案件受理费×元，由……负担（写明当事人姓名或者名称、负担金额）。

本判决为终审判决。

审判长×××

审判员×××

审判员×××

××××年××月××日

（院印）

书记员×××

本件与原本核对无异

民事上诉状

（当事人提起上诉用）

上诉人（原审诉讼地位）：×××，男/女，××××年××月××日出生，×族，……（写明工作单位和职务或者职业），住……。联系方式：……。

法定代理人/指定代理人：×××，……。

委托诉讼代理人：×××，……。

被上诉人（原审诉讼地位）：×××，……。

……

（以上写明当事人和其他诉讼参加人的姓名或者名称等基本信息）

×××因与×××……（写明案由）一案，不服××××人民法院××××年××月××日作出的（××××）××××号民事判决/裁定，现提起上诉。

上诉请求：

……

上诉理由：

……

此致

××××人民法院

附：本上诉状副本×份

上诉人：×××（签名/盖章）

××××年××月××日

[注意] 当事人是法人或者其他组织的，写明名称住所。另起一行写明法定代表人、主要负责人及其姓名、职务、联系方式。

专题一 民法专项突破

第一节 民法学科规律分析

一、本科目主观题考查特点剖析

通览司考时代 10 年中 11 个民法主观真题，可以发现如下规律：案例分析题主要是围绕民法总则、物权、合同以及侵权责任进行设计的。并且所涉及的知识点仍有重点分布，个别知识点高频率出现（下文会予以数据化分析）。案例分析题为 6~8 个小问题，以"一问，一答"的方式进行。而民法的论述题部分（考过 2 次）主要考查的是民法的基本原则、民事权利的私权自由性与权利的行使原则。

从法考时代已经有的 4 年民法学科的回忆版真题来看，主要考查的是总则、物权、合同与担保中那些有实务热点的知识点。而需要特别说明的是《九民纪要》，它是主观题考生不得不完全消化的一个文件。2018 年的"人章之争"、2019 年的"以物抵债"都是会议纪要主要解决的问题。虽然这部文件是 2019 年才正式通过，但 2018 年和 2019 年两年民法与商法部分的命题点都被证明是会议纪要主要解决的问题。因此该会议纪要涉及的知识点，请考生务必认真消化吸收。另外还需要注意《民法典担保制度解释》这个司法解释。该司法解释于 2021 年 1 月 1 日生效，但其相关知识点在 2020 年的主观题考试中就已经考查到了，故其重要性可见一斑。

另外，形式上比较引人注目的是民法与民诉法和商法结合出题，俗称"夺命 13 问""绝地 10 连杀"。综合题的方式应该会成为法考时代的一个保留类型，希望考生予以留心，在备考过程中有意识加强部门法之间的融合，尤其是民法、商法与民诉这三门法的融合。

二、民法主观题命题规律

(一) 2008~2017年司考时代考点展示

年 份	考 点	具体内容
2017年	(1) 让与担保关系认定	当事人以签订买卖合同作为民间借贷合同担保，到期后借款人不能还款，出借人请求履行买卖合同的，法院应按民间借贷法律关系审理。
	(2) 保证责任的承担方式	未约定保证责任形式的按照连带责任保证承担责任。（现为按照一般保证承担责任）
	(3) 多重买卖不影响合同效力	多重买卖中房屋所有权人系有权处分，各买卖合同均有效。
	(4) 法定孳息的归属	按照一般交易规则，租金应由出租人取得。
	(5) 合同标的物风险的承担	除非当事人另有约定，标的物毁损、灭失的风险自交付时移转。
	(6) 保险金请求权	保险标的转让的，保险标的的受让人承继被保险人的权利和义务。
2016年	(1) 合同效力；物权变动与让与担保	①合同不存在无效情形，应认定为有效；②虽交付汽车并登记，因无买卖合同，物权不变动；③让与担保是否取得担保物权。
	(2) 无权处分与合同效力	无处分权不影响合同效力，合同不存在无效情形，应认定有效。
	(3) 物权变动	特殊动产因交付而发生所有权变动，登记产生对抗效力。
	(4) 合同效力；不当得利	①合同不存在无效情形，应认定为有效；②取得利益无法律根据，构成不当得利。
	(5) 留置权	债权人留置的动产与债权属于同一法律关系。
	(6) 道路交通事故责任；职务侵权	①机动车所有人与使用人不是同一人，发生交通事故的，由机动车使用人承担责任；②雇员在执行职务中造成他人损害，由雇主承担无过错替代责任。
2015年	(1) 预约合同	预约合同在性质上属于不适合强制履行的合同。
	(2) 违约责任	买卖合同中的出卖人负有权利瑕疵担保义务。
	(3) 预告登记的物权效力	预告登记后，未经预告登记的权利人同意处分房屋的，不产生物权效力。
	(4) 预告登记的合同效力	预告登记后，所有权人与第三人签订的房屋买卖合同有效，只是不发生物权变动的效力，如果其不履行，将对第三人承担违约责任。
	(5) 混合担保	人保和物保均由第三人提供，债权人有选择权。

续表

年　份	考　　　点	具体内容
2015 年	(6) 合同效力；善意取得	①无权处分的合同不存在无效情形，应认定有效； ②无权处分情形，善意相对人以合理价格购买并完成登记，即可善意取得不动产所有权。
	(7) 诉讼时效中止	婚姻关系存续期间，离婚损害请求权诉讼时效中止。
2014 年	(1) 不动产物权变动	不动产自完成登记时发生物权变动。
	(2) 多重买卖合同效力	多重买卖合同不存在无效情形，应认定有效。
	(3) 合同变更与合同效力	双方修改合同的协议不存在无效情形，应认定有效。
	(4) 合同效力；合同的继续履行；违约责任	①多重买卖合同不存在无效情形，应认定有效； ②合同发生法律上履行不能的，不能请求继续履行； ③合同变更或解除，不影响违约责任的承担。
	(5) 合同法定解除权	因情势变更导致不能实现合同目的的，可以解除合同。
	(6) 用人单位责任	工作人员因执行工作任务造成他人损害的，由用人单位承担责任。
	(7) 表见代理效果与用人单位责任	行为人的行为构成表见代理，其法律后果仍然由被代理人承担；工作人员因执行工作任务造成他人损害的，由用人单位承担责任。
2013 年	(1) 次承租人代付租金请求权	次承租人有权请求代承租人支付欠付的租金和违约金，以抗辩出租人合同解除权。
	(2) 违约责任	出租人未适当履行合同义务的，应当承担损害赔偿等违约责任。
	(3) 租赁物的维修	出租人未履行租赁物的维修义务的，承租人可自行维修。
	(4) 租赁物的装饰装修	承租人经出租人同意装饰装修，租赁期间届满，未形成附合的装饰装修物，可由承租人拆除。
	(5) 一般侵权责任	行为人与损害发生没有因果关系的，不承担侵权责任。
	(6) 用人单位责任	工作人员执行工作任务造成损害的，由用人单位承担责任。
2012 年	(1) 无名合同	①《民法典》合同编或其他法律没有明确规定的合同，为无名合同； ②无名合同适用《民法典》合同编通则的规定，并可以参照《民法典》合同编第二分编典型合同的规定或者其他法律最相类似的规定。
	(2) 免责的债务承担；合同的相对性	①当事人达成免责债务承担协议的，原债务人免除履行义务； ②当事人一方因第三人的原因造成违约的，应当向对方承担违约责任。

续表

年份	考点	具体内容
2012年	（3）违约责任	债务人不履行合同义务的，应当承担相应的违约责任。
	（4）合同的相对性	当事人约定由债务人向第三人履行债务，债务人未向第三人履行或者履行债务不符合约定的，应当向债权人承担违约责任。
	（5）自然人借款合同性质	自然人之间的借款合同，自贷款人提供借款时生效。
	（6）担保物权的物上代位性	担保财产毁损、灭失或被征收的，担保物权人可以就获得的保险金、赔偿金或者补偿金等优先受偿。
	（7）担保物权的追及性	已经设定抵押的财产被采取查封、扣押等财产保全或者执行措施的，不影响抵押权的效力。
2011年	（1）动产浮动抵押权	动产浮动抵押自抵押合同生效时设立。未经登记，不得对抗善意第三人。
	（2）连带共同抵押	连带共同抵押中，抵押权人可以就其中任一或者各个财产行使抵押权。
	（3）违反物权法定原则的协议的效力判断	当事人对房产权属作的特别约定，不具有物权效力。但是协议没有违背法律的强制性规定的，具有债权效力，当事人可依此要求对方履行移转房屋所有权的义务。
	（4）多重买卖合同的效力；区分原则	多重买卖合同不存在无效情形的，应认定有效。当事人未办理登记的，不发生物权效力，但合同效力不受影响。
	（5）不安抗辩权	应当先履行债务的当事人，有确切证据证明对方有丧失或可能丧失履行债务能力的情形，可以中止履行。
	（6）先履行抗辩权	当事人互负债务，有先后履行顺序，先履行一方未履行的，后履行的一方有权拒绝其履行要求。
	（7）合同的解除	当事人可以约定一方解除合同的条件成就时，解除权人可以解除合同。
	（8）债务承担方式约定	合同可以约定债务的承担方式，如该约定本身不存在合同无效情形时，债务人应当按照约定承担责任。
	（9）违约金的调整	约定的违约金过分高于造成的损失的，当事人可以请求人民法院或仲裁机构予以适当减少。
2010年	（1）动产物权变动	动产以交付作为所有权转移的标志。
	（2）一物数卖合同效力	一物数卖不影响合同的效力，合同效力互相之间不排斥。
	（3）在途货物风险承担	在途货物的买卖，自买卖合同签订之日起，标的物意外毁损灭失的风险由买方承担。
	（4）合同相对性	合同具有相对性，当事人不可以第三人为原因而拒付价款。
	（5）定金与违约金的适用	定金与违约金不可并用，当事人只能择一行使。

续表

年　份	考　　　点	具体内容
2010 年	(6) 无权代理的效力	被代理人可以通过行为对无权代理行为进行追认。
	(7) 无权处分的效力	无权处分的行为无效或者效力待定。（此乃司法解释未出前的旧观点）
	(8) 善意取得	第三人善意取得后，原权利人无权要求第三人返还原物。
2009 年	(1) 租赁合同形式要求	租赁期限 6 个月以上，当事人未采取书面形式的，视为不定期租赁。出租人可以随时解除合同，但应当在合理期限前通知承租人。
	(2) 租赁合同中出租人的义务与责任	①出租人承担维修义务；出租人拒绝维修时，承租人可以自行维修，维修费用由出租人承担。②承租人的维修构成无因管理。③承租人因维修而影响了使用，出租人应当相应减少租金或延长租期。
	(3) 无名合同；用人者责任	①对于无名合同，应适用《民法典》合同编通则的相关规定，并可参照《民法典》合同编第二分编典型合同的规定或其他法律最相类似的规定；②雇主应对雇员在从事雇佣活动中所遭受的人身损害承担赔偿责任。
	(4) 承租人擅自改建的法律责任	承租人未经出租人同意，对租赁物进行改装或增设他物的，出租人可以要求承租人恢复原状或赔偿损失。
	(5) 侵权构成要件	一般侵权中，行为人无过错，则不承担侵权责任。
	(6) 合同的法定承受	承租人在房屋租赁期间死亡的，与其生前共同居住的人可以按照原租赁合同租赁该房屋。
	(7) 占有返还请求权	占有人享有占有返还请求权，可要求瑕疵占有人返还原物。
2008 年	(1) 违约金调整规则	约定的违约金过分高于实际损失的，当事人可以请求法院或仲裁机构予以适当减少。
	(2) 合伙人责任与雇主责任	①雇员在执行雇主指令（或执行工作任务）中致人损害由雇主承担责任；②合伙企业的债务，由合伙人承担连带责任。
	(3) 特殊侵权（地面施工责任）	地面施工致人损害适用过错推定。
	(4) 保证方式	《民法典》规定对保证责任性质约定不明的，保证人承担一般保证责任。
	(5) 抵押中的房地一体原则	《民法典》规定建设用地使用权抵押后，该土地上新增的建筑物不属于抵押财产。抵押权人实现抵押权时可以将商品房一并处分，但不能就商品房所得价款优先受偿。

续表

年份	考点	具体内容
2008年	(6) 物权变动与违约责任形态	不动产受让人已经办理不动产登记后，原合同买受人无法要求出卖人继续履行合同，只能转化为违约损害赔偿。
	(7) 合同法定解除权	构成根本违约时，非违约方享有合同解除权。
	(8) 工程价款的优先受偿权	建设工程承包人享有工程款的优先受偿权。
2008年延考	(1) 遗失物拾得人的保管义务	拾得人在遗失物送交有关部门前，有关部门在遗失物被领取前，应当妥善保管遗失物。因故意或者重大过失致使遗失物毁损、灭失的，应当承担民事责任。如仅为一般过失，则拾得人不承担赔偿责任。
	(2) 悬赏广告	权利人悬赏寻找遗失物的，领取遗失物时应当按照承诺履行义务；遗失物拾得人有权要求悬赏报酬。
	(3) 无因管理中管理人的权利	管理人在无因管理中所支出的必要费用，有权要求被管理人承担。
	(4) 失主与遗失物受让人之间的关系	所有权人或者其他权利人有权追回遗失物。该遗失物通过转让被他人占有的，权利人有权向无处分权人请求损害赔偿，或者自知道或者应当知道受让人之日起2年内向受让人请求返还原物。遗失物不适用善意取得，故只要失主在知道受让人之日起2年内要求受让人返还，此权利即可实现。
	(5) 典当与质权关系	在动产质押中的营业质中，若出质人不能按期赎回，则质物归典当行所有。
	(6) 夫妻共同债务清偿规则	离婚时夫妻对共同债务承担连带清偿责任。

(二) 2018~2021年法考时代考点展示

年份	考点	具体内容
2021年	(1) 物件责任	因林木折断、倾倒或者果实坠落等造成他人损害，林木的所有人或者管理人不能证明自己没有过错的，应当承担侵权责任。
	(2) 职务侵权	员工的过错导致侵权，由用人单位承担侵权责任。
	(3) 缔约过失责任与损害赔偿问题	损害赔偿范围不可超过其可以预见的范围；缔约中有违反诚信原则的，才需承担缔约过失责任，且缔约过失责任也不包括可得利益等损失，只包括直接损失。
	(4) 承租人擅自转租的效果	承租人可以转租，未经出租人同意，出租人可以主张解除租赁合同，但不影响转租合同的效力。
	(5) 买卖不破租赁	承租在先，所有权变动在后，租赁合同效力不受影响。

续表

年 份	考 点	具 体 内 容
2021 年	（6）房屋承租人的优先购买权	房屋租赁合同的承租人，在同等条件下享有优先购买权。但整栋转租时，单层承租人对单层则不享有优先购买权。
	（7）公司为他人提供担保规则	公司为全资子公司提供担保，无须决议，有效；但为他人提供担保，则需要公司决议，否则无效。
2021 年延考	（1）监护人的确定	①父母是未成年子女的当然监护人； ②血缘关系对监护权的影响：没有血缘关系并非必然就非监护人，需要特别程序确认； ③委托监护的受托人并非监护人。
	（2）物业的安保义务	物业违反安保义务造成他人损害的，应当承担与过错相应的责任。
	（3）因果关系	没有法律上的因果关系就没有侵权责任。
	（4）请求权基础	故意造成他人财产消极减少也属于侵权，满足侵权构成要件则应当承担侵权责任。
		没有正当依据获得利益而使他人遭受财产损失，属于不当得利，形成不当得利之债。
	（5）损害赔偿范围	侵权损害赔偿的范围为实际损失以及可得利益的损失，但可得利益必须满足可预见性规则，并且要求是将来一定可以获得的利益的损失。
	（6）违约责任判断（本质还是因果关系的判断）	有违约行为不一定有违约责任，如果违约行为与损害结果之间没有法律上的因果关系，则无须承担违约责任。
2020 年	（1）法人人格否认情形及效果	营利法人的出资人不得滥用法人独立地位和出资人有限责任损害法人的债权人利益。滥用法人独立地位和出资人有限责任，逃避债务，严重损害法人的债权人利益的，应当对法人债务承担连带责任。
	（2）民事法律行为效力判定	民事法律行为的主体具有相应行为能力，意思表示真实，标的合法，民事法律行为即为有效。
	（3）债权人撤销权	债务人以放弃其债权、放弃债权担保、无偿转让财产等方式无偿处分财产权益，或者恶意延长其到期债权的履行期限，影响债权人的债权实现的，债权人可以请求人民法院撤销债务人的行为。债务人以明显不合理的低价转让财产、以明显不合理的高价受让他人财产或者为他人的债务提供担保，影响债权人的债权实现，债务人的相对人知道或者应当知道该情形的，债权人可以请求人民法院撤销债务人的行为。

续表

年 份	考 点	具体内容
2020 年	(4) 合同责任的相对性	当事人一方因第三人的原因造成违约的，应当依法向对方承担违约责任。当事人一方和第三人之间的纠纷，依照法律规定或者按照约定处理。
	(5) 动产抵押中的正常经营买受人	以动产抵押的，不得对抗正常经营活动中已经支付合理价款并取得抵押财产的买受人。但出卖人如果出卖的是生产设备，则不属于正常经营活动范围。
	(6) 共同担保规则	①债权人实现担保权的顺序问题：混合担保中，债务人提供物保时，债权人实现担保权具有顺序限制，应先实现债务人的物保； ②担保人承担担保责任后的追偿问题：承担了担保责任的担保人向其他担保人追偿的，人民法院不予支持，但担保人在担保合同中约定可以相互追偿的或者在同一份合同中签字的除外。
	(7) 赠与合同的撤销权	对于已经完成的赠与以及具有公益性质的赠与，不能任意撤销。
	(8) 保证中的诉讼当事人	在连带责任保证中，债权人可以将债务人和保证人列为共同被告，也可分别起诉。债权人起诉债务人的，法院可以不追加保证人为共同被告；债权人仅起诉保证人的，法院可以追加债务人为共同被告。
2019 年	(1)"以物抵债"协议性质	履行期限届满前达成的以物抵债协议属于实践合同，如果抵债物尚未转移，则该协议不成立。
	(2) 债权人撤销权的诉讼当事人地位	原告为债权人，被告为债务人，受让人为无独立请求权的第三人。
	(3) 债权人撤销权的构成要件	债务人以明显不合理的低价转让财产、以明显不合理的高价受让他人财产或者为他人的债务提供担保，影响债权人的债权实现，债务人的相对人知道或者应当知道该情形的，债权人可以请求人民法院撤销债务人的行为。由此可知，必须是债务人的行为足以影响债权人债权实现。而如果能够证明债务人有足够的财产可以清偿债务，即可说明债务人的处分行为并不会对债权人的利益造成实质损害，即不满足债权人撤销权构成要件。
	(4) 夫妻共同债务的认定	夫妻一方在婚姻关系存续期间以个人名义超出家庭日常生活需要所负的债务，不属于夫妻共同债务；但是，债权人能够证明该债务用于夫妻共同生活、共同生产经营或者基于夫妻双方共同意思表示的除外。

续表

年　份	考　点	具体内容
2018 年	(1) 是否构成表见代理的判断	代理是一种三方结构，是代理人以被代理人的名义对外发生法律关系，如果是代理人与被代理人双方间的关系，则不属于代理，更谈不上表见代理的问题。
	(2) 法定代表人行为效力的判断	法人的实际情况与登记的事项不一致的，不得对抗善意第三人。法定代表人对外以法人的名义从事的民事活动，其法律后果由法人承受。
	(3) 委托合同中的任意解除权	委托合同中双方当事人都享有任意解除权，可以随时解除合同，因解除合同给对方造成损失的，除不可归责于当事人的事由以外，应当赔偿损失。
	(4) 合同的抗辩权与解除权	先履行合同的一方当事人享有不安抗辩权。当事人一方行使不安抗辩权时，对方当事人不可以违约为由解除合同。
	(5) 物权法定原则	物权种类法定，当事人之间不可通过约定的方式创设新的物权。
	(6) 让与担保	当事人以签订买卖合同作为民间借贷合同担保，到期后借款人不能还款，出借人请求履行买卖合同的，法院应按民间借贷法律关系审理。
	(7) 建设工程价款的优先受偿权	承包人对建设工程价款享有优先受偿权，在发包人未按期支付工程款时有权拍卖所建工程，并就拍卖所得价款优先受偿。其优先受偿的范围包括承包人为建设工程应当支付的工作人员报酬、材料款等实际支出的费用，不包括因发包人违约所造成的损失。

（三）司考时代及法考时代考查规律

1. 重者恒重，高频重复

通过以上知识点的研究，可以发现，每年民法所考查的知识点都是比较重要的知识点，很少涉及偏难偏怪的知识点。法考时代，也整体遵循这个规律，只有 2021 年延考卷出现了一次例外，考查了监护人规则。2018 年法考改革元年的试卷，依旧采用重者恒重的理念在出题。个别知识点的考频极高，存在反复命题现象，这种考点就属于主观题中的 boss 级考点。这些知识点是考生必须予以把握的。

Top 1：违约责任与法定解除权（2021、2018、2015、2014、2013、2011、2010、2009、2008、2006、2003、2002 年）

Top 2：多重买卖与合同效力（2017、2016、2015、2014、2013、2011、2010 年）

Top 3：基于法律行为的物权变动（动产交付、不动产登记）（2020、2017、2016、2014、2011、2010 年）

Top 4：职务侵权（2021、2016、2014、2013、2009、2008 年）

Top 5：合同的相对性（2020、2012、2010 年）

2. 关注热点，回应新法

2007 年 10 月 1 日《物权法》实施，在 2008 年的案例分析中主要就是针对《物权法》的命题，尤其是延考卷。2008 年到 2009 年是《侵权责任法》立法时期，在这几年的案例分析中就涉及侵权责任部分。《最高人民法院关于审理买卖合同纠纷案件适用法律问题的解释》第 3 条（无权处分与合同效力问题，现已删除），自 2012 年开始每年都在民法的试卷中进行考查（选择题或者案例分析题）。《民间借贷规定》自 2015 年 9 月 1 日生效后，第 24 条（让与担保，现为第 23 条）即在 2016~2018 年连续 3 年进行考查，将理论中的争议搬入考试之中。所以法考从来不回避热点，相反，特别关注热点案例、热点的理论知识点等，法考改革之后更是如此。

3. 物权合同，不离不弃

纵观案例分析题的题干与问题可以发现，基本围绕《民法典》中的三个部分进行：物权、合同与侵权责任。其中会穿插部分担保与民法总则的内容，对于担保部分，主要涉及保证责任、混合担保等核心知识点。案例分析题常围绕买卖合同、租赁合同进行设计，考查合同的效力、物权变动、物权与债权的关系、合同相对性、风险负担、违约责任的表现形态等，涉及的知识点主要为物权编和合同编的核心主干部分。

4. 会议纪要，情有独钟

从法考时代开始，其命题的知识点就不再是传统知识点，而是属于实务审判中疑难杂症背后的知识点，而集中体现实务审判疑难杂症的，就是在两部文件中：《九民纪要》与《全国法院破产审判工作会议纪要》。所以 2018 年与 2019 年的民法和商法都集中鲜明地体现这点，比如 2019 年让所有考生十分蒙圈的三连问"关联企业合并破产"，这个知识点根本不属于传统学习的范围，却是具体规定在《全国法院破产审判工作会议纪要》中。所以请考生们务必认真消化吸收这两部文件。这两部文件涉及的几百个小知识点为我们的复习提供了方向。

5. 新法修订，率先考查

重要法律的修订过程中争议焦点问题，往往喜欢提前一年加以考查，比如 2020 年考查的正常买受人的判定、共同担保规则，均涉及新担保法解释的内容；比如商品房买卖合同是否适用《消费者权益保护法》，就是在修订《最高人民法院关于审理商品房买卖合同纠纷案件适用法律若干问题的解释》中讨论的问题。比如 2018 年考查的破产仲裁协议与集中管辖的关系，是后来才正式在《最高人民法院关于适用〈中华人民共和国企业破产法〉若干问题的规定（三）》中规定的。所以考生不但需要掌握已经生效的法律问题，也同样需要关注正在修订中的法律问题，这些往往就成为命题人的命题灵感。

6. 关注实务，注重法理，结论开放

从四年法考回忆版真题来看，民法与商法命题呈现出很强的实务化，比如 2021 年命题中涉及的整栋楼转卖时，单层住户能否主张优先购买权。民法与民诉证据、当事人结合命题成为主旋律，这也是实务化的体现。2020、2021 年的股权让与担保，2016~2018 年期间命题的"以物抵债"的性质等，均是实务中聚焦的问题，并且能够看出经典案例的影子。从 2020 年开始，民法中开始出现明确的观点开放。2021 年的监护以及民诉问题也呈现观点开放，即其所考查的内容也许并非是唯一结论，存在开放作答的可能，这也是实务化的一种体现。另外，民法与民诉的命题都开始注重法理，比如因果关系的考查、损害赔偿范围的考查、请求权思维的考查，这些均没有直接的法条依据，需要考生具有一定的法理基础。这点非常明显地体现在 2021 年的第一次考试与延考命题中。希望 2022 年的考生予以注意，平时多关注最高院公布的一些经典案例，关注实务热点判例，这些案例的裁判要旨往往是命题人的灵感所在。如只是单纯学习知识点本身，到考试中就显得比较吃力。

第二节 民法解题思路与模板

一、民法主观题应试技巧

民法的案例分析题主要考查学生的搜索与整理信息能力、逻辑分析与说理能力等，其在案例中会融合多个主体、多个民事法律关系。如何将多层、复杂的法律关系分解为简单的民事法律关系是答题的关键。此时就要以问题来进行提示和拆分。解决民法问题的关键是找到问题所问的独立的民事法律关系，根据这个法律关系找到双方当事人的权利义务（责任）关系。然后即可找出权利人的请求权基础，答案即浮出水面。答题的主要模板为议论文的经典三段论。

在正式答题之前，考生需要做好案例有用信息的筛选、主要关系的梳理、删掉没有意义的文字表述等，如此方可清晰定位考点。审题至关重要，个别案情较长时，如果不会审题，则会被文字绕晕，更别提精准答题了。在介绍正式模板之前，先普及一下理性的审题与解题技巧：

1. 先从案例问题入手。问题可以快速定位出案情的主要知识点设计，从而可以做到针对性地阅读题目，并在阅读的同时更有效激活大脑中的相关知识点。如此读题时便不会盲目被题干牵着鼻子走，能够更加从容高效。这就是有的放矢的案例破解方法。

2. 读第一遍题，按照民事法律关系的构成要素，将主体、行为、客体、法律关系等关键要素圈出（机考的同学，充分利用草稿纸写下关键词，画出关系图）。盯住行为，将文字语言的行为描述转化成法律事实，如看到"甲丢弃了一台电脑"，你要定位出这属于"抛弃"，是物权中的处分权利的行为，属于民事法律行为。如果题目属于数个不同行为的生硬组合，则可以不画图。比如 2021 年的案情，不同行为之间没有太大关联，无需联系上下文，故可以拆分成一个个小案例直接答题。但 2020 年的案情之间是有交叉的，这时候就需要画图，否则可能遗漏案情，就难以保证结论正确。

3. 回到问题，根据问题的提示，去重新读每一个问题涉及的案情事实。主观题的考试时间是非常紧张的，平均一个案例很难完整去读两遍以上题目，否则定会导致后面题目难以做完，所以有效读题极为重要。第二遍的读题就是答题，否则时间真的会不够。一般而言，问题的设置是与案情的顺序相对应的，往往第一问会出现在第一段。这样考生带着问题聚焦个别事实即可着手进行分析。在根据案情分析关系，得出结论的思索过程中，需要运用三段论的推理。首先是对案情进行提炼，此乃小前提；然后根据小前提调动出对其进行规制的相关法条，此为大前提；最后得出结论。

4. 在写答案的时候一定要快刀斩乱麻，不要因纠结和恐惧不敢作答，如果遇到自己不确定的问题，可以暂且放下。切勿因过分纠结某个问题而导致时间浪费做不完试卷。法考有这个特点：会就是会，不会也没法靠着考场多耗时间就变会了。所以请务必注意这一点。等所有你会的题目都答完了，再回过头来去下笔你不会的题目。

在寻找答案的过程中，我们的思维是"小前提（案件事实）——大前提（法律规定）——结论"，但在答题时，我们是在展示成果，就需要按照"结论——大前提——小前提"的顺序进行展开。此为分析的三段论与答题的三段论。任何一个答案的构成，都要按照三段论的方式进行，少掉其中任何一个要素，都会影响得分。在法考时代考场配备法条的情况下，我们对大前提的要求就更为严格了，不仅要答出知识点，最好还能够引用法条才能够将分值拿稳。

5. 答完题后再考虑补写法条。民法不要过分依赖法条，因为有时候考查的是法理，根本没有正确答案。有时候你翻到的法条也无法帮你答题，比如 2021 年考查的承租人的优先购买权，考生都能翻到法条，但是依然无法答题，因为它真正考查的是你是否真的理解了什么叫做"同等条件"。所以一定要能够独立作答，答出关键词。全部答完后，对自己确定正确的，再去补法条条号。在民法这个学科中，不太会出现：这个考点我不会，但翻到法条我就会了。往往是你不知道考的点是什么，压根不知道该怎么去查阅法条。往往都是我就是能够答出来，但我需要引用法条条号，或者修正下自己的语言，让表达看起来更正式些。所以，千万不要颠倒了法条的角色。另外，在引用法条时，不建议直接抄原文（考试不能复制法条原文），主要是把条号补上，用自己的语言总结法条的精神。

接下来本书以真题案例为模型，为考生展示民法案例分析题、民法主观论述题的解题思路与答题三段论的具体适用。另外，本书考虑到首战生与二战生在备考上的时间差距所导致的答题效果上的不同，展示了两种答案模板：有法条型（主要适用于有充分备考时间的二战考生）、无法条型（主要适用于短期突破主观题的首战考生）。考生朋友根据自己的情况进行选择。但笔者还是希望同学们能够以高标准要求自己，尽量按照有法条型答题要求自己。

二、民法案例分析题命题设计模板

（一）传统"一问一答"型案例模板

2013 年卷四第四题 （本题 22 分）

案情： 大学生李某要去 A 市某会计师事务所实习。此前，李某通过某租房网站租房，明确租房位置和有淋浴热水器两个条件。张某承租了王某一套二居室，租赁合同中有允许张某转租的条款。张某与李某联系，说明该房屋的位置及房屋里配有高端热水器。李某同意承租张某的房屋，并通过网上银行预付了租金。

李某入住后发现，房屋的位置不错，卫生间也较大，但热水器老旧不堪，不能正常使用，屋内也没有空调。另外，李某了解到张某已拖欠王某一个月的租金，王某已表示，依租赁合同的约定要解除与张某的租赁合同。

李某要求张某修理热水器，修了几次都无法使用。再找张某，张某避而不见。李某只能用冷水洗澡并因此感冒，花了一笔医疗费。无奈之下，李某去 B 公司购买了全新电热水器，B 公司派其员工郝某去安装。在安装过程中，找不到登高用的梯子，李某将张某存放在储藏室的一只木箱搬进卫生间，供郝某安装时使用。安装后郝某因有急事未按要求试用便离开，走前向李某保证该热水器可以正常使用。李某仅将该木箱挪至墙边而未搬出卫生间。李某电话告知张某，热水器已买来装好，张某未置可否。

另外，因暑热难当，李某经张某同意，买了一部空调安装在卧室。

当晚，同学黄某来 A 市探访李某。黄某去卫生间洗澡，按新装的热水器上的提示刚打开热水器，该热水器的接口处迸裂，热水喷溅不止，黄某受到惊吓，摔倒在地受伤，经鉴定为一级伤残。另外，木箱内装的贵重衣物，也被热水器喷出的水流浸泡毁损。

问题：

1. 由于张某拖欠租金，王某要解除与张某的租赁合同，李某想继续租用该房屋，可以采取什么措施以抗辩王某的合同解除权？

解题思路：

[第 1 步] 跳过案情，阅读问题，然后抠出关键词"租赁合同"，抠出三个人：张、王、李。读到这里，只要熟悉租赁合同问题，几乎就能得出知识点了：承租人拒付租金时，次承租人有代为支付租金的权利。租赁合同中涉及三方的，不外乎买卖不破租赁与房屋转租。

[第 2 步] 带着问题"张、王、李三人究竟是什么关系？"去有意识地挑选案情，找出与三人有关的重要案情如下：①李某通过某租房网站租房。张某承租了王某一套二居室，租赁合同中有允许张某转租的条款。张某与李某联系，李某同意承租张某的房屋。②李某了解到张某已拖欠王某 1 个月的租金，王某已表示，依租赁合同的约定要解除与张某的租赁合同。（在这个过程中，自动删除与本题法律关系无关的事实描述，比如热水器问题等）

[第 3 步] 将案情与法律关系进行对应：出租人王某——承租人张某——次承租人李某；于是就找到知识点：租赁合同中，次承租人有代为支付租金的权利。然后根据该知识点对应的提示去找出法条依据：《民法典》第 719 条第 1 款规定，承租人拖欠租金的，次承租人可以代承租人支付其欠付的租金和违约金，但是转租合同对出租人不具有法律约束力的除外。

参考答案：

[结论] 李某可以请求代张某支付其欠付王某的租金和违约金，以抗辩王某的合同解除权。

[大前提]《民法典》第 719 条第 1 款规定，承租人拖欠租金的，次承租人可以代承租人支付其欠付的租金和违约金，但是转租合同对出租人不具有法律约束力的除外。

[小前提] 本案中转租合同有效，作为次承租人的李某有权请求代承租人张某支付所欠王某的租金。（请注意：民法在小前提的描述中，非常忌讳拖泥带水、进行重复的案情描述，这点与刑法差别比较明显，民法的小前提是直接定性当事人的角色，而不需要给出为什么如此定性）

无法条版本答案：

[结论] 李某可以请求代张某支付其欠付王某的租金和违约金，以抗辩王某的合同解除权。

[大前提+小前提] 因为李某属于次承租人，在有效的转租合同中，次承租人享有代为支付租金请求权，即当承租人不支付租金而使出租人欲解除合同时，次承租人可以主张

代替承租人支付租金、承担违约责任。（其实就是用自己的语言对法条的精神进行总结）

2. 李某的医疗费应当由谁承担？为什么？

解题思路：

[第1步] 读问题，李某人身遭受损害，产生了医疗费。

[第2步] 李某遭受了何种损害，损害是谁造成的？带着这个疑问，我们进行案情筛选。找出有关的解题案情，划下来：①李某入住后发现，热水器老旧不堪，不能正常使用，屋内也没有空调。②李某要求张某修理热水器，修了几次都无法使用。再找张某，张某避而不见。李某只能用冷水洗澡并因此感冒，花了一笔医疗费。

[第3步] 将案情与法律关系一一对应，寻找李某请求权基础：李某与张某之间是何种关系（房屋租赁合同关系）？张某是否有维修热水器的义务（出租人义务）？张某的义务与李某受伤之间是否存在因果关系（有法律上的因果关系）？然后带着法律关系去找法条依据：《民法典》第712条规定，出租人应当履行租赁物的维修义务，但当事人另有约定的除外。《民法典》第577条规定，当事人一方不履行合同义务或者履行合同义务不符合约定的，应当承担继续履行、采取补救措施或者赔偿损失等违约责任。

参考答案：

[结论] 应当由张某承担。

[大前提]《民法典》第712条规定，出租人应当履行租赁物的维修义务，但当事人另有约定的除外。《民法典》第577条规定，当事人一方不履行合同义务或者履行合同义务不符合约定的，应当承担继续履行、采取补救措施或者赔偿损失等违约责任。

[小前提] 张某作为租赁合同的出租人，因交付的租赁物存在瑕疵而拒不履行维修义务从而给承租人造成了损害，构成违约，应当承担由此造成的损害赔偿责任。

无法条版本答案：

[结论] 应当由张某承担。

[大前提+小前提] 因为张某是出租人，租赁合同中的维修义务，在没有约定时，应由出租人承担。

3. 李某是否可以更换热水器？李某更换热水器的费用应当由谁承担？为什么？

解题思路：

[第1步] 读问题，然后问自己：李某为什么要更换热水器？热水器是谁提供的？

[第2步] 带着问题，去找案情，本小题与第2问属于连环问，找出相关事实如下：①李某入住后发现热水器老旧不堪，不能正常使用。②李某要求张某修理热水器，修了几次都无法使用。再找张某，张某避而不见。③无奈之下，李某去B公司购买了全新电热水器。

[第3步] 将案情与法律关系进行对应，寻找大前提依据，即请求权的基础：《民法典》第713条第1款规定，承租人在租赁物需要维修时可以请求出租人在合理期限内维修。出租人未履行维修义务的，承租人可以自行维修，维修费用由出租人负担。因维修租赁物影响承租人使用的，应当相应减少租金或者延长租期。

参考答案：

[结论] 可以更换，费用由张某承担。

[大前提]《民法典》第713条第1款规定，承租人在租赁物需要维修时可以请求出租人

在合理期限内维修。出租人未履行维修义务的，承租人可以自行维修，维修费用由出租人负担。因维修租赁物影响承租人使用的，应当相应减少租金或者延长租期。

[小前提] 张某作为出租人应当按照约定将租赁物交付承租人，应当履行租赁物的维修义务，张某有保持租赁物符合约定用途的义务。故当其交付的标的物不合格且拒绝维修时，承租人有权自行维修并要求其支付相关费用。

无法条版本答案：

[结论] 可以更换，费用由张某承担。

[大前提+小前提] 因为租赁物的维修义务由出租人承担，但如出租人不履行该义务，影响承租人使用的，承租人可以自行维修，维修费用由出租人承担。因此承租人李某可以更换热水器。

4. 李某购买空调的费用应当由谁承担？为什么？

解题思路：

[第1步] 李某为什么购买空调？

[第2步] 带着这个问题去寻找案情，划下来：①李某通过某租房网站租房，明确租房位置和有淋浴热水器两个条件；②另外，因暑热难当，李某经张某同意，买了一部空调安装在卧室。

[第3步] 将案情与法律关系进行对应，寻找大前提依据，即请求权的基础：《民法典》第708条规定，出租人应当按照约定将租赁物交付承租人，并在租赁期限内保持租赁物符合约定的用途。《民法典》第715条第1款规定，承租人经出租人同意，可以对租赁物进行改善或者增设他物。根据《最高人民法院关于审理城镇房屋租赁合同纠纷案件具体应用法律若干问题的解释》第10条关于装修物的规定可知，装修物的费用，在没有约定的情况下，出租人并不承担。

参考答案：

[结论] 由李某承担。

[大前提]《民法典》第715条第1款规定，承租人经出租人同意，可以对租赁物进行改善或者增设他物。根据《最高人民法院关于审理城镇房屋租赁合同纠纷案件具体应用法律若干问题的解释》第10条的规定，在合同中未约定装修物费用问题的情况下，费用由承租人自行承担。

[小前提] 本题中，在张某与李某的租赁合同中，并未约定安装空调，经过张某同意后李某可以安装空调，但二人未就费用作出特别约定，故空调费用由承租人李某自行承担。

无法条版本答案：

[结论] 由李某承担。

[大前提+小前提] 安装空调属于改善、增设他物，李某经过出租人张某同意后可以进行改善、增设。但费用问题如果没有明确约定的，由承租人李某自行承担。

5. 对于黄某的损失，李某、张某是否应当承担赔偿责任？为什么？

解题思路：

[第1步] 黄某为什么遭受损失？李某与黄某、张某之间存在何种法律关系？

[第2步] 带着疑问寻找案情，划下：黄某去卫生间洗澡，按新装的热水器上的提示刚打

开热水器，该热水器的接口处迸裂，热水喷溅不止，黄某受到惊吓，摔倒在地受伤，经鉴定为一级伤残。

[第 3 步] 寻找黄某与李某、张某之间可能存在的请求权基础：要么是合同关系，要么是侵权关系。本题中，黄某与二人无合同关系，则只能通过侵权关系去寻找请求权基础。因此要找到侵权构成要件：李某对黄某的损害是否存在过错？张某对黄某是否成立侵权？《民法典》第 1165 条第 1 款规定，行为人因过错侵害他人民事权益造成损害的，应当承担侵权责任。于是可以得出结论：黄某并无请求权基础。

参考答案：

[结论] 李某、张某无须承担责任。

[大前提]《民法典》第 1165 条第 1 款规定，行为人因过错侵害他人民事权益造成损害的，应当承担侵权责任。违约造成当事人损害的，应当承担损害赔偿责任，但违约责任只存在于合同关系中。

[小前提] 李某与黄某、张某与黄某之间并不存在合同关系，无违约请求权基础；李某和张某对黄某的损害也不存在过错，故而也不形成侵权法律关系。

无法条版本答案：

[结论] 李某、张某无须承担责任。

[大前提+小前提] 李某与黄某、张某与黄某之间并不存在合同关系，无违约请求权基础；李某和张某对黄某的损害也不存在过错，故而也不形成侵权法律关系。因此二人最终都不承担责任。

6. 对于黄某的损失，郝某、B 公司是否应当承担赔偿责任？为什么？

解题思路：

[第 1 步] 黄某为什么遭受损失？李某与郝某、B 公司之间是否存在法律关系？

[第 2 步] 带着疑问寻找案情，划下来：①黄某去卫生间洗澡，按新装的热水器上的提示刚打开热水器，该热水器的接口处迸裂，热水喷溅不止，黄某受到惊吓，摔倒在地受伤，经鉴定为一级伤残。②李某去 B 公司购买了全新电热水器，B 公司派其员工郝某去安装。在安装过程中，找不到登高用的梯子，李某将张某存放在储藏室的一只木箱搬进卫生间，供郝某安装时使用。安装后郝某因有急事未按要求试用便离开，走前向李某保证该热水器可以正常使用。

[第 3 步] 寻找黄某与郝某、B 公司之间可能存在的请求权基础：要么是合同关系，要么是侵权关系。本题中，黄某与二人无合同关系，则只能通过侵权关系去寻找请求权基础。因此要找到侵权构成要件：郝某对黄某的损害是否存在过错？答案自然是存在的，他没有试用直接离开，才没有发现没安装牢固，导致迸裂。《民法典》第 1165 条第 1 款规定，行为人因过错侵害他人民事权益造成损害的，应当承担侵权责任。郝某是 B 公司的员工，根据《民法典》第 1191 条第 1 款的规定，用人单位的工作人员因执行工作任务造成他人损害的，由用人单位承担侵权责任。

参考答案：

[结论] 郝某不应当承担损害赔偿责任；B 公司应当承担损害赔偿责任。

[大前提]《民法典》第 1165 条第 1 款规定，行为人因过错侵害他人民事权益造成损害的，应当承担侵权责任。《民法典》第 1191 条第 1 款规定，用人单位的工作人员因执行工作任务造成他人损害的，由用人单位承担侵权责任。

[小前提] 郝某是 B 公司的工作人员,执行 B 公司的工作任务,故郝某无需承担侵权责任,而应由 B 公司承担侵权责任。

无法条版本答案:

[结论] 郝某不应当承担损害赔偿责任;B 公司应当承担损害赔偿责任。

[大前提+小前提] 郝某是 B 公司的工作人员,在执行 B 公司的工作任务中存在过错而造成损害,属于用人者责任,应由用人单位 B 公司替代其承担责任。

7. 对于张某木箱内衣物浸泡受损,李某、B 公司是否应当承担赔偿责任?为什么?

解题思路:

[第 1 步] 所有权受到损害,所有权人要么基于违约,要么基于侵权要求损害赔偿,张某与二人之间是否存在合同或者侵权关系?

[第 2 步] 带着疑问寻找案情,划下来:李某将张某存放在储藏室的一只木箱搬进卫生间,供郝某安装时使用。李某仅将该木箱挪至墙边而未搬出卫生间。该热水器的接口处迸裂,热水喷溅不止,木箱内装的贵重衣物也被热水器喷出的水流浸泡毁损。

[第 3 步] 根据侵权构成要件,对案情与侵权法律关系进行对应:李某将张某的衣物放在卫生间墙边与衣物最终受损害是否有法律上的因果关系,李某有过错吗?《民法典》第 1165 条第 1 款规定,行为人因过错侵害他人民事权益造成损害的,应当承担侵权责任。衣物受损的根本原因是郝某没把热水器安装好,迸裂导致,因此郝某与其有直接的因果关系。由于介入了异常因素,中断了李某的行为与结果的因果关系,因此李某不承担责任。《民法典》第 1191 条第 1 款规定,用人单位的工作人员因执行工作任务造成他人损害的,由用人单位承担侵权责任。

参考答案:

[结论] 李某不应当承担损害赔偿责任;B 公司应当承担损害赔偿责任。

[大前提]《民法典》第 1165 条第 1 款规定,行为人因过错侵害他人民事权益造成损害的,应当承担侵权责任。对于一般侵权,行为人无过错不承担责任。《民法典》第 1191 条第 1 款规定,用人单位的工作人员因执行工作任务造成他人损害的,由用人单位承担侵权责任。

[小前提] 李某虽然有乱搬衣物的行为,存在过失,但因为介入了职务侵权才导致损害发生,其搬衣物的行为与损害结果之间并没有因果关系,故无须承担侵权责任。衣物受损的直接原因是郝某的职务行为,故 B 公司应承担替代责任,对张某衣物受损承担侵权责任。

无法条版本答案:

[结论] 李某不应当承担损害赔偿责任;B 公司应当承担损害赔偿责任。

[大前提+小前提] 李某虽然有乱搬衣物的行为,存在过失,但因为介入了职务侵权才导致损害发生,其搬衣物的行为与损害结果之间并没有因果关系,故无须承担侵权责任。衣物受损的直接原因是郝某的职务行为,故郝某的用人单位 B 公司承担替代责任,对张某衣物受损承担侵权责任。

(二) 观点展示型案例模板

2017 年卷四第四题 (第 1 问)

案情: 2016 年 1 月 10 日,自然人甲为创业需要,与自然人乙订立借款合同,约定甲向乙借款 100 万元,借款期限 1 年,借款当日交付。2016 年 1 月 12 日,双方就甲自有的

M 商品房又订立了一份商品房买卖合同，其中约定：如甲按期偿还对乙的 100 万元借款，则本合同不履行；如甲到期未能偿还对乙的借款，则该借款变成购房款，甲应向乙转移该房屋所有权；合同订立后，该房屋仍由甲占有使用。

问题：

就甲对乙的 100 万元借款，如乙未起诉甲履行借款合同，而是起诉甲履行买卖合同，应如何处理？请给出理由。

参考答案 1：

[结论] 本案应按照民间借贷法律关系作出认定和处理。

[大前提]《民间借贷规定》第 23 条第 1 款规定，当事人以订立买卖合同作为民间借贷合同的担保，借款到期后借款人不能还款，出借人请求履行买卖合同的，人民法院应当按照民间借贷法律关系审理。当事人根据法庭审理情况变更诉讼请求的，人民法院应当准许。

[小前提] 本案中，甲与乙之间为担保借款合同而签订了房屋买卖合同，符合让与担保的情形。故应当按照民间借贷关系作出审理。

无法条版本答案：

[结论] 本案应按照民间借贷法律关系作出认定和处理。

[大前提+小前提] 买卖合同实质上是为了借款担保而签订，属于让与担保，属于从法律行为。其主法律行为为民间借贷合同，故应按照民间借贷法律关系审理。

参考答案 2：

[结论] 应当按照抵押合同处理。

[大前提] 根据《民法典》第 146 条第 1 款的规定，行为人与相对人以虚假的意思表示实施的民事法律行为无效。又根据《民法典》第 146 条第 2 款的规定，以虚假的意思表示隐藏的民事法律行为的效力，依照有关法律规定处理。

[小前提] 本案中，甲与乙之间的买卖合同是虚假的意思表示，本质其实是以房屋对借贷进行抵押担保，因此认定隐藏的行为为抵押，应当按照抵押合同处理。

无法条版本答案：

[结论] 应当按照抵押合同处理。

[大前提+小前提] 本案中，甲与乙之间的买卖合同是虚假的意思表示，本质其实是以房屋对借贷进行抵押担保，因此认定隐藏的行为为抵押，应当按照抵押合同处理。

评析： 2016 年和 2017 年对于让与担保的问题一直采取的是观点展示，但这个知识点再考查将没有观点展示的适用余地，因为《民法典担保制度解释》已经统一了处理方式。所以如果再命题，请按照《民法典担保制度解释》来答题，即第二种答案已经被抛弃，只剩下第一种答法。

2003 年卷四第三题（第 4 问）

案情： 张某在一风景区旅游，爬到山顶后，见一女子孤身站在山顶悬崖边上，目光异样，即心生疑惑。该女子见有人来，便向悬崖下跳去，张某情急中拉住女子衣服，将女子救上来。张某救人过程中，随身携带的价值 2000 元的照相机被碰坏，手臂被擦伤；女子的头也被碰伤，衣服被撕破。张某将女子送到山下医院，为其支付各种费用 500 元，并为包扎自己的伤口用去 20 元。当晚，张某住在医院招待所，但已身无分文，只好向服务员借了 100 元，用以支付食宿费。次日，轻生女子的家人赶到医院，向张某表示感谢。

问题：

张某向服务员借的 100 元，应当由谁偿付？为什么？

参考答案 1：

[结论] 由女子偿付。

[大前提] 根据《民法典》第 121 条的规定，没有法定的或者约定的义务，为避免他人利益受损失而进行管理的人，有权请求受益人偿还由此支出的必要费用。

[小前提] 本题中张某的行为构成无因管理，100 元属于无因管理中支付的费用，故而应当由该女子来承担。

无法条版本答案：

[结论] 由女子偿付。

[大前提+小前提] 本题中张某为防止陌生女子轻生而采取了救助措施，其行为构成无因管理，100 元属于无因管理中支付的费用，故而应当由该女子来承担。

参考答案 2：

[结论] 由张某偿付。

[大前提] 根据《民法典》第 465 条第 2 款的规定，依法成立的合同，仅对当事人具有法律约束力，但是法律另有规定的除外。即合同具有相对性，合同的权利义务只能约束合同双方当事人。

[小前提] 本案中，与服务员发生自然人借贷合同关系的人为张某，故而应当由张某予以偿还。张某偿还后可以基于无因管理向女子追偿。

无法条版本答案：

[结论] 由张某偿付。

[大前提+小前提] 合同具有相对性，本案中与服务员发生自然人借贷合同关系的人为张某，故而应当由张某予以偿还。张某偿还后可以基于无因管理向女子追偿。

评析：对于观点展示题，需要考生予以警觉，但不需要害怕，因为观点无所谓对错，民法的观点不要求你写出理论中存在几种争议，只需要你选择一种观点进行答题即可。所以本质依旧是三段论。只要能够做到结论与说理的配套，言之有理即可得分。所以某种程度上考生应该希望多出观点展示题，这样多少都能够得到一些分，而不至于一分得不到。

（三）学科交叉型案例模板

[示例 1] 民法与商法交叉考查

2017 年卷四第四题（第 2、6 问）

案情：2016 年 1 月 10 日，自然人甲为创业需要，与自然人乙订立借款合同，约定甲向乙借款 100 万元，借款期限 1 年，借款当日交付。2016 年 1 月 12 日，双方就甲自有的 M 商品房又订立了一份商品房买卖合同，其中约定：如甲按期偿还对乙的 100 万元借款，则本合同不履行；如甲到期未能偿还对乙的借款，则该借款变成购房款，甲应向乙转移该房屋所有权；合同订立后，该房屋仍由甲占有使用。

2016 年 1 月 15 日，甲用该笔借款设立了 S 个人独资企业。为扩大经营规模，S 企业向丙借款 200 万元，借款期限 1 年，丁为此提供保证担保，未约定保证方式；戊以一辆高级轿车为质押并交付，但后经戊要求，丙让戊取回使用，戊又私自将该车以市价卖给不知情的己，并办理了过户登记。

2016年2月10日，甲因资金需求，瞒着乙将M房屋出卖给了庚，并告知庚其已与乙订立房屋买卖合同一事。2016年3月10日，庚支付了全部房款并办理完变更登记，但因庚自3月12日出国访学，为期4个月，双方约定庚回国后交付房屋。

2016年3月15日，甲未经庚同意将M房屋出租给知悉其卖房给庚一事的辛，租期2个月，月租金5000元。2016年5月16日，甲从辛处收回房屋的当日，因雷电引发火灾，房屋严重毁损。根据甲卖房前与某保险公司订立的保险合同（甲为被保险人），某保险公司应支付房屋火灾保险金5万元。2016年7月13日，庚回国，甲将房屋交付给了庚。

2017年1月16日，甲未能按期偿还对乙的100万元借款，S企业也未能按期偿还对丙的200万元借款，现乙和丙均向甲催要。

问题：

1. 就S企业对丙的200万元借款，甲、丁、戊各应承担何种责任？为什么？

参考答案：

（1）关于甲应承担的责任

[结论] 甲仅于S企业财产不足以清偿债务时以个人其他财产予以清偿。

[大前提] 根据《个人独资企业法》第31条的规定，个人独资企业财产不足以清偿债务的，投资人应当以其个人的其他财产予以清偿。

[小前提] 甲是S个人独资企业的投资人，当企业财产不足以偿债时，甲需要承担清偿责任。

无法条版本答案：

[结论] 甲仅于S企业财产不足以清偿债务时以个人其他财产予以清偿。

[大前提+小前提] 因为甲是个人独资企业的投资人，个人独资企业属于非法人组织，不能独立担责，当企业财产不足以偿债时，甲需要承担清偿责任。

（2）关于丁应承担的责任

[结论] 丁应承担一般保证责任。（此问原答案为连带责任保证，但由于《民法典》的变动，应当旧题新做）

[大前提]《民法典》第686条第2款规定，当事人在保证合同中对保证方式没有约定或者约定不明确的，按照一般保证承担保证责任。

[小前提] 丁并未约定保证的方式，因此应当承担一般保证责任。

无法条版本答案：

[结论] 丁应承担一般保证责任。

[大前提+小前提] 因为丁并未约定保证的方式，没有约定保证方式时，视为一般保证，因此丁应当承担一般保证责任。

（3）关于戊应承担的责任

[结论] 戊应承担侵权责任。

[大前提] 质权人返还质物于出质人的，质权不可对抗善意第三人。

[小前提] 本案中，出质人处分质物，受让人善意不知情，质权因无法对抗受让人而消灭。

故戊无须承担担保责任。但戊的行为导致质权人权利的消灭，故应当承担侵权责任。

无法条版本答案：

[结论] 戊应承担侵权责任。

[大前提+小前提] 质权人返还质物不会导致质权消灭，但不能对抗善意第三人。本题中，出质人处分质物，受让人善意不知情，质权因无法对抗受让人而消灭。故戊无须承担担保责任。但戊的过错行为导致质权人权利消灭，应当承担侵权责任。

2. 谁有权享有 M 房屋火灾损失的保险金请求权？为什么？

[结论] 庚。

[大前提] 根据《保险法》第 49 条第 1 款的规定，保险标的转让的，保险标的的受让人承继被保险人的权利和义务。

[小前提] 庚属于保险标的的受让人，故而其享有请求权。

无法条版本答案：

[结论] 庚。

[大前提+小前提] 庚属于保险标的的受让人，其受让标的物的同时也会取得被保险人的权利和义务，故而庚享有请求权。

2016 年卷四第四题（第 7 问）

案情： 自然人甲与乙订立借款合同，其中约定甲将自己的一辆汽车作为担保物让与给乙。借款合同订立后，甲向乙交付了汽车并办理了车辆的登记过户手续。乙向甲提供了约定的 50 万元借款。

1 个月后，乙与丙公司签订买卖合同，将该汽车卖给对前述事实不知情的丙公司并实际交付给了丙公司，但未办理登记过户手续，丙公司仅支付了一半购车款。某天，丙公司将该汽车停放在停车场时，该车被丁盗走。丁很快就将汽车出租给不知该车来历的自然人戊，戊在使用过程中因汽车故障送到己公司修理。己公司以戊上次来修另一辆汽车时未付修理费为由扣留该汽车。汽车扣留期间，己公司的修理人员庚偷开上路，违章驾驶撞伤行人辛，辛为此花去医药费 2000 元。现丙公司不能清偿到期债务，法院已受理其破产申请。

问题：

丙公司与乙之间的财产诉讼管辖应如何确定？法院受理丙公司破产申请后，乙能否就其债权对丙公司另行起诉并按照民事诉讼程序申请执行？

参考答案：

[结论] 由受理破产申请的人民法院管辖；乙不能另行提起民事诉讼。

[大前提] 根据《企业破产法》第 3 条的规定，破产案件由债务人住所地人民法院管辖。根据《企业破产法》第 21 条的规定，人民法院受理破产申请后，有关债务人的民事诉讼，只能向受理破产申请的人民法院提起。

[小前提] 本案中，法院受理丙公司破产申请后，乙应当申报债权，如果对于债权有争议，可以向受理破产申请的人民法院提起诉讼，但不能按照民事诉讼程序申请执行。

无法条版本答案：

[结论] 由受理破产申请的人民法院管辖；乙不能另行提起民事诉讼。

[大前提+小前提] 因为破产法院已经受理，与破产有关的纠纷，由债务人住所地的

法院管辖。但对于已经存在的债权，则应直接向管理人申报。故乙应当申报债权，如果对于债权有争议，可以向受理破产申请的人民法院提起诉讼，债权人不能直接起诉，按照民事诉讼程序申请执行。

[示例2] 民法与民诉法交叉考查
2017年卷四第六题（第3问）

案情：2013年5月，居住在S市二河县的郝志强、迟丽华夫妻将二人共有的位于S市三江区的三层楼房出租给包童新居住，协议是以郝志强的名义签订的。2015年3月，住所地在S市四海区的温茂昌从该楼房底下路过，被三层掉下的窗户玻璃砸伤，花费医疗费8500元。

就温茂昌受伤赔偿问题，利害关系人有关说法是：包童新承认当时自己开了窗户，但没想到玻璃会掉下，应属窗户质量问题，自己不应承担责任；郝志强认为窗户质量没有问题，如果不是包童新使用不当，窗户玻璃不会掉下；此外，温茂昌受伤是在该楼房院子内，作为路人的温茂昌不应未经楼房主人或使用权人同意擅自进入院子里，也有责任；温茂昌认为自己是为了躲避路上的车辆而走到该楼房旁边的，不知道这个区域已属个人私宅的范围。为此，温茂昌将郝志强和包童新诉至法院，要求他们赔偿医疗费用。

法院受理案件后，向被告郝志强、包童新送达了起诉状副本等文件。在起诉状、答辩状中，原告和被告都坚持协商过程中自己的理由。开庭审理5天前，法院送达人员将郝志强和包童新的传票都交给包童新，告其将传票转交给郝志强。开庭时，温茂昌、包童新按时到庭，郝志强迟迟未到庭。法庭询问包童新是否将出庭传票交给了郝志强，包童新表示4天之前就交了。法院据此在郝志强没有出庭的情况下对案件进行审理并作出了判决，判决郝志强与包童新共同承担赔偿责任：郝志强赔偿4000元，包童新赔偿4500元，两人相互承担连带责任。

一审判决送达后，郝志强不服，在上诉期内提起上诉，认为一审审理程序上存在瑕疵，要求二审法院将案件发回重审。包童新、温茂昌没有提起上诉。

问题：
本案涉及的相关案件事实应由谁承担证明责任？

参考答案：

1. 郝志强为该楼所有人（建筑物所有人）、包童新为该楼使用人（使用人）的事实[**两人属于建筑物及其搁置物、悬挂物发生脱落、坠落损害责任的行为人**]、该楼三层掉下的窗户玻璃砸伤温茂昌的事实[**损害行为**]、温茂昌受伤状况的事实[**损害结果**]、温茂昌治伤花费医疗费8500元的事实[**损害结果**]等，由温茂昌（受害人）承担证明责任。

2. 包童新认为窗户质量存在问题的事实[**免责事由：自己无过错**]，由包童新承担证明责任。

3. 包童新使用窗户不当的事实[**免责事由：自己无过错**]、温茂昌未经楼房的主人或使用权人的同意擅自进入楼房的院子里的事实[**免责、减责事由：受害人过错**]，由郝志强（侵权人）承担证明责任。

评析：要做对本题，并非需要死记硬背，关键在于对举证责任和对侵权部分的理解。本案第3问实际上是以特殊侵权（物件损害责任）为模型进行设计的。考生必须熟悉《民法典》第 1253 条以及侵权责任的构成要件，才能做到结合民诉的举证责任分配，才能真正应用"谁主张积极事实，谁承担举证责任"这个规则去对具体案例进行证明责任的分配。此种考法考生一定要熟悉和警觉。因为民诉法中的举证责任的分配是实务中的重点关注对象，亦是主观卷民诉法的重点考查对象。一般而言会与《民法典》侵权责任编融合设计出题。考生需要将二者进行融会贯通，方能对此类融合题目应对自如。

在侵权责任的证明中，侵权人、侵权行为、损害结果、因果关系、侵权人存在过错，这些要件由原告（受害人）承担证明责任；而免责与减责事由由侵权人（被告）承担证明责任。在过错推定责任中，过错与否的举证责任倒置，由被告证明自己无过错；在无过错责任中，过错并非证明对象；个别情况下，如环境污染侵权，因果关系倒置到被告身上，由被告就不存在因果关系承担证明责任。这些理论知识属于民法与民诉法在举证中的结合，希望考生予以把握，并能够熟悉运用。

三、民法案例分析题命题设计模板

在民法的案例分析题中，考生除了必须把握和熟练运用三段论，还需要注意问题设计的特点，从而避免丢分。

本书从命题人考查的知识点设问角度，总结如下命题模板：

（一）合同效力型模板

年　　份	设问方式
2019 年	"以物抵债"协议效力如何？
2018 年	甲公司与丙公司的合同是否无效？原法定代表人崔某的行为如何定性？为什么？
2017 年	甲、庚的房屋买卖合同是否有效？庚是否已取得房屋所有权？为什么？
2016 年	（1）甲与乙关于将汽车让与给债权人乙作为债务履行担保的约定效力如何？为什么？乙对汽车享有什么权利？ （2）甲主张乙将汽车出卖给丙公司的合同无效，该主张是否成立？为什么？ （3）丁与戊的租赁合同是否有效？为什么？丁获得的租金属于什么性质？
2015 年	（1）如甲在预告登记后又与第三人签订房屋买卖合同，该合同是否有效？为什么？ （2）甲擅自处分共有财产，其妻李某能否主张买卖合同无效？是否可以主张房屋过户登记为无效或者撤销登记？为什么？
2014 年	（1）甲、丙之间的房屋买卖合同效力如何？考察甲、丙之间合同效力时应当考虑本案中的哪些因素？ （2）2 月 12 日，甲、乙之间对原合同修改的行为的效力应当如何认定？为什么？
2011 年	（1）甲公司与丙公司达成的备忘录效力如何？为什么？ （2）丙公司与戊公司签订房产买卖合同效力如何？为什么？
2010 年	（1）甲公司与丁、戊公司签订的转卖大蒜的合同的效力如何？为什么？ （2）甲公司与乙公司签订的绿豆买卖合同效力如何？为什么？ （3）丙公司将绿豆转卖给己公司的行为法律效力如何？为什么？

从上图的总结可以看出，主观题非常喜欢考查合同效力。而且合同的效力的答案，绝大多数是有效的。对于有效的合同，建议考生按照下列模板作答：

答：有效（结论）。

该合同存在无权处分/一物二卖，但并不影响合同的效力。（一定要点出来这个合同中存在的特殊性，一个合同是有效的，不可能不设计存在一些特殊情形，考生一定要简单明了点出特殊性，然后回应该特殊性不影响合同的效力）

该合同满足《民法典》第143条规定的有效要件，故而有效。（《民法典》第143条是黄金法条，如果结论有效，均可以回归该条。但考生不能只写这一条而不结合案情特殊性，否则很难拿全分。）

（二）责任主体类模板

命题人会在题中设计一种损害发生，然后要求考生答出谁需要承担责任。在早期的命题中，命题人会通过判断题的方式提示，考生只需要按照设问的思路回答是、否即可。但近些年，实务化的命题观带来的命题风格也发生变化，设问往往是笼统式：谁承担责任？历年命题记录主要如下：

年　　份	问　　　　　题
2021 年	（1）钱某的汽车的损失应当由谁承担？ （2）丁公司 5000 万元保理合同最终没签订，能否要求他人赔偿？
2021 年 （延考卷）	（1）张晓晓的监护人是谁？ （2）郝源除了找孩子及家长索赔，还可以找谁承担赔偿责任？ （3）郝源主张赔偿因未签订合同导致的 100 万元可得利益损失，能否得到支持？
2017 年	（1）谁有权收取 M 房屋 2 个月的租金？为什么？ （2）谁应承担 M 房屋火灾损失？为什么？ （3）谁有权享有 M 房屋火灾损失的保险金请求权？为什么？
2016 年	如不考虑交强险责任，辛的 2000 元损失有权向谁请求损害赔偿？为什么？
2014 年	（1）邻居丁所遭受的损失应当由谁赔偿？为什么？ （2）丙热水器的毁损，应由谁承担赔偿责任？为什么？
2013 年	（1）李某的医疗费应当由谁承担？为什么？ （2）李某是否可以更换热水器？李某更换热水器的费用应当由谁承担？为什么？ （3）李某购买空调的费用应当由谁承担？为什么？ （4）对于黄某的损失，李某、张某是否应当承担赔偿责任？为什么？ （5）对于黄某的损失，郝某、B 公司是否应当承担赔偿责任？为什么？ （6）对于张某木箱内衣物浸泡受损，李某、B 公司是否应当承担赔偿责任？为什么？
2012 年	如丙拒绝接受甲持卡消费，应由谁主张权利？可以主张什么权利？为什么？
2010 年	大蒜在运往戊公司途中毁损的风险由谁承担？为什么？
2008 年	对于陈某的损失，应由谁承担责任？如何承担责任？为什么？

在答这类设问时，一定要找出与受害人有关的行为主体，分析其与受损害的人之间所存在的法律关系。一般而言，可能存在如下关系以及破题角度：

1. 侵权关系，包括侵犯物权、其他财产权、人身权等。如果是普通侵权，一定要围绕构成要件，尤其是过错和因果关系两个角度来回答。

2. 合同关系，可能形成违约责任或者缔约过失责任，违约属于无过错归责原则，但缔约过失则是过错归责原则，是缔约中严重违反诚信所需要承担的责任。

3. 准合同关系，一般为无因管理、不当得利。那就从无因管理与不当得利的构成要件上进行思考。

在这类要求考生自行定位主体的命题中，考生一定要注意，不仅要回答谁承担责任，还应该分析谁不承担责任。即不能只局限于那个要承担责任的人的回答，如此可能存在遗漏采分点。这点在 2021 年的命题中非常明显。只不过对需要承担责任的主体在说理上详细些，对不需要承担责任的主体，简单点出核心就可以。

（三）请求权基础类模板

该类设问，明确了责任主体，但询问可以对其提出哪些请求？同样是一种非常实务的解决纠纷的思维方式。历年此种命题的记录主要如下：

2021 年延考	茶餐厅可以对郝源主张哪些请求权？
2017 年	就 S 企业对丙的 200 万元借款，甲、丁、戊各应承担何种责任？为什么？
2012 年	如丙拒绝接受甲持卡消费，应由谁主张权利？可以主张什么权利？为什么？
2009 年	（1）甲丁之间存有什么法律关系？其内容和适用规则如何？摔伤工人的医药费用、损失应如何处理？理由是什么？ （2）甲是否有权请求乙赔偿因 2005 年 6 月屋顶漏水所受损失？理由是什么？

这类问题的解答思路与上一类具有同源性，只是会比第一类稍微简单些。因为已经确定了责任主体，只需要考虑主体之间可能形成哪些法律关系。而请求权的基础往往有以下几类：

1. 基于合同产生的请求权。具体包括：基于合同产生的履行请求权；基于合同不成立等产生的损害赔偿、返还请求权；基于合同履行瑕疵产生违约责任请求权（损害赔偿、解除合同、瑕疵担保请求权）。

2. 基于无因管理、不当得利产生的请求权。

3. 物上请求权，具体包括基于所有权、用益物权受侵害产生的返还原物、恢复原状、消除危险，也包括占有返还请求权。

4. 侵权行为损害赔偿请求权。

5. 其他请求权，比如单方允诺之债的请求权、基于亲属继承关系产生的请求权等。

考试比较喜欢考查的是合同、侵权与不当得利。往往从这三个角度去思考即可以破解本题。比如 2021 年延考的第 3 小问，即是这种请求权思维的具体应用。

从 2021 年的两次命题来看，体现出了对请求权基础的极大关注，往往需要考生多方面进行分析，而非传统的只需要考虑一个角度。请考生要注意这种命题思路，一旦再次命题，一定要注意不可遗漏答题角度，否则得分上必然难以保证。

（四）"连环问"答题模板

这类设问的主要问题是考生不知道该怎么作答，是连环答呢，还是一次性抛出答案再说理。对于这个问题，本书给出破题建议：

如果两问之间关系极其紧密，需要共享同一个法条、同一个考点，那么采取连环作答，这样可以避免分别作答重复说理。如果两问之间并不存在紧密关系，表现为两者的说理依据之间没有共性，那么建议分别作答，如此不易遗漏问题。

还有，考生需要仔细研究问题，有时候看似是连环问了两个问题，其实本质是同一个问题的，这种自然无需分别作答。

[连环作答型]

2021 年综合题第 10 问

10. 恒通公司是否需要对甲公司、丙公司租金支付问题承担连带责任？

参考答案：

需要对甲公司承担连带责任，但不需要对丙公司承担连带责任。根据《民法典担保制度解释》第 8 条第 1 款的规定，有下列情形之一，公司以其未依照公司法关于公司对外担保的规定作出决议为由主张不承担担保责任的，人民法院不予支持：①金融机构开立保函或者担保公司提供担保；②公司为其全资子公司开展经营活动提供担保；③担保合同系由单独或者共同持有公司 2/3 以上对担保事项有表决权的股东签字同意。甲公司是恒通公司的全资子公司，因此无需决议，担保合同有效，故其应当承担连带保证责任。但丙公司只是其参股子公司，没有公司决议时，该担保合同原则无效。本题中没有明确存在决议，故恒通公司对丙公司的担保无效，无须承担连带保证责任。

评析：本题虽分别询问甲、丙，属于看似一问，实质两问的情形。但对于这两问，参考答案依然采取连环作答方式。因为它们的考点是相同的：法人对外担保的规则，共享同一组法条，因此合并作答才更顺畅。

2018 年综合题第 5 问

5. 甲公司是否有权解除与丙公司的委托合同？如果解除，丙是否有权要求损害赔偿，赔偿损失的范围是什么？

参考答案：

可以解除，丙可以要求损害赔偿，损害赔偿的范围为因解除合同而给对方造成的直接损失和合同履行后可以获得的利益。

根据《民法典》第 933 条的规定，委托人或者受托人可以随时解除委托合同。因解除合同造成对方损失的，除不可归责于该当事人的事由外，无偿委托合同的解除方应当赔偿因解除时间不当造成的直接损失，有偿委托合同的解除方应当赔偿对方的直接损失和合同履行后可以获得的利益。

本题中甲、丙之间为有偿委托合同关系，则双方都享有任意解除权。甲行使任意解除权给丙造成的损失，丙公司有权要求赔偿。

评析：第 5 小问的两个问题所用的法条都是一个：《民法典》第 933 条，因此必然采取连环作答，这样说理也能一气呵成又避免重复。

[分别作答型]

2020 年综合题第 3 问

3. A 和 B 起诉乙公司要求交付 40% 的房屋应当由哪个（些）法院管辖？A 和 B 可否

要求撤销乙公司的卖房合同？

参考答案：

（1）东下市西河区法院管辖。根据《民事诉讼法》第35条的规定，合同或者其他财产权益纠纷的当事人可以书面协议选择被告住所地、合同履行地、合同签订地、原告住所地、标的物所在地等与争议有实际联系的地点的人民法院管辖，但不得违反本法对级别管辖和专属管辖的规定。本案属于房地产合作开发纠纷，虽然有建设工程施工法律关系，而非是因为建设工程施工合同纠纷，不存在专属关系。协议选择的法院是被告住所地法院，与案件有实际联系，故管辖协议有效，因此本案的管辖法院是正确的。

（2）不可以撤销。乙公司对外的房屋买卖合同的当事人具有相应的行为能力，意思表示真实，标的合法，满足《民法典》第143条规定有效要件，为有效合同。且A、B也不是乙公司的债权人，也不享有债权人撤销权，故其没有撤销权。

评析： 这两问一问问的是民诉管辖，一问问的是民法的合同效力。二者之间基本没有关联性，故采取分别作答的方式更合适。

2020年综合题第10问

10. 戊公司如何行使抵押权？如果丑为了自己的房产不被执行，代乙公司归还了1500万元债务，对子享有什么权利？

参考答案：

（1）根据《民法典》第392条的规定，戊公司行使抵押权没有顺序限制，可以直接就丑的房屋实现抵押权，也可以先要求子承担保证责任后再行使抵押权。根据《民法典》第410条第1、2款的规定，戊可以与丑协议以抵押财产折价或者以拍卖、变卖该抵押财产所得的价款优先受偿。抵押权人与抵押人未就抵押权实现方式达成协议的，抵押权人可以请求人民法院拍卖、变卖抵押财产。

（2）丑无权要求子追偿或者要求子承担保证责任，只能向债务人追偿。丑和子之间对担保责任的承担没有做出约定，彼此不知道彼此的存在，故根据《民法典担保制度解释》第13条的规定，其承担责任后不能进行追偿。又根据《民法典担保制度解释》第14条的规定，其承担担保责任后是在担保责任的范围内受让了债权人的债权，只是取得了债权人对债务人的权利，而不是取得了债权人所有的权利，对其他担保人并没有取得相应的权利。

评析： 此问连环追问的两个问题内容都比较多，并且关联性并非极强，如果采取合并作答，会导致结论、说理都很长，完全堆砌在一起，也不利于阅卷人采分，故应该分别作答。

一般而言，连环问中，大多采取的是分别作答，连环答类的相对而言比较少，这种一般属于平时考生在学习时就一起出现的考点，相对而言不多。

本书根据历年主观题的提问特色对考生朋友提出以下建议：

第一，答案先行，解释其后。解释分为大前提的引用和小前提的理解，其中大前提在2018年的法考改革之下，建议引用法条，具体到法条的第××条，不建议直接抄法条原文，而是精炼总结法条的精神，以前没有，是不会影响得分，但现在没有一定会影响得分。毕竟开卷考不是逗你玩的。官方的案例参考中，统统在标准答案的设计中引用了法条的具体规定，这点必须在此明确强调。当然如果对于个别的知识点，你根本找不到法条，那也就作罢，不能在翻法条环节耗费太多时间。对于小前提的解释，一般2句话为上，不要超过 3 句话。在案情十分复杂的情况下，也不要超过 5 句话。民法十分忌讳在解释中阐述案情，这点和刑法不一样。刑法需要你用自己的话简单点出行为，再定性。而民法干脆利落，直接定性即可。

第二，小心隐藏的问题。比如题目只问你能不能，你答完能不能之后必须再答一句到两句为什么。还有正反回答的，比如题目问你能怎样，有时候你答完能怎样以后要再说一句不能怎样！"张三能够找李四，但不能找王五，因为王五属于员工。"这种要求比较高，在于平时的积累。常考的是承租人优先购买权受到侵害以后，问你怎么办。你要答可以主张损害赔偿，必须再加一句：不能主张合同无效。否则这个分定然拿不全。在考查违约后，问你怎么办？这种开放一点点的，你要根据案情的特殊提示，回答出不能怎样。比如，一房数卖中，出卖人已经把房子过户给他人，题目问你张三（第一个买受人）能够怎样救济自己的权利。此时你要特别回应：不能请求出卖人继续履行，如果属于开发商一房数卖，你还要点出惩罚性赔偿，而不能一概而论要求赔偿损失。这样分也很难得全。

第三，逐个人物分析。此类问题往往属于"表面为一问，实际为两问"。如题目问你甲乙是否需要承担责任，那么你要分别答甲和乙，而不能直接笼统地答能或者不能，否则要扣掉一半分。

第四，涉及损害赔偿问题，不是侵权，就是违约。侵权如果不是特殊侵权，那必然围绕过错答。违约你不需要答哪里违约了（不需要复述案情），你只需要答他们之间是否存在合同关系，是否属于合同当事人，如果案情没有交代免责事由，当事人之间存在合同关系，十之八九是违约责任。

第五，三段论不是完全固定死的，如果对一个问题特别没有把握，那么要把答案藏起来，采取先说理、后给答案的方式。因为第一眼看到答案是错的，必然没分。要学会隐藏自己的缺点。

第六，不太确定的，不要写得那么细致，要打擦边球。比如甲、乙之间承担的到底是连带还是按份，则要避开，直接写都要承担责任，不写比写错靠谱。不要为了精确，反而丢了分数。

四、民法论述题模板

在论述题批阅中，50 秒即可确定分数，这是一个事实。那么 50 秒之内阅卷老师是靠着什么进行评分的呢？这是考生需要掌握的。一般来说，阅卷老师主要从以下几个方面进行快速评分：①标题是否切合要求；②观点是否明确清晰；③要点是否全面，是否紧密结合案情来进行展开；④结构是否符合"总分总"的要求；⑤结尾是否有所升华；⑥字数是否合格。评阅者主要从这六个方面进行踩点给分。当然，很重要的一点是卷面分，这也是不可忽视的，尤其是选择主观题笔试的考生，一定要注意卷面的整洁度和字体的清晰度（不需要你的字有多漂亮，但一定要干净不拖沓。否则给评阅人不舒服感，则一定会丢掉 2 分至 5 分的卷面分）。

在主观题独立成一卷，并且全国统一标准进行批阅时，主观题的评分标准就更显重要。2017 年司法部供阅卷老师使用的《2017 年阅卷指南与标准》的具体规定如下：

1. 运用掌握的法学知识阐述你认为正确的观点和理由。（15 分）

2. 说理充分，逻辑严密，语言流畅，表述准确。（9分）

3. 答题文体不限，字数要求不低于500字。

希望考生朋友记住这个基本的要求，记住六个评阅者所采的点，这样可以在技术上实现加分。

在技术上，希望考生注意以下细节：

1. 字迹清楚，卷面干净（机考的同学可以很好地避开这个项目的丢分）。4小时的书写量是极大的，很多考生会写到抽搐，因此越到最后字迹越难保持工整，所以，对于纸笔考试的同学，建议先做论述题和简答类这种对卷面字迹要求比较高的题型。如果发现写了错字，那就这样错着，50秒的时间评阅者不一定会发现错误，但是他一定可以第一时间发现你的修改痕迹，那就是暴露缺点了。

2. 一定要分段，切忌全文一段堆砌。一般分成四段（第一段，表明观点；第二段，引用论据；第三段，抽出案情中能够支持你观点的内容，并加以联系阐述；第四段，进行结尾总结，予以升华，往往为美好展望类）。

3. 从审题到写完，不要超过40分钟，否则不会因此而加分，但肯定会影响到案例分析题的得分。纵观过去司考时代，做不完题目的考生不在少数。当你因纠结而久久不敢下笔的时候，请记住，阅卷者只看50秒钟而已。很少有人能够在论述题与简答题中做到精彩绝伦，这不是短期训练能够达到的，因此，只需要不出错误，拿到平均分以上的分数即可。

接下来我们进入民法论述题考法分析与模板分析。

纵观司考时代10年卷四的论述题，可以发现，论述题主要围绕着法理学、行政法、诉讼法、刑法、民法、商法来进行。法理学的知识点几乎是离不开的。然后对于实体法来说，主要考查基本原则而非具体规则。如此一来，便可得知法考时代民法论述题的主要出题套路。

在论述题的设计中，在法律思维上，可以分为平权法律关系（民事、商事法律关系）与非平权法律关系（行政权、刑事权）两种。非平权关系主要解决国家公权力（行政职权、刑事权力）与公民权利之间的冲突，在维护国家秩序，保证行政效率与保护公民的合法权益之间进行一种博弈。而对于平权性的民事法律关系，主要围绕不同平等民事主体之间权利的冲突，注重权利的行使方式、私权与社会公共利益和社会秩序之间的权衡。因此，民事论述题所涉及的知识点一定与民法的基本原则有关，同时需要结合法理学的相关基础知识点，然后着重让考生处理一下私权的自由与他人的利益、社会的秩序与利益之间的关系。2009年与2011年涉及民法的论述题，均为此种设计思路。

我们先通过一道民法的论述题感受一下考法与答题技巧。

2009年卷四第七题（本题25分）

材料： 潘晓大学毕业不久，向甲商业银行申领了一张信用卡，透支额度为2万元。潘晓每月收入4000元，缴纳房租等必需开销3000多元。潘晓消费观念前卫，每月刷卡透支3000多元，累计拖欠甲商业银行借款近6万元。不久，潘晓又向乙商业银行申领了一张信用卡，该卡的透支额度达3万元。

据报道，甲商业银行近几年累计发行信用卡近600万张，每张信用卡的透支额度从5000元至10万元不等。该银行2009年8月统计发现，信用卡持卡人累计透支接近300亿元,拖欠期限从 1 个月到四五年不等。不少人至少持有两张甚至多张信用卡,因延期还款产生的利息和罚息达到数千元甚至上万元。由于上述现象大量存在,使得一些商业银行的坏账比例居高不下。对此,银行界拟对透支额度大、拖欠时间长的持卡人建立个人信用档案,列入"黑名单",相关信息各银行共享;拟采取加大罚息比例、限制发放个人贷款、限制发放信用卡、停止信用卡功能等措施制裁信誉不良持卡人;拟建议在设立企业、购买不动产等方面对持卡人进行限制。

另据反映,为数不少的信用卡持卡人则认为,银行信用卡发放泛滥,安全防范功能不强,申领条件设定偏低,合同用语生涩,还款程序设计复杂且不透明,利息负担不尽合理,呼吁国家出台政策进行干预。

问题:

根据上述材料,请从合法性与合理性的角度就银行权益保护与限制、持卡人权利与法律责任、银行和持卡人的利益平衡与社会发展、资本市场风险的法律防范对策,或者其他任一方面阐述你的观点。

答题要求:

1. 应结合相关法律规定,运用部门法知识及法理学知识进行论述;

2. 观点明确,逻辑合理,说理充分,表述清晰;

3. 字数不少于 500 字。

解题思路:

[第 1 步] 要先看要求,判断出其属于平权法律关系还是非平权法律关系。本案主要关系为信用卡银行与持卡人之间的关系,主要为民事法律关系。所以主要用平权思维答题。

[第 2 步] 一定要扣住问题的要求,本题中要求从合法性、合理性角度进行,说明一定需要涉及法理学中合法性与合理性的知识点。但本题角度比较开放,明确可以从"其他任一方面"阐明观点,一般来说,没有如此开放的角度,而是会要求在几个角度中任选其一。本题中可以从国家在市场经济中的作用、法的局限性、法与道德的关系等方面进行展开。

[第 3 步] 分析出来需要用法理学合法性与合理性知识点,同时结合民法知识点后,那就需要看看民法的基本原则中有哪些可能与本题有关系,然后从脑海中调出相关知识点;一边阅读案情,一边勾选出与民法基本原则相关的案情。从民法角度,本题就与诚实信用原则、权利的行使原则有关。

[第 4 步] 开始构思文章结构。

论述题的答题模板为:

最好有一个亮眼的、切题的标题——没有诚信护航,市场经济中你到底能走多远?/你还有多少诚信能够透支?/没有诚信的市场经济,谁能承受得起?

第一段 [观点]:开门见山,亮明观点。民事主体在市场经济中,要讲究诚实信用,不可滥用权利。

第二段 [理论论据]:开始引用民法基本原则与权利行使的基本原则以及法理学中适合的理论。

第三段 [材料佐证]:结合材料,点出材料中行为人的哪些行为违背了民法的基本原则,违背基本原则的后果又是什么。同时可点明国家在提高诚信市场经济中可以做出的努力。

第四段 [结尾点睛]:强调诚信的重要性,呼吁民事主体讲诚信,展望充满诚信的社会。

在论述题中，没有什么标准的范文，所谓的范文反而会局限你的思维。只要考生在涉及民法论述题中按照这样的思维去进行分析，按照四段模板去走，考试基本无忧。

五、真题模板套用示例

2021年主观卷第四题（回忆版）（本题56分）

案情： 位于T市Y区的枫桥公司因为债务人不能清偿相关债务，通过抵债的方式获得了一栋20层写字楼（位于W市X区）的所有权。其中第1~17层枫桥公司自己使用，第18~20三层进行出租。位于E市Z区的恒通公司分立出甲、乙、丙三个子公司，其中甲公司为全资子公司、乙为其控股子公司、丙公司为其参股子公司。甲、乙、丙三个公司与枫桥公司签订租赁合同，分别承租第18、19、20层。租赁合同中约定月租金为30万元，3个月一付，不能对基本工程（硬装修）进行改造，但其他部分可以自行装修。另外约定合同履行发生纠纷由T市Y区法院管辖。恒通公司为甲、乙、丙三个子公司的租金支付义务承担连带责任保证，并出具了《独立担保函》。

甲公司进场后，发现楼层通风设备有问题，多次联系枫桥公司处理未果。于是甲公司就自行垫资维修，花费维修费60万元。甲公司主张该60万元抵租金，枫桥公司不同意。于是甲公司第二个季度只向枫桥公司账户打了30万元。枫桥公司将甲公司以及恒通公司诉至法院，要求甲公司支付租金、恒通公司承担连带担保责任。诉讼中，枫桥公司主张甲公司已经支付的30万元并非租金，而是另一笔债务，要求其支付90万元租金本金与迟延履行的利息。而甲公司则主张以自己垫付的60万元维修款来抵销租金。

法院最终判决：支持枫桥公司诉讼请求，甲公司偿还租金90万元和利息（同期利息计算），恒通公司承担连带责任。恒通公司承担连带责任后可以向甲公司追偿。

一日，乙公司的合作伙伴丁公司来乙公司办公室洽谈合作项目，欲签订标的额为5000万元的保理合同。丁公司派来的钱某将车停在枫桥公司停车场，不料大风刮来，停车场的一棵大树被刮倒，砸到钱某的车，钱某修车花费数10万元，因修理费问题与乙公司、枫桥公司发生纠纷。据查，写字楼的租户很早之前就曾反映过楼下的树即将折断，需要加固，但枫桥公司没有反应。枫桥公司抗辩自己不知道，法院查出来是枫桥公司的员工忘记将此事记载，枫桥公司确实不知情。乙公司对此事也完全不知情。因汽车纠纷一事，丁公司与乙公司最终未签订保理合同，给乙公司造成了一定损失。

丙公司见甲公司和乙公司与枫桥公司的合同不是太顺心，于是就把20层楼直接转租给了戊公司。

枫叶公司因为欠债，就把写字楼整体卖给了己公司，但并没有通知甲、乙、丙公司，甲公司欲主张第18层的优先购买权，由此又引发争议。

问题：

1. 枫桥公司起诉时由哪个法院管辖？

参考答案：

[结论] 本案应由W市X区法院管辖。

[大前提] 根据《民事诉讼法》第34条第1项的规定，因不动产纠纷提起的诉讼，由不动产所在地法院管辖。根据《民事诉讼法》第35条的规定，合同纠纷的当事人可以选择与争议有实际联系的地点的法院管辖，但不得违反级别管辖和专属管辖的规定。

[小前提] 本案中，虽然双方当事人在房屋租赁合同中约定发生争议由 T 市 Y 区法院管辖，但因房屋租赁合同纠纷属于不动产专属管辖的范围，因此该约定无效，应由不动产所在地 W 市 X 区法院管辖。

2. 关于甲公司支付的 30 万元是租金的事实，应当由谁来承担证明责任？如法院不能形成自由心证，则应如何判决？

参考答案：

（1）[结论] 应当由甲公司承担证明责任。

[大前提] 根据《民诉解释》第 90 条第 1 款的规定，当事人对自己提出的诉讼请求所依据的事实或者反驳对方诉讼请求所依据的事实，应当提供证据加以证明。

[小前提] 本案中，若甲公司主张其支付的 30 万元是租金，则对该积极主张承担证明责任。

（2）[结论] 法院应依法确定甲公司清偿的债务。

[大前提] 根据《民法典》第 560 条第 1 款的规定，债务人对同一债权人负担的数项债务种类相同，债务人的给付不足以清偿全部债务的，除当事人另有约定外，由债务人在清偿时指定其履行的债务。债务人未作指定的，应当依法确定其清偿的债务。

[小前提] 本案中，若关于甲公司主张的其支付租金的事实，法院无法形成自由心证，那就意味着甲公司无法证明其指定清偿的债务，因双方当事人未对债务的清偿顺序进行指定，因此应由法院依法确定甲公司清偿的债务。

3. 甲公司主张 60 万元维修金来折抵租金属于反诉还是抗辩？

参考答案：

[结论] 甲公司主张 60 万元维修费用来折抵租金构成反诉。

[分析] 反诉是一个独立的诉，其与抗辩最大的区分点在于，即使本诉没有提出，反诉涉及的诉讼请求也可以单独提出，本案中，甲公司关于 60 万元维修费用的主张可以单独提出，其与本诉之间也有牵连关系，因此属于反诉。

4. 恒通公司承担担保责任后能否直接以本案判决申请执行甲公司财产？

参考答案：

[结论] 若法院的判决中已经一并确定了恒通公司的追偿权及具体数额，恒通公司可以直接向法院申请强制执行；若法院的判决并未就追偿权作出审理和判决的，则恒通公司需另行起诉甲公司获得胜诉判决后，才可以向有管辖权的法院申请强制执行。

[大前提] 根据《民法典》第 700 条的规定，保证人承担保证责任后，除当事人另有约定外，有权在其承担保证责任的范围内向债务人追偿，享有债权人对债务人的权利，但是不得损害债权人的利益。又根据《民诉解释》第 461 条的规定，当事人申请人民法院执行的生效法律文书应当具备下列条件：①权利义务主体明确；②给付内容明确。法律文书确定继续履行合同的，应当明确继续履行的具体内容。

[小前提] 本案中，因为案情中尚未提及判决书里是否一并确定追偿权及具体数额的问题，因此应分情况讨论。

5. 钱某的汽车的损失应当由谁承担？

参考答案：

[结论] 枫桥公司。

[大前提]《民法典》第1257条规定，因林木折断、倾倒或者果实坠落等造成他人损害，林木的所有人或者管理人不能证明自己没有过错的，应当承担侵权责任。又根据《民法典》第1191条第1款的规定，用人单位的工作人员因执行工作任务造成他人损害的，由用人单位承担侵权责任。用人单位承担侵权责任后，可以向有故意或者重大过失的工作人员追偿。

[小前提] 本题中，枫桥公司的员工存在过错导致大树侵权，员工的过错即为用人单位的过错，故树木的所有人枫桥公司应当承担侵权责任。乙公司仅为承租人，并非林木的所有人或管理人，且无过错，不满足侵权构成要件，无需承担责任。

无法条版本答案：

[结论] 枫桥公司。

[大前提+小前提] 本题属于林木折断致人损害，由林木的所有人、管理人承担过错推定责任。枫桥公司是所有人，其员工存在过错行为即视为公司存在过错，因此枫桥公司应当承担侵权责任。但乙公司并非林木的所有人、管理人，主观上也不存在过错，不满足侵权构成要件，无需承担责任。

6. 丁公司5000万元保理合同最终没签订，能否要求他人赔偿？

参考答案：

[结论] 不能要求任何人赔偿。

（1）[大前提]《民法典》第500条规定，当事人在订立合同过程中有下列情形之一，造成对方损失的，应当承担赔偿责任：①假借订立合同，恶意进行磋商；②故意隐瞒与订立合同有关的重要事实或者提供虚假情况；③有其他违背诚信原则的行为。

[小前提] 丁公司与乙公司之间进入缔约磋商阶段，由于乙公司并不存在违反诚信的行为，故无需承担缔约过失责任。并且缔约过失责任的赔偿范围只包括实际损失，而不包括可得利益损失。

（2）[大前提] 丁公司与枫桥公司之间存在侵权法律关系。根据《民法典》第1184条规定，侵害他人财产的，财产损失按照损失发生时的市场价格或者其他合理方式计算。侵权损害赔偿的范围包括直接损失和间接损失。未签订保理合同的损失不是直接损失，也非间接损失，因为间接损失必须满足可预见性以及确定性。

[小前提] 但本题中，枫桥公司无法预见到保理合同的存在，并且保理合同并非一定能够成立。故该损失枫桥公司也不予赔偿。

无法条版本答案：

[结论] 不能要求任何人赔偿。

[大前提+小前提]（1）丁公司与乙公司之间存在缔约磋商关系，但乙公司在缔约中不存在违反诚信的行为，无需承担缔约过失责任。即便乙公司需要承担缔约过失责任，也不会赔偿保理合同未签订的损失，因为该损失并非实际损失，缔约过失只赔偿实际损失。

（2）丁公司与枫桥公司之间存在侵权法律关系。侵权损害赔偿的范围包括直接损失和间接损失。未签订保理合同的损失不是直接损失，也非间接损失，因为间接损失必须满足可预见性以及确定性，枫桥公司无法预见到保理合同的存在，并且保理合同并非一定能够成立。故该损失枫桥公司也不予赔偿。

7. 丙公司能否将 20 层转租给戊公司？

参考答案：

［结论］不可以。

［大前提］《民法典》第 716 条规定，承租人经出租人同意，可以将租赁物转租给第三人。承租人转租的，承租人与出租人之间的租赁合同继续有效；第三人造成租赁物损失的，承租人应当赔偿损失。承租人未经出租人同意转租的，出租人可以解除合同。

［小前提］本题中，承租人丙公司未经出租人同意，不能转租，否则要承担不利的法律后果。

无法条版本答案：

［结论］不可以。

［大前提+小前提］承租人未经出租人同意不得进行转租，擅自转租的，出租人可以主张解除租赁合同。因此法律不支持承租人进行转租，故丙公司未经枫桥公司同意不能转租。

8. 写字楼转让后原租赁合同是否视为解除？

参考答案：

［结论］租赁合同不视为解除，效力不受转租影响。

［大前提］根据《民法典》第 725 条的规定，租赁物在承租人按照租赁合同占有期限内发生所有权变动的，不影响租赁合同的效力。

［小前提］本题中，租赁在先，所有权变动在后，承租人受买卖不破租赁制度的保护。

无法条版本答案：

［结论］租赁合同不视为解除，效力不受转租影响。

［大前提+小前提］在租赁合同中，如承租人租赁在先，租赁物所有权变动在后，承租人受买卖不破租赁的保护，即租赁合同效力不受买卖合同的影响。因此写字楼转让的行为不会影响在先的租赁合同效力，租赁合同不视为解除。

9. 甲公司对第 18 层是否具有优先购买权？

参考答案：

［结论］没有。

［大前提］《民法典》第 726 条第 1 款规定，出租人出卖租赁房屋的，应当在出卖之前的合理期限内通知承租人，承租人享有以同等条件优先购买的权利；但是，房屋按份共有人行使优先购买权或者出租人将房屋出卖给近亲属的除外。

［小前提］本题中，房屋进行整体转卖，而承租人甲公司只购买一层，并非同等条件，故不享有优先购买权。

无法条版本答案：

［结论］没有。

［大前提+小前提］房屋买卖合同的承租人享有优先购买权，但优先购买权的前提是同等条件。本题中，出租人是要进行整栋楼的转卖，而只购买一层并非同等条件，因此甲公司没有优先购买权。

10. 恒通公司是否需要对甲公司、丙公司租金支付问题承担连带责任?

参考答案:

[结论] 需要对甲公司承担连带责任,但不需要对丙公司承担连带责任。

[大前提] 根据《民法典担保制度解释》第8条第1款的规定,有下列情形之一,公司以其未依照公司法关于公司对外担保的规定作出决议为由主张不承担担保责任的,人民法院不予支持:①金融机构开立保函或者担保公司提供担保;②公司为其全资子公司开展经营活动提供担保;③担保合同系由单独或者共同持有公司2/3以上对担保事项有表决权的股东签字同意。

[小前提] 甲公司是恒通公司的全资子公司,因此无需决议,担保合同有效,故其应当承担连带保证责任。但丙公司只是其参股子公司,没有公司决议时,该担保合同原则无效。本题中没有明确存在决议,故对丙公司的担保无效,无需承担连带保证责任。

无法条版本答案:

[结论] 需要对甲公司承担连带责任,但不需要对丙公司承担连带责任。

[大前提+小前提] 根据《公司法》《民法典担保制度解释》的相关规定可知,公司为他人提供担保原则上需要经过公司股东会、董事会的决议,债权人应当审查决议,否则担保合同无效。但如果是为全资子公司提供担保,则无需决议。本题中甲公司属于恒通公司的全资子公司,可以直接提供担保,担保合同有效;但丙公司只是参股公司,因此必须经过公司决议才能为其提供担保。题中并没有决议相关信息,应视为没有经过决议,因此恒通公司为丙公司提供的担保合同无效,故对丙公司无需承担连带责任保证,即无需承担连带责任。

2021年主观卷(延考卷)第四题(回忆版)(本题56分)

案情: 张大明与李小丽结婚,育有一子张晓晓(8岁),双方因感情不和离婚。后李小丽因涉嫌贩毒被收监服刑,张晓晓随父亲张大明一起住在蓝城小区A105号楼,此楼共有12层。张大明偶然发现张晓晓并非自己的亲生子,多次去监狱询问李小丽孩子的父亲到底是谁,李小丽始终缄口不言。李小丽的父母生活拮据没有抚养能力。

张大明的妹妹张水悦与王旭龙结婚,二人育有一子王小淘(比张晓晓大1周)。王小淘与张晓晓关系很好。某日,张水悦全家到哥哥张大明家做客,张晓晓和王小淘想要出去玩,王旭龙叮嘱不要去高层,不要乱扔东西。张晓晓和王小淘却来到了楼顶,楼顶的灭火器没放好,他们本来想放好,其中一人说,物业自己没放好,我们为什么要帮忙放好,于是两人就把灭火器沿着靠窗的位置推下去。灭火器掉下去之后,正好掉到遛弯的郝源面前,郝源受到惊吓后摔伤。物业公司看了监控录像,但看不清掉落的灭火器是哪个孩子推下去的。

经查,郝源本来是在茶餐厅等客户,打算签标的额为100万元的合同。郝源先到了,感觉无聊,就把商家的收款二维码换成了自己的,然后出去遛弯,路过蓝城小区,想进去看看,就骗门卫说自己是业主(物业与业主有协议说不能放外人进,除非登记),保安当时正在接电话,没有进行登记就放郝源进入小区。郝源进去之后看见路上有人晾陈皮(查不到是谁晾的),还有一户空调漏水,所以郝源得贴着墙走,就被楼上掉下的灭火器吓到了,躲闪时摔伤。郝源因摔伤未及时赶回茶餐厅,对方已经离开。因郝源偷换茶餐厅收费二维码,郝源住院期间不断收到茶餐厅的收益近万元。

郝源将王小淘、张晓晓以及他们的监护人起诉至法院,要求赔偿医疗费以及因此没有签订合同的 100 万元可得利益损失，并赔礼道歉。一审法院判决被告赔偿郝源的医疗费损失并赔礼道歉。法院通知当事人到法院领取一审判决书，张水悦签收判决书时，也帮王旭龙代为签收了判决书。30 天后，王旭龙提起上诉，他主张之前一直在与张水悦争议责任如何分担的问题，并未拿到判决书。张水悦也承认确实是在 30 天后刚刚将判决书交给王旭龙。后因案件中相关当事人不履行判决书中的义务，郝源向法院申请执行，执行中张水悦和郝源达成了和解，约定在 15 日内张水悦将 10 万元转入郝源的银行账户，郝源免除其赔礼道歉的义务。但是执行期满后张水悦因没筹够钱，没有将钱转入指定账户，郝源向法院申请恢复执行原生效判决，法院裁定同意恢复执行。一周后，张水悦将前述和解协议约定的 10 万元打入指定账户。郝源认为，张水悦未按期履行和解协议，要求法院对赔礼道歉的部分仍然予以执行。

问题：

1. 张晓晓的监护人是谁？

参考答案：

[结论] 监护人是母亲李小丽、父亲张大明。如张大明因非亲生而不愿意成为监护人，则可以请求法院终止其监护关系。如李小丽被撤销监护资格、张大明被终止监护关系，则法院需要根据最有利于被监护人的原则为张晓晓指定监护人，法院不能指定外祖父母作为监护人，因为其没有监护能力。如果李小丽没有其他近亲属，导致没有依法具有监护资格的人的，监护人由民政部门担任，也可以由具备履行监护职责条件的被监护人住所地的居民委员会、村民委员会担任。

[大前提]《民法典》第 27 条第 1 款规定，父母是未成年子女的监护人。又根据《民法典》第 36 条第 1 款的规定，监护人有下列情形之一的，人民法院根据有关个人或者组织的申请，撤销其监护人资格，安排必要的临时监护措施，并按照最有利于被监护人的原则依法指定监护人：①实施严重损害被监护人身心健康的行为；②怠于履行监护职责，或者无法履行监护职责且拒绝将监护职责部分或者全部委托给他人，导致被监护人处于危困状态；③实施严重侵害被监护人合法权益的其他行为。

[小前提] 李小丽虽然入狱，但并没有因此丧失监护权，因为其可以通过委托监护的方式履行监护职责，只有当其不能履行监护职责又拒绝委托他人监护时，才有可能撤销其监护资格。但只要没有经过法院撤销，李小丽就是监护人。没有亲子关系并非监护权消灭的必然原因，监护作为一种身份关系产生的责任，应经过法院确认后才能丧失。因此如果张大明不愿继续担任监护人，可以请求人民法院确认解除父母子女关系，并请求法院终止监护关系，否则张大明依然为监护人。

无法条版本答案：

[结论] 监护人是母亲李小丽、父亲张大明。如张大明因非亲生而不愿意成为监护人，则可以请求法院终止其监护关系。如李小丽被撤销监护资格、张大明被终止监护关系，则法院需要根据最有利于被监护人的原则为张晓晓指定监护人，法院不能指定外祖父母作为监护人，因为其没有监护能力。如果李小丽没有其他近亲属，导致没有依法具有监护资格的人的，监护人由民政部门担任，也可以由具备履行监护职责条件的被监护人住所地的居民委员会、村民委员会担任。

[大前提+小前提] 父母是子女的当然监护人。李小丽虽然入狱，但并没有因此丧失

监护权，因为其可以通过委托监护的方式履行监护职责，只有当其不能履行监护职责又拒绝委托他人监护时，才有可能撤销其监护资格。但只要没有经过法院撤销，李小丽就是监护人。没有亲子关系并非监护权消灭的必然原因，监护作为一种身份关系产生的责任，应经过法院确认后才能丧失。因此如果张大明不愿继续担任监护人，可以请求人民法院确认解除父母子女关系，并请求法院终止监护关系，否则张大明依然为监护人。

2. 郝源除了找孩子及家长索赔，还可以找谁承担赔偿责任?

参考答案:

[结论] 可以找物业承担安保义务责任，但不能要求晒陈皮的住户承担责任。

(1)［大前提］《民法典》第1198条第2款规定，因第三人的行为造成他人损害的，由第三人承担侵权责任；经营者、管理者或者组织者未尽到安全保障义务的，承担相应的补充责任。经营者、管理者或者组织者承担补充责任后，可以向第三人追偿。

[小前提] 物业作为管理人，具有安全保障义务。物业工作人员擅自放行存在过错，未尽安全保障责任，故应当承担补充责任。

(2)［大前提］《民法典》第1165条第1款规定，行为人因过错侵害他人民事权益造成损害的，应当承担侵权责任。

[小前提] 晒陈皮的住户与损害结果之间没有法律上的因果关系，故而无需承担侵权责任。

无法条版本答案:

[结论] 可以找物业承担安保义务责任，但不能要求晒陈皮的住户承担责任。

[大前提+小前提] 物业作为管理人，具有安全保障义务。物业工作人员擅自放行存在过错，未尽安全保障义务，导致他人在安保义务人的管理范围内侵权，安保义务人应当承担补充责任。

3. 茶餐厅可以对郝源主张哪些请求权?

参考答案:

(1)［结论］可以主张侵权责任。

[大前提]《民法典》第1165条第1款规定，行为人因过错侵害他人民事权益造成损害的，应当承担侵权责任。

[小前提] 郝源故意更换二维码导致本来属于商家的财产没有增加，属于故意导致他人财产消极减少，满足《民法典》第1165条的一般侵权构成要件，故而可以主张侵权责任，赔偿损失。

(2)［结论］可以主张不当得利。

[大前提]《民法典》第985条规定，得利人没有法律根据取得不当利益的，受损失的人可以请求得利人返还取得的利益。

[小前提] 郝源无正当依据获得利益，导致茶餐厅遭受损失，损益之间存在因果关系，构成不当得利，故可以主张不当得利返还请求权。

无法条版本答案:

(1)［结论］可以主张侵权责任。

[大前提+小前提] 郝源故意更换二维码导致本来属于商家的财产没有增加，属于故意导致他人财产消极减少，满足一般侵权构成要件，故而可以主张侵权责任，赔偿损失。

（2）[结论] 可以主张不当得利。

[大前提+小前提] 郝源无正当依据获得利益，导致茶餐厅遭受损失，损益之间存在因果关系，构成不当得利，故可以主张不当得利返还请求权。

4. 郝源主张赔偿因未签订合同导致的 100 万元可得利益损失，能否得到支持？

参考答案：

[结论] 不能。

[大前提] 侵权损害赔偿范围包括可得利益，但可得利益必须满足可预见性与确定性，否则不予赔偿。

[小前提] 合同能否签订具有不确定性，并且侵权人难以预见该损失，因此无需赔偿。

5. 物业对业主是否需要承担违约责任？

参考答案：

[结论] 不需要。

[大前提] 根据合同规定，物业确实存在违约行为，但违约行为必须造成实际损害后果才需要承担违约责任，损害结果也需要满足可预见性。

[小前提] 但是根据相当因果关系理论，物业的违约行为与郝源被物件损害的损害结果之间并没有法律上的因果关系，因此无需承担违约责任。

6. 结合《民法典》第 1188 条、《民诉解释》第 67 条的规定，谈谈限制民事行为能力人是否是本案的适格主体。

参考答案：

[结论] 本案中，张晓晓与王小淘两个限制民事行为能力人可以成为本案的适格被告。

[大前提] 根据《民诉解释》第 67 条的规定，无民事行为能力人、限制民事行为能力人造成他人损害的，无民事行为能力人、限制民事行为能力人和其监护人为共同被告。

[小前提] 本案中，张晓晓、王小淘是侵权行为人，应当承担责任，虽然是限制民事行为能力人，但仍是本案的适格被告。

7. 在诉讼过程中，若法院无法查明是哪个小孩推倒了灭火器导致了郝源的损害，那么对此事实应由谁承担证明责任（不能确定差点砸到郝源的灭火器是谁扔的）？

参考答案：

[结论] 应该由被告张晓晓、王小淘及其监护人承担证明责任

[大前提] 根据《民法典》第 1170 条的规定，二人以上实施危及他人人身、财产安全的行为，其中一人或者数人的行为造成他人损害，能够确定具体侵权人的，由侵权人承担责任；不能确定具体侵权人的，行为人承担连带责任。因此，在共同危险案件中，应当由行为人就"谁是具体的侵权人"的事实承担证明责任。

[小前提] 本案中，张晓晓、王小淘都实施了扔灭火器的行为，但不能确定最终的损害结果是谁导致的，因此属于共同危险行为，应由被告一方就该事实承担证明责任。

8. 王旭龙于上诉期满后提出上诉，法院是否受理？

参考答案：

[结论] 法院应当受理。

[大前提+小前提] 根据《民事诉讼法》第88条第1款的规定，送达诉讼文书，应当直接送交受送达人。受送达人是公民的，本人不在交他的同住成年家属签收。本案中，法院采取的送达方式是通知当事人到法院去取，并非是直接去其住所送达，因此不能由其家属代为签收，本案中的一审判决书对王旭龙而言不构成有效送达。故王旭龙对本案的一审判决书仍然享有上诉权。

9. 郝源申请恢复执行的主张能否得到支持？

参考答案：

[结论] 可以得到支持。

[大前提] 根据《最高人民法院关于执行和解若干问题的规定》第9条的规定，被执行人一方不履行执行和解协议的，申请执行人可以申请恢复执行原生效法律文书，也可以就履行执行和解协议向执行法院提起诉讼。根据该规定第13条的规定，恢复执行后，对申请执行人就履行执行和解协议提起的诉讼，人民法院不予受理。

[小前提] 本案中，在郝源申请恢复执行时，因被执行人此时处于未履行的状态，法院同意恢复执行后，执行和解协议即失效，就原判决书中已确定的赔礼道歉的义务，可以向法院申请强制执行。

2020年主观卷第四题（回忆版）（本题56分）

案情：甲公司（位于西上市东河区）有A、B两个股东，各占比50%股权。乙公司（东下市西河区）是从事房地产开发的公司，且乙公司是成明公司设立的全资子公司。A和B以个人的名义找到乙公司并与乙公司协商，A和B以某地块的使用权出资，与乙公司共同设立承接开发的项目公司。双方达成合作开发协议并约定如下：①以乙公司为项目运营的商事主体；②A和B不涉及乙公司管理事务，由乙公司全权负责房地产开发管理（包括投资、以土地使用权设定抵押、建设工程等），准备相应资质权证等；③A和B分别占有公司20%的股份，待房地产开发完可以分得总共40%的房产；④A和B分得房产后，即应无偿将持有的股权转回给乙公司名下；⑤如因履行协议过程中发生争议，由被告所在地法院管辖。协议签订后，乙公司的股权进行了变更，并根据股权的调整完成了工商变更登记。

乙公司为建设工程施工，与丙公司签订融资租赁合同，租赁2台铲车，租期5年，每年租赁费25万元，但未办理登记。后乙公司又将自己现有的以及将有的财产（包括2台铲车）与丁公司签订动产浮动抵押合同，并办理了登记，借款2亿元，借期5年。自然人C、D明确表示为乙公司提供连带责任保证，丁公司接受。

乙公司为了暂时缓解资金压力，将2台铲车出售给自然人E，E支付了1950万元货款，并取得铲车。但这2台铲车在使用过程中，经常出现质量问题，E一直与乙公司交涉未果。

之后为了获取更多融资款，乙公司与戊信托商签订信托计划，又向戊信托商借款1亿元，借期5年。丑用自己的房屋（价值1500万）为乙公司提供抵押担保，并办理了登记，子为乙公司提供保证，但子和丑并不知道对方的存在。

楼盘建成后，乙公司陆续对外销售15%的房屋。自然人F购买房屋后发现房屋的面积、容积率、配套设施均与宣传有很大差距，明显与合同约定的事项不一致，欲向乙公司索赔。乙公司一直推脱。

A和B发现乙公司大规模融资，且迅速对外销售大量房屋，对乙公司的行为产生怀疑，于是请求乙公司为其办理 40% 房屋的所有权登记，乙公司一直忙于其他事务，对 A、B 的请求置之不理。后 A、B 见请求无望，以乙公司违约为由将其诉至西河区人民法院。后 A、B 经过与乙公司协商，撤回了起诉，法院予以准许。

另外，乙公司为了响应《民法典》的贯彻落实，与辛社会福利机构签订了每年捐赠 1000 万元的赠与合同，并经过当地的记者、新闻报道。乙公司完成了当年的赠与。

之后，因为乙公司资金出现问题，A、B 申请乙公司破产，管理人接管了乙公司。

问题：

1. 甲公司的债权人在知情下，能否直接请求 A、B 承担连带责任？

参考答案：

[结论] 不可以。

[大前提] 法人原则上独立承担责任，但根据《民法典》第 83 条第 2 款的规定，在法人的股东有滥用股东有限责任损害公司债权人利益的情况下应当承担连带责任。根据《九民纪要》的规定可知，债权人要求股东承担连带责任必须是以否认公司人格为前提，即必须先通过法人人格否认之诉才能主张承担连带责任。

[小前提] 本题中甲公司的股东 A、B，以个人名义达成协议，却将公司的财产出资，并将所得利益归于自己名下，构成了财产混同，故可以满足人格否认情形，债权人可以否认法人人格，要求其承担连带责任。但不能直接请求，而应该先否认公司的独立人格，在法人人格否认诉讼之后或者同时要求股东承担连带责任。

2. 乙公司进入破产重整程序阶段，能否向管理人要求取回合同约定的 40% 产权？

参考答案：

[结论] 不能。

[大前提] 根据《企业破产法》第 38 条的规定，人民法院受理破产申请后，债务人占有的不属于债务人的财产，该财产的权利人可以通过管理人取回。但是，《企业破产法》另有规定的除外。

[小前提] 本案中，A、B 和乙公司的约定，实际属于房屋所有权换股权，即股权回购，A、B 并未将公司股权登记在乙公司名下，40% 的房产也未登记在 A、B 名下，故该 40% 的房产不属于 A、B 的财产，无权行使取回权。

3. A 和 B 起诉乙公司要求交付 40% 的房屋应当由哪个（些）法院管辖？A 和 B 可否要求撤销乙公司的卖房合同？

参考答案：

（1）[结论] 东下市西河区法院管辖。

[大前提] 根据《民事诉讼法》第 35 条的规定，合同或者其他财产权益纠纷的当事人可以书面协议选择被告住所地、合同履行地、合同签订地、原告住所地、标的物所在地等与争议有实际联系的地点的人民法院管辖，但不得违反本法对级别管辖和专属管辖的规定。

[小前提] 本案属于房地产合作开发纠纷，虽然有建设工程施工法律关系，但并非是建设工程施工合同纠纷，不存在专属管辖情形。协议选择的法院是被告住所地法院，与案件有实际联系，故管辖协议有效，因此本案的管辖法院是正确的。

（2）[结论] 不可以撤销。

[大前提+小前提]乙公司对外的房屋买卖合同的当事人具有相应的行为能力，意思表示真实，标的合法，满足《民法典》第143条规定的有效要件，为有效合同。且A、B不是乙公司的债权人，不享有债权人撤销权，故其没有撤销权。（此题大小前提融合作答会比分开作答容易说理，故采取合一作答方式）

4. 自然人E取得铲车后，出现质量问题，应向谁主张违约责任？

参考答案：

[结论]乙公司。

[大前提]根据《民法典》第593条的规定，当事人一方因第三人的原因造成违约的，应当依法向对方承担违约责任。当事人一方和第三人之间的纠纷，依照法律规定或者按照约定处理。即合同责任具有相对性。

[小前提]乙公司与E之间存在买卖合同，出卖人乙公司有瑕疵担保责任，应保证标的物的质量符合约定，乙公司构成违约，故应当承担责任。虽该设备是乙公司承租的，但乙公司与设备的生产者之间的纠纷应另案解决。

5. 丁公司的抵押权能否对抗自然人E？

参考答案：

[结论]可以。

[大前提]根据《民法典》第404条的规定，以动产抵押的，不得对抗正常经营活动中已经支付合理价款并取得抵押财产的买受人。又根据《民法典担保制度解释》第56条第1款第2项的规定，出卖人出卖生产设备，不属于正常经营活动，担保物权人可请求就该动产优先受偿。（本题涉及两个核心法条，因此更需要考生精炼进行总结，否则会导致说理过长）

[小前提]本案中，E就属于购买出卖人设备的买受人，因此不受特殊保护。既然该动产已经办理了登记，丁公司自然就可以对抗。

6. 丁公司如何主张自己的担保权？自然人C、D为乙公司提供连带保证责任，其诉讼地位如何列明？（可以有几种不同观点）

参考答案：

（1）[结论]丁公司应先对乙的浮动抵押财产先实现抵押权，无法清偿债务时，再要求保证人承担责任。

[大前提]根据《民法典》第392条的规定，混合担保中，债务人提供物保时，债权人实现担保权具有顺序限制，应先实现债务人的物保。

[小前提]本案就属于此种情形，故应当先实现债务人乙的浮动抵押权。

（2）[大前提+结论]连带责任保证人C、D与债务人对债权人承担连带责任。此时尊重原告处分权，如果债权人仅起诉债务人，法院可以不追加保证人为共同被告；如果债权人在起诉债务人的同时起诉C、D，则法院应将C、D列为共同被告。债权人也可以仅起诉保证人C、D，法院可以不追加债务人为共同被告。（在做列明诉讼当事人的类型题目时，一般不太用三段论，往往是将大前提、小前提和结论融合作答）

7. 乙公司的债权人能否撤销乙公司的赠与？乙公司自己能否行使任意撤销权撤销自己的赠与？

参考答案:

[结论] 乙公司的债权人可以主张撤销赠与合同,但乙公司自己不能主张任意撤销权。(本题旨在考查相似制度,此种情况下建议连环作答,而不要分别作答)

[大前提+小前提] 乙公司在负担债务后实施了无偿处分自己财产的行为损害债权人的利益,根据《民法典》第538条的规定,满足了债权人撤销权的构成要件,因此乙公司的债权人可以撤销赠与合同。但根据《民法典》第658条的规定,赠与人在赠与财产的权利转移之前可以撤销赠与。经过公证的赠与合同或者依法不得撤销的具有救灾、扶贫、助残等公益、道德义务性质的赠与合同,不适用前款规定。所以对于已经完成的赠与以及具有公益性质的赠与,不能任意撤销。本案中对于已经完成的当年的赠与,不能撤销;未完成的部分,因具有公益性质也不能任意撤销。(本问融合作答会更加顺畅,可以更加精简)

8. 乙公司将房屋大规模出售,是否对 A、B 构成违约?A、B 如何救济?

参考答案:

(1)[结论] 构成预期违约。

[大前提]《民法典》第578条规定,当事人一方明确表示或者以自己的行为表明不履行合同义务的,对方可以在履行期限届满前请求其承担违约责任,此为预期违约。

[小前提] 乙公司大规模的融资与大量卖房的行为已经足以推定乙公司将不履行合同,可以认定其构成预期违约。

(2)[结论] 此时 A、B 可以主张违约责任,要求乙公司履行合同。经过催告后如其仍未履行,则可以主张解除合同,要求乙公司赔偿损失。并且由于本案中存在以股权为合同的履行做了担保,本质属于让与担保。

[大前提+小前提] 根据《民法典担保制度解释》第68、69条的规定,如乙公司无法履行房屋过户义务,则 A、B 两人可以主张拍卖乙公司的20%的股权,并以股权转让款在违约损害赔偿范围内主张优先受偿。

9. 自然人 F 取得房屋后,发现面积有误差、与合同约定不符,如何救济?可否向乙公司主张 3 倍的惩罚性赔偿?(此问背后的知识点已经被新的《最高人民法院关于审理商品房买卖合同纠纷案件适用法律若干问题的解释》删除,故考生无须把握)

参考答案:

(1)乙公司的行为构成欺诈,可以主张撤销合同,撤销合同后可以主张缔约过失责任;也可以不撤销合同,主张违约责任。

(2)面积误差的问题,看其误差有多大,如果误差的绝对值不超过3%,根据原《最高人民法院关于审理商品房买卖合同纠纷案件适用法律若干问题的解释》规定,只能主张多退少补,不能主张解除合同;如果误差绝对值超过3%,则既可以主张解除合同,要求返还已付房款和利息,赔偿损失,也可以主张继续履行合同,误差3%以内的部分多退少补。误差超过3%的部分,如果是大于约定面积,不可要求补房款;少于约定面积,可以要求双倍返还每平方米的差价。

(3)能否主张3倍惩罚性赔偿问题则存在不同观点。如果认为商品房也属于生活消费,则可以支持惩罚性赔偿,如果认为不宜将商品房认定为生活消费,则不能主张惩罚性赔偿。从实务来看,并不支持商品房适用《消费者权益保护法》,故本人认为不能主张3倍的惩罚性赔偿。

（开放作答，言之有理即可）

（从本题的设问可以判断出此问的答案内容较多，故为了答题的精炼程度，选择融合答法会比基础的三段论答法更好些）

10. 戊公司如何行使抵押权？如果丑为了自己的房产不被执行，代乙公司归还了1500万元债务，对子享有什么权利？

参考答案：

（1）根据《民法典》第392条的规定，戊公司行使抵押权没有顺序限制，可以直接就丑的房屋实现抵押权，也可以先要求子承担保证责任后再行使抵押权。根据《民法典》第410条第1、2款的规定，戊可以与丑协议以抵押财产折价或者以拍卖、变卖该抵押财产所得的价款优先受偿。抵押权人与抵押人未就抵押权实现方式达成协议的，抵押权人可以请求人民法院拍卖、变卖抵押财产。（因为有两个法条，所以不需要每个法条都去细致描述，必然有取舍，否则导致答题较为冗长）

（2）丑无权要求子追偿或者要求子承担保证责任，只能向债务人追偿。丑和子之间对担保责任的承担没有作出约定，彼此不知道彼此的存在，故根据《民法典担保制度解释》第13条的规定，其承担责任后不能进行追偿。又根据《民法典担保制度解释》第14条的规定，其承担担保责任后是在担保责任的范围内受让了债权人的债权，只是取得了债权人对债务人的权利，而不是取得了债权人所有的权利，对其他担保人并没有取得相应的权利。

（从本题的设问可以判断出此问的答案内容较多，故为了答题的精炼程度，选择融合答法会比基础的三段论答法更好些）

特别说明： 2020年的题目虽然只有10问，但这10问里面的连环问情形比较明显，故整体知识点的含量比较多，答题就需要精简化，故多问最后本书都采取大小前提融合作答，即以一边分析案情一边给出法条依据的方式进行展开，而非采取传统的三段论方式。这样在字数上比较精简。但这种处理方式一般不适合初学者，一般也是在答题会比较多时进行。正常情形下，依然建议使用三段论答法。

2019年主观卷第四题（回忆版）（本题52分）

案情： 甲公司与乙公司签订借款合同，约定由乙公司借给甲公司800万元。在债权履行期届满前，甲、乙公司又达成了一份以物抵债的协议，约定债务到期时如果甲公司不能履行，则用甲公司的办公大楼抵债，同时甲公司将办公楼交付给乙公司使用。甲公司的债权人丙公司得知该情况后，向法院主张撤销该抵债合同，因为甲公司的办公楼价值1.2亿元。乙主张甲公司还有充足的财产可以偿债，故不应支持丙公司的诉讼请求。

甲公司经营困难，为了筹钱，甲公司的股东张某将一张以自己为收款人的汇票质押给债权人王某融资，但该票据背书有"禁止转让"字样。张某将该票据交付给王某。李某在张某提供个人保证的情况下，也借贷给甲公司一笔资金。张某的妻子杨某对张某的借贷行为并不知情。

甲公司将自己的厂房出租给丁公司。但出租时厂房里面仍然有一些原料和半成品。丁公司见状将这些原料和半成品予以使用。后甲公司的债权人戊公司主张甲公司与丁公司物料混同，故而构成人格混同，要求丁公司承担连带责任。

甲公司从厚大轮胎公司购买一批轮胎，并将公司轮胎出卖给己公司。己公司支付了货款，但由于甲公司没有按期交付轮胎，己公司将其诉至法院。诉讼后甲公司交付了轮胎，但轮胎有严重质量问题，无法使用。于是己公司又起诉甲公司，要求解除轮胎买卖合同。另外，厚大轮胎公司要求甲公司付款遭到拒绝，双方发生争议，厚大轮胎公司将甲公司诉至法院，要求给付货款，并在诉讼中对甲公司提出了财产保全措施。

甲公司设立诸多全资子公司，并统一调配资金给子公司，甲公司资金周转不足时，便无偿调用子公司的资金，各子公司如果存在资金短缺，甲公司就在其所有全资子公司之间统一调度资金使用。甲公司与各子公司之间的账目不清。现因甲公司无法清偿债，债权人辛公司和庚公司申请甲公司及其全部子公司合并重整。

问题：

1. "以物抵债"协议效力如何？

参考答案：

[结论] 该协议不成立。

[大前提] 根据《九民纪要》的精神，履行期限届满前达成的以物抵债协议属于实践合同，如果抵债物尚未转移，则该协议不成立。

[小前提] 本题中该以物抵债协议就是在履行期限届满前达成的，并且不动产没有完成登记，没有转移所有权，故协议不成立。

2. 债权人丙公司申请撤销甲、乙公司之间的协议时，当事人的地位应当如何列明？

参考答案：

[结论] 原告为债权人丙公司，被告为甲公司，乙公司为无独立请求权的第三人。

[大前提] 债权人撤销的是债务人在负担债务后实施的不当处分财产的行为，故债务人为被告。但该行为会对受让人产生影响，受让人具有利害关系，故其为无独立请求权的第三人，人民法院可以追加。

[小前提] 本案属于债权人提起的撤销权诉讼，故原告为债权人丙公司，被告为债务人甲公司，乙公司为无独立请求权的第三人。

3. 案外人主张债务人有充足的资产是否构成阻碍撤销之诉的理由？

参考答案：

[结论] 构成。

[大前提] 根据《民法典》第539条的规定，债务人以明显不合理的低价转让财产、以明显不合理的高价受让他人财产或者为他人的债务提供担保，影响债权人的债权实现，债务人的相对人知道或者应当知道该情形的，债权人可以请求人民法院撤销债务人的行为。由此可知，必须是债务人的行为足以影响债权人债权实现。而如果能够证明债务人有足够的财产可以清偿债务，即可说明债务人的处分行为并不会对债权人的利益造成实质损害，即不满足债权人撤销权构成要件。

[小前提] 故案外人如果举证债务人有充足财产，则不会实质损害债权人利益，自然可以阻止债权人撤销权的行使。

4. 票据质权是否设立？为什么？

参考答案：

[结论] 出质行为无效，票据质权不设立。

[大前提] 根据《最高人民法院关于审理票据纠纷案件若干问题的规定》第52条的规定可知，出票人在票据上记载"不得转让"字样，其后手以此票据进行贴现、质押的，通过贴现、质押取得票据的持票人主张票据权利的，人民法院不予支持。

[小前提] 本案中，出票人记载了"不得转让"字样，则甲公司不得以该汇票进行质押，故票据质权不设立。

5. 王某能否主张借贷属于夫妻共同债务从而要求杨某承担责任？
参考答案：

[结论] 不可以。

[大前提] 根据《民法典》第1064条第2款的规定，夫妻一方在婚姻关系存续期间以个人名义超出家庭日常生活需要所负的债务，不属于夫妻共同债务；但是，债权人能够证明该债务用于夫妻共同生活、共同生产经营或者基于夫妻双方共同意思表示的除外。

[小前提] 本案中妻子杨某对张某以个人名义借贷并不知情，且张某的借贷是用于公司经营而非家庭生活，故该债务只属于张某的个人债务，杨某对此不承担责任。

6. 戊公司能否要求丁公司承担连带责任？
参考答案：

[结论] 不能。

[大前提] 根据《九民纪要》的精神，企业之间要构成人格混同，从而否认各法人之间的独立人格，则要求企业之间具有关联关系，进行关联交易，财产、账目、人员等多方面存在混同。

[小前提] 而本题中，甲、丁公司之间并没有特殊的关系，案情中只表明丁公司使用甲公司的物料，并没有其他方面的混同的体现，故尚未达到人格混同的地步，不宜轻易进行人格否认。

7. 己公司的起诉是否构成重复起诉？
参考答案：

[结论] 不构成。

[大前提] 根据《民诉解释》第247条第1款的规定，当事人就已经提起诉讼的事项在诉讼过程中或者裁判生效后再次起诉，同时符合下列条件的，构成重复起诉：①后诉与前诉的当事人相同；②后诉与前诉的诉讼标的相同；③后诉与前诉的诉讼请求相同，或者后诉的诉讼请求实质上否定前诉裁判结果。

[小前提] 本案中，己公司对甲公司的两次诉讼，一次是主张继续履行，一次是因出现新情况而主张解除合同。两个诉讼请求内容不相同，且该冲突的内容是由于出现了新的情况（轮胎质量问题），故不可认为后诉实质否认前诉，因此不宜认定为重复起诉。

8. 辛公司和庚公司能否向法院申请甲公司和全部子公司重整？
参考答案：

[结论] 能够申请甲公司和全部子公司合并重整。

[大前提] 根据《全国法院破产审判工作会议纪要》第32条的规定，当关联企业成员之间存在法人人格高度混同、区分各关联企业成员财产的成本过高、严重损害债权人公平清偿利益时，可例外适用关联企业实质合并破产方式进行审理。

[小前提] 本案中，"甲公司设立诸多全资子公司，并统一调配资金给子公司，甲公司资金周转不足时，便无偿调用子公司的资金"，表明甲公司与各个全资子公司账目混同，甲公司与各个子公司之间已构成法人人格高度混同，可例外适用关联企业实质合并破产方式进行审理。故债权人辛公司和庚公司能够申请对甲公司及其全资子公司进行合并重整。

9. 如果甲公司及其全部子公司可以合并重整，重整程序开始后，已经发生的民事诉讼如何处理？

参考答案：

[结论] 已经开始尚未终结的诉讼应当中止，诉讼中的保全措施应当解除。

[大前提] 根据《企业破产法》第 19 条的规定，人民法院受理破产申请后，有关债务人财产的保全措施应当解除，执行程序应当中止。又根据《企业破产法》第 20 条的规定，人民法院受理破产申请后，已经开始而尚未终结的有关债务人的民事诉讼或者仲裁应当中止；在管理人接管债务人的财产后，该诉讼或者仲裁继续进行。

[小前提] 本题中，涉及债务人的几个诉讼均在进行中，故应当中止，等待管理人接管财产后继续进行。厚大轮胎公司对债务人甲公司提出的诉讼保全也应当解除。

10. 如果甲公司及其全部子公司可以合并重整，对于债权人有什么影响？

参考答案：

[结论] 甲公司及其子公司（各关联企业）的债权人在同一程序中按照法定顺序公平受偿。

[大前提] 根据《全国法院破产审判工作会议纪要》第 36 条的规定，人民法院裁定采用实质合并方式审理破产案件的，各关联企业成员之间的债权债务归于消灭，各成员的财产作为合并后统一的破产财产，由各成员的债权人在同一程序中按照法定顺序公平受偿。

[小前提] 本案中，甲公司与其子公司合并重整的，其财产作为合并后统一的破产财产，由各成员的债权人在同一程序中按照法定顺序公平受偿。

2018 年主观卷第四题（回忆版）（本题 54 分）

案情： 开发商甲公司中标了某地块的开发权，遂与建设施工单位乙公司签订建设施工合同，约定由乙公司负责建筑施工，但甲公司未支付工程款项。后甲公司和乙公司经过协商又重新达成协议，约定将甲公司之前的欠款本金 8500 万元作为对乙公司的借款，乙公司以未完成的工程做抵押向银行贷款 2 亿元，甲公司偿还借款 5000 万元后剩余的 1.5 亿元作为资本继续开发，但甲公司的公章要交由乙公司保管，甲公司对外签订合同要经过乙公司同意。同时，甲、乙两公司约定，若发生争议，由 s 省 q 市仲裁委管辖。

乙公司拿到甲公司公章后，重新作了补充协议，且将约定的仲裁委改成 g 省 c 市仲裁委，并加盖了甲公司公章。后来乙公司以甲公司的名义与丁公司签订购货合同，并加盖了甲公司公章。后甲、乙公司发生争议，乙公司向 g 省 c 市提出仲裁申请，仲裁委受理，甲公司提出异议，g 省 c 市仲裁委认为仲裁协议有效，继续审理，并作出了裁决。甲公司向法院申请撤销仲裁裁决。

后甲公司欲与丙公司签订房屋销售委托合同，但其实与甲签订合同的为丙公司的原代表人崔某，且合同上只有法定代表人崔某的签名，没有加盖丙公司公章。实际上丙公司的法定代表人已经更换了，但是没有变更登记，甲公司的律师予以查询工商登记后就与原法定代表人崔某签订了销售合同。后甲公司因为丙公司销售状况不佳，欲向法院起诉以解除委托合同，一审判决丙公司败诉，丙公司不服提起上诉，在上诉中变更了诉讼请求，请求判决合同无效，并请求赔偿。

甲公司仍负债颇多，遂与丁签订了一个民间借贷合同，同时签订了房屋买卖合同，约定甲公司到期不还钱则将甲公司的一套房屋让与给出借人丁。后甲公司将该房屋过户给丁。

甲公司仍没钱向乙公司支付工程款[1]，乙公司遂停工。甲公司原计划房屋很快完工，完工出售后就能收回资金，结果因为乙公司停工，甲公司的计划无法实现，因此甲公司主张解除合同。甲公司与他人又签订了一个建设施工合同。

后甲公司的债权人均向甲公司主张债权，甲公司无法还债，债权人向 a 省 b 市法院提出破产申请，法院受理了申请。丁以公司的名义与甲签订了一份施工供料合同，货料已经装运上路，但尚未运到。丁得知法院受理破产后，就让承运人将货料运回。

问题：

1. 乙公司用甲公司公章签订补充协议的行为是否属于表见代理？为什么？

参考答案：

[结论] 不属于。

[大前提] 根据《民法典》第 172 条的规定，行为人没有代理权、超越代理权或者代理权终止后，仍然实施代理行为，相对人有理由相信行为人有代理权的，代理行为有效。

[小前提] 表见代理的前提是属于代理行为，而代理是典型的三方结构，本题中乙公司用甲公司公章签订补充协议，只是甲、乙公司之间的行为，并未涉及第三人。因此并非代理行为，更谈不上表见代理之说。

2. 若甲公司能证明仲裁协议是乙公司私自用甲公司公章盖的，g 省 c 市的仲裁协议是否有效？为什么？

参考答案：

[结论] 该仲裁协议无效。

[大前提]《仲裁法》第 4 条规定，当事人采用仲裁方式解决纠纷，应当双方自愿，达成仲裁协议。没有仲裁协议，一方申请仲裁的，仲裁委员会不予受理。该条确立了自愿仲裁原则。

[小前提] 本题中如果甲公司证明仲裁协议是乙公司私用甲公司的公章盖的，则说明甲公司并未自愿与乙达成由 g 省 c 市仲裁委仲裁的仲裁协议，也就是该仲裁协议并非甲公司真实的意思表示。该仲裁协议违背自愿仲裁原则，故而无效。

3. 甲公司是否可以申请撤销仲裁裁决，若甲公司要撤销仲裁裁决，应向哪个法院申请？

参考答案：

[结论 1+2] 甲公司可以申请撤销；甲公司应当向作出仲裁裁决的仲裁委员会所在地中级法院申请。

[大前提 1+2] 根据《仲裁法》第 58 条第 1 款的规定，当事人提出证据证明裁决有下列情形之一的，可以向仲裁委员会所在地的中级人民法院申请撤销仲裁裁决：①没有仲裁协议

---

[1] 指的是原来欠的没法按期偿还还是新产生的工程款费用，并不清楚，本题按照原欠的 8500 万元的那笔款项中的 3500 万元理解作答。如果是后续产生的，则因为满足同一双务合同而享有抗辩权。

的；……《最高人民法院关于适用〈中华人民共和国仲裁法〉若干问题的解释》第 18 条规定，《仲裁法》第 58 条第 1 款第 1 项规定的"没有仲裁协议"是指当事人没有达成仲裁协议。仲裁协议被认定无效或者被撤销的，视为没有仲裁协议。

[小前提 1] 本题中甲、乙公司之间的仲裁协议因违反真实自愿而无效。属于可以撤销的法定事由。因此甲公司可以申请撤销仲裁裁决。

[小前提 2] 根据《仲裁法》第 58 条第 1 款的规定，当事人可以向仲裁委员会所在地的中级人民法院申请撤销仲裁裁决，因此甲公司可向仲裁委员会所在地中级法院申请撤销仲裁裁决。

4. 甲公司与丙公司的合同是否无效？原法定代表人崔某的行为如何定性？为什么？

参考答案：

[结论] 有效。崔某的行为属于无权代表行为，但因第三人善意而应当由法人承担该行为后果。

[大前提]《民法典》第 61 条第 2 款规定，法定代表人以法人名义从事的民事活动，其法律后果由法人承受。《民法典》第 64 条规定，法人存续期间登记事项发生变化的，应当依法向登记机关申请变更登记。《民法典》第 65 条规定，法人的实际情况与登记的事项不一致的，不得对抗善意相对人。

[小前提] 甲公司法定代表人更换后并没有办理变更登记，丙公司为善意，因此崔某的代表行为应当由甲公司来承担。虽然没有盖公章，但是如为法定代表人的职务行为，公司不可以未盖公章而拒绝承担责任，故而甲、丙公司之间的合同为有效合同。

5. 甲公司是否有权解除与丙公司的委托合同？如果解除，丙公司是否有权要求损害赔偿，赔偿损失的范围是什么？

参考答案：

[结论] 可以解除，丙公司可以要求损害赔偿，损害赔偿的范围为因解除合同而给对方造成的直接损失和合同履行后可以获得的利益。

[大前提] 根据《民法典》第 933 条的规定，委托人或者受托人可以随时解除委托合同。因解除合同造成对方损失的，除不可归责于该当事人的事由外，无偿委托合同的解除方应当赔偿因解除时间不当造成的直接损失，有偿委托合同的解除方应当赔偿对方的直接损失和合同履行后可以获得的利益。

[小前提] 本题中甲、丙公司之间为有偿委托合同关系，则双方都享有任意解除权。甲公司行使任意解除权给丙公司造成的损失，丙公司有权要求赔偿。

6. 甲公司是否有权解除与乙公司的合同？为什么？

参考答案：

[结论] 有权。

[大前提]《民法典》第 543 条规定，当事人协商一致，可以变更合同。《民法典》第 563 条第 1 款规定，有下列情形之一的，当事人可以解除合同：……④当事人一方迟延履行债务或者有其他违约行为致使不能实现合同目的；……

[小前提] 本题中，甲、乙公司已经变更了合同，将甲公司对乙公司的工程款变更为乙公司对甲公司的借款。故而当甲公司无法支付工程款时，乙公司无合同抗辩权。因此乙公司的停

工行为构成根本违约，甲公司有权解除合同。（特别说明，因为是回忆版，故而此题也可能是甲公司无法支付剩余部分的工程款，也就是除了变更的 8500 万元之外的新的工程款，如果是因为这样而停工，则甲公司就无权解除合同，理由为乙公司的行为属于行使抗辩权的行为，不构成违约，则甲公司无法行使合同解除权。因为回忆版本的不精确，故而可能会出现不同的答案。）

7. 甲公司与出借人丁的房屋买卖合同能否视为一种物权担保？为什么？

参考答案：

[结论] 可以。

[大前提] 根据《民法典担保制度解释》第 63 条的规定，当事人订立的具有担保功能的合同，不存在法定无效情形的，应当认定有效。虽然合同约定的权利义务关系不属于物权法规定的典型担保类型，但是其担保功能应予肯定。如果该种担保动产完成交付、不动产完成登记，即视为担保物权，可以享有优先受偿权。

[小前提] 本案中甲公司与丁之间的买卖合同本质是先让与担保，因为已经办理登记，故而可以认定是担保物权，具有优先受偿权。

8. 若甲公司到期无法偿债，丁是否有权取得房屋的所有权？

参考答案：

[结论] 无权。

[大前提] 根据《民法典担保制度解释》第 68 条第 1、2 款的规定，债务人或者第三人与债权人订立合同，约定将财产形式上转让至债权人名下，债务人到期清偿债务，债权人将该财产返还给债务人或第三人，债务人到期没有清偿债务，债权人可以对财产拍卖、变卖、折价偿还债权的，人民法院应当认定合同有效。合同如果约定债务人到期没有清偿债务，财产归债权人所有的，人民法院应当认定该部分约定无效，但不影响合同担保部分的效力。当事人根据上述合同约定，已经完成财产权利变动的公示方式转让至债权人名下，债务人到期没有清偿债务，债权人请求确认财产归其所有的，人民法院不予支持，但债权人请求参照法律关于担保物权的规定对财产拍卖、变卖、折价优先偿还其债权的，人民法院依法予以支持。

[小前提] 由此可知，本题中丁无法获得房屋所有权。

9. 丙公司在二审中能否变更诉讼请求？为什么？

参考答案：

[结论] 二审法院不应准许原审原告变更诉讼请求，可告知其另行起诉。

[大前提]《民诉解释》第 326 条第 1 款规定，在第二审程序中，原审原告增加独立的诉讼请求或者原审被告提出反诉的，第二审人民法院可以根据当事人自愿的原则就新增加的诉讼请求或者反诉进行调解；调解不成的，告知当事人另行起诉。

[小前提] 因此丙公司不能在二审中变更诉讼请求。若二审对新增或变更诉讼请求作出裁判，则剥夺了当事人在"新变请求部分"的上诉权，损害当事人审级利益。

10. 若甲公司被受理破产后，a 省 b 市法院能否将债权人的诉讼交由其他法院管辖？

参考答案：

[结论] 不能。

[大前提]《企业破产法》第 3 条规定，破产案件由债务人住所地人民法院管辖。《企业破产法》第 21 条规定，人民法院受理破产申请后，有关债务人的民事诉讼，只能向受理破产申请的人民法院提起。《民事诉讼法》第 37 条规定了移送管辖、第 38 条规定了指定管辖、第 39 条规定了管辖权转移制度。

[小前提] 本案中 a 省 b 市法院是有管辖权的，因此不可移送管辖；因为未发生管辖权争议，也不能指定管辖。只可能在符合管辖权转移的情况下移送给上级法院或者下放给下级法院。但本题中并未交代管辖权转移的情形，因此 a 省 b 市法院不可将债权人的诉讼交给其他法院管辖。

11. 甲、乙公司之间有仲裁协议，现甲公司破产，法院已经受理破产时，双方的纠纷应由仲裁委管辖还是法院管辖？

参考答案：

[结论] 应当由仲裁委管辖。

[大前提]《最高人民法院关于适用〈中华人民共和国企业破产法〉若干问题的规定（三）》第 8 条规定，当事人之间在破产申请受理前订立有仲裁条款或仲裁协议的，应当向选定的仲裁机构申请确认债权债务关系。

[小前提] 本题就属于此种情况，故应当由仲裁委管辖。

12. 若乙公司将本金和利息分两次提起诉讼，是否属于重复起诉？

参考答案：

[结论] 不属于。

[大前提]《民诉解释》第 247 条规定："当事人就已经提起诉讼的事项在诉讼过程中或者裁判生效后再次起诉，同时符合下列条件的，构成重复起诉：①后诉与前诉的当事人相同；②后诉与前诉的诉讼标的相同；③后诉与前诉的诉讼请求相同，或者后诉的诉讼请求实质上否定前诉裁判结果。当事人重复起诉的，裁定不予受理；已经受理的，裁定驳回起诉，但法律、司法解释另有规定的除外。"

[小前提] 本案中乙公司基于同一合同关系两次起诉甲公司，"当事人"与"诉讼标的"两个要件是相同的，但换了一项法院并未裁判过的新诉讼请求，不符合上述第 3 项要件，故不构成重复起诉。

13. 乙公司对甲公司的工程房屋是否有优先权？为什么？如果有，优先权的范围是什么？

参考答案：

[结论 1+2] 有。建筑工程价款包括承包人为建设工程应当支付的工作人员报酬、材料款等实际支出的费用，不包括承包人因发包人违约所造成的损失。

[大前提 1]《民法典》第 807 条规定，发包人未按照约定支付价款的，承包人可以催告发包人在合理期限内支付价款。发包人逾期不支付的，除根据建设工程的性质不宜折价、拍卖外，承包人可以与发包人协议将该工程折价，也可以请求人民法院将该工程依法拍卖。建设工程的价款就该工程折价或者拍卖的价款优先受偿。

[小前提 1] 因此乙公司对甲公司的房屋有优先受偿权。

[大前提 2] 建筑工程价款包括承包人为建设工程应当支付的工作人员报酬、材料款等实际支出的费用，不包括承包人因发包人违约所造成的损失。

第一节　刑法学科规律分析

一、本科目主观题考查特点概述

刑法主观题有三大特点：考点集中、挖掘深入、综合性强。

（一）考点集中

所谓考点集中，是指客观题当中的知识点在主观题当中只有一部分可能会考查，而另一部分则无需复习。例如，总则中的刑法概述、罪数、刑罚论中的绝大多数内容，都不会在主观题的部分出现；在分则中，主观题可能涉及的知识点集中在人身犯罪和财产犯罪部分，有些年的考题可能涉及信用卡诈骗有关的犯罪、贪污贿赂犯罪、交通肇事罪等一些零散的罪名。

因此，总体而言，主观题在复习上考点集中，复习压力相对较小。

（二）挖掘深入

所谓挖掘深入，是指在主观题当中，对于人身犯罪、财产犯罪以及总则中一些重点理论的考查并不浮于知识点表面，而是涉及知识点背后的原理。例如，观点展示一直是刑法的特色之一，知识点的挖掘也是所有题型当中最深的。2018 年在刑法主观题当中就有观点展示题出现，历年也多次考查。

因此，对于刑法主观题的复习，不宜"多挖洞"，应该"深挖洞"，不仅要掌握知识，还要把握不同观点。

（三）综合性强

综合性强，刑法主观题在一题当中可能结合非常多的知识点，比如，因果关系、共犯、人身犯罪或财产犯罪中的特定知识综合考查，尤其是共同犯罪理论，可以和很多知识点结合考查。

因此，在应试技巧上，需要培养完善的体系感、逻辑体系以及建立完整的知识框架。

二、刑法主观题命题规律

（一）2008~2017 年司考时代考点展示

年　份	考　点	主要内容
2017 年	（1）绑架罪的既遂标准	绑架罪的既遂标准是控制。
	（2）绑架罪、非法拘禁罪共犯关系	绑架罪与非法拘禁罪可以在非法拘禁罪的范围内成立共同犯罪。

续表

年　份	考　点	主要内容
2017 年	（3）诈骗罪与敲诈勒索罪的想象竞合	一行为可能既触犯诈骗罪又触犯敲诈勒索罪，想象竞合。
	（4）故意与过失的认定	故意和过失的区分标准。
2016 年	（1）抢劫罪的对象	抢劫罪的对象能否包括财产性利益，此处考查不同观点。
	（2）诈骗罪的构成要件	诈骗罪的构成要件。
	（3）事前的故意	事前故意的处理方式，此处考查观点展示。
	（4）量刑规则观点展示	量刑规则：未遂处理的不同结论。
	（5）故意犯罪的成立	故意犯罪的成立必须对构成要件要素存在故意。
2015 年	（1）结果的提前实现	结果提前实现存在不同的观点展示。
	（2）信用卡诈骗罪与盗窃罪的关系	信用卡诈骗和盗窃罪在行为人对 ATM 机取钱前提下的区分。
	（3）帮助犯的脱离	帮助犯的脱离需要切断物理与心理因果。
	（4）掩饰、隐瞒犯罪所得、犯罪所得收益罪的行为方式	掩饰、隐瞒犯罪所得、犯罪所得收益罪的行为方式。
	（5）死者的占有观点展示	死者能否对财产有占有，此处考查观点展示。
2014 年	（1）贪污罪的既遂标准	贪污罪的既遂标准是取得财物。
	（2）受贿罪与单位行贿罪	受贿罪与行贿罪是对向犯。
	（3）自首的行为表现	自首的典型表现是自动投案，如实供述罪行。
	（4）掩饰、隐瞒犯罪所得、犯罪所得收益罪的行为方式	掩饰、隐瞒犯罪所得、犯罪所得收益罪的行为方式。
2013 年	（1）事后抢劫的成立条件	此处考查事后抢劫的成立条件。
	（2）假想防卫的成立条件	此处考查误以为有不法侵害的情况下成立假想防卫。
	（3）因果关系的判断标准	此处考查相当因果关系说判断。
	（4）介绍贿赂罪、行贿罪的区别	此处考查介绍贿赂罪的构成要件以及与其他相关罪名的关系。
	（5）侵占非法委托物的行为如何定性	侵占非法委托物的情况能否构成侵占罪存在争议，对于是否构成犯罪存在肯定说和否定说，此处考查该观点争议。
2012 年	（1）不作为犯罪的义务来源、因果关系的认定	此处考查不作为犯的义务来源判断以及相当因果关系说的运用。
	（2）教唆未遂	考查教唆未遂的概念和处罚原则。
	（3）非国家工作人员受贿罪的主体身份	非国家工作人员受贿罪的主体是公司、企业、单位的工作人员。
	（4）受贿罪与利用影响力受贿罪的关系	利用影响力受贿和受贿罪的不同存在于很多方面，其中利用影响力受贿罪的主体不是国家工作人员。

续表

年 份	考 点	主 要 内 容
2012 年	（5）贪污罪的共犯数额的认定	共同犯罪人对全部贪污数额承担责任。
2011 年	（1）妨害信用卡管理罪与信用卡诈骗罪的牵连关系	以虚假身份骗领信用卡构成妨害信用卡管理罪，使用以虚假的身份证明骗领的信用卡构成信用卡诈骗罪，二者是牵连关系。
	（2）故意的认定	长时间掐住别人脖子导致他人死亡的应当认定有杀人故意，成立故意杀人罪。
	（3）死者的占有观点展示	死者能否对财产成立占有，此处考查观点展示。
	（4）诈骗罪与敲诈勒索罪的想象竞合	一行为可能同时触犯诈骗罪与敲诈勒索罪，按照想象竞合犯处理。
	（5）自首、立功的认定	因为走投无路而投案的，属于自动投案，不影响自首的成立。犯罪分子将本人以往查办犯罪职务活动中掌握的，或者从负有查办犯罪、监管职责的国家工作人员处获取的他人犯罪线索予以检举揭发的，不能认定为有立功表现。
2010 年	（1）盗窃罪的对象	通过划拨手段将他人财物划入自己账户的构成盗窃罪。
	（2）事前故意的观点展示	事前故意的概念和不同处理结论。
	（3）诈骗罪与敲诈勒索罪的想象竞合	一行为可能既触犯诈骗罪又触犯敲诈勒索罪，想象竞合。
	（4）挪用公款罪的行为表现	挪用公款罪有三种情形，此处考查特定情况下是否符合该罪构成要件。
	（5）自首的成立要件	自首的典型表现是自动投案，如实供述罪行。
2009 年	（1）共同犯罪的成立要求具有意思联络	共同犯罪的成立前提是具有意思联络。
	（2）自首的成立要件	只有在案发后没有受到讯问、未被采取强制措施，自动投案如实供述自己的罪行的，才能成立自首。
	（3）信用卡诈骗罪的构成	冒用他人信用卡的成立信用卡诈骗罪。
	（4）事后抢劫罪的成立要件	此处考查事后抢劫的成立条件。
2008 年	（1）贪污罪与私分国有资产罪的区分	贪污罪与私分国有资产罪的区分在于利益的归属是多数人还是少数人。
	（2）行贿罪与单位行贿罪的区分	行贿罪与单位行贿罪的区分在于实质上是否是单位的行为、谋取单位利益。
	（3）受贿罪与提供虚假证明文件罪的关系	受贿又提供虚假证明文件的，依照处罚较重的规定定罪处罚。
	（4）共同犯罪与身份	身份犯中，正犯只能由有身份者构成。

续表

年　份	考　点	主要内容
2008 年 延考	（1）故意、过失、意外事件的认定	区分故意、过失和意外事件，需要考查认识因素和意志因素。
	（2）正当防卫的认定	考查正当防卫的条件。
	（3）想象竞合犯的处理	想象竞合犯按照从一重罪处罚的原则处理。

（二）2018~2021 年法考时代考点展示

年　份	考　点	主要内容
2021 年	（1）承继共犯	在他人敲诈勒索中途帮助其取得财物的，是按照敲诈勒索罪的共犯还是侵占罪认定？
	（2）转化抢劫	实施盗窃行为后误以为对方是所有权人使用暴力的，是否构成转化抢劫？
	（3）非法拘禁的转化犯	非法拘禁之后故意伤害的，是否需要数罪并罚？
	（4）中止与未遂的区分	看到子女在旁边放弃犯罪的，属于犯罪中止还是未遂？
2020 年	（1）盗伐林木罪、滥伐林木罪、故意毁坏财物罪的构成要件	随意砍伐他人林木的行为如何定性？
	（2）滥用职权罪和徇私枉法罪的区别	有监督职责的人看到他人违法行为不管的，应当认定为滥用职权罪还是徇私枉法罪？
	（3）行贿罪和受贿罪的方式	低价为他人提供服务、低价接受他人服务的是否构成行贿罪、受贿罪？
	（4）诈骗罪和敲诈勒索罪的关系	以虚构第三人为要挟索要财物的构成诈骗罪还是敲诈勒索罪？
	（5）转化抢劫的构成	盗窃之后以非暴力相威胁的是否转化为抢劫罪？
	（6）妨害公务罪的认定	妨害公务罪的构成要件是什么？
	（7）偶然防卫的处理	偶然防卫根据防卫意思需要说、防卫意思不要说、折衷说这三种不同观点分别如何处理？
	（8）正当防卫的成立	正当防卫的成立条件是什么？
2019 年	（1）共同犯罪的成立条件	有共谋的情况下，共谋者是否成立共同犯罪。
	（2）抢劫罪的行为方式	抢劫的行为方式有暴力、胁迫和其他方式，根据题目中的表述判断行为方式。
	（3）抢劫罪的加重情节	抢劫过程中导致他人死亡如何定性？
	（4）事前的故意	事前的故意如何处理？
	（5）贷款诈骗罪与骗取贷款罪的关系	贷款诈骗罪和骗取贷款罪如何区分？根据题目的表述判断成立贷款诈骗罪还是骗取贷款罪。

续表

年　份	考　点	主要内容
2019 年	（6）行贿罪的构成要件	行贿罪的构成要件是什么？
	（7）斡旋受贿的成立条件	斡旋受贿的成立条件是什么？和利用影响力受贿罪的区别是什么？
	（8）信用卡诈骗罪与财产犯罪的关系	冒用他人信用卡的行为如何界定？
	（9）故意杀人罪与故意伤害罪	故意杀人和故意伤害如何区分？在题目中如何根据表述进行判断？
	（10）敲诈勒索罪的构成要件	敲诈勒索罪的构成要件是什么？
	（11）自首和立功的认定	如何区分自首和立功？二者的成立条件分别是什么？
2018 年	（1）诈骗罪中有关处分意识的不同观点	诈骗罪当中的处分意识需要达到怎样的要求？此处考查不同观点。
	（2）非法拘禁与抢劫罪的区别	非法拘禁罪和抢劫罪的区别在于是否具有非法占有目的。
	（3）非法拘禁的加重情节	非法拘禁过程中导致他人死亡的是本罪的加重情节。
	（4）共同犯罪中责任的承担	此处考查教唆犯、集团首要分子的责任承担。

（三）司考时代及法考时代考查规律

1. 主观题中考查刑法的重点知识比较集中，比如共同犯罪、犯罪形态、抢劫罪、盗窃罪、贪污罪等，重者恒重，掌握好重点，这样才能做到不急不躁。

2. 刑法主观题会考查观点展示，比如，死者的占有问题、事实认识错误的问题、量刑规则的问题。因此，我们在日常备考的时候要格外注意有观点展示的知识点，对于这些知识点我们要掌握透彻、条理清晰，这样才能在考场上游刃有余。

3. 改革后考试现场会配备法条，但刑法的理论比法条更重要，因此只需要熟悉特定法条的位置即可，不宜在主观题复习中过于强调查阅法条的训练。

第二节　刑法解题思路与模板

刑法主观题当中最重要的两个能力是"涵摄能力"和"结构化能力"。①所谓"涵摄能力"，就是将题目中案情的表述转化为刑法中的专业问题。例如，当我们看到"甲乙共谋进入被害人的家中行抢"的时候，就要将"共谋"对应到刑法中的共犯问题，将"进入被害人的家中行抢"对应到抢劫罪当中入户抢劫的加重情形。②"结构化"是将相应的知识点对应到犯罪论的宏观体系当中，明确相应问题的体系性地位，进而解决问题。例如，当涉及共犯问题的时候，要联想到共犯问题最终解决的是结果归属问题；再如，判断着手时间点是为了区分预备和未遂。培养"涵摄能力"和"结构化能力"，有助于梳理清楚题目的逻辑线，精准应对问题，在考场上游刃有余。

一、刑法解题思路

(一) 阅读案例技巧

1. 阅读题目的时候，应该圈画出关键词句和关键点，比如"共谋""为了取财""导致他人死亡""入室"等，这样一方面可以加深读题的印象，另一方面可以不漏掉关键信息，在信息整合的时候更方便。

2. 读完材料后阅读材料后面的设问，明确题目基本考查哪些知识点。

3. 重新阅读案情中圈画出来的知识点，将案情中的关键词句涵摄对应到相应的知识点，并且明确相应知识点在犯罪论结构中的体系位置，为答题做好准备。

(二) 答案书写技巧

在寻找答案的思维过程中，按照"前提——结论"这样的顺序进行（或者循环往复），但在最后答题的时候，一定要按照"结论——前提"这样反过来的顺序进行书写。因为在答题时，我们是在展示成果，就需要让改卷老师先看见你的结论，这样能快速让他看到你的"得分点"。如果结论正确了，那么阅卷人才有更多时间来看你的说理部分。

二、刑法常见表述

常见刑法概念的表达

概 念		关键词	参考表述
不作为犯与因果关系	不作为犯	作为义务	行为人对受伤妻子有救助义务，构成不作为的故意杀人罪
	因果关系	介入因素异常/正常	周某自陷风险的行为属于异常介入因素，切断因果关系，行为人不对周某的死亡结果负责
正当防卫有关	正当防卫	不法侵害	行为人对正在发生的不法侵害，采取制止不法侵害的行为，没有超过必要限度，属于正当防卫
	假想防卫		行为人误以为有不法侵害而进行"防卫"的，属于假想防卫，不构成故意犯罪
	偶然防卫		行为人以加害的意思偶然造成了制止不法侵害的效果，属于偶然防卫
	防卫过当	必要限度	行为人的防卫行为超出了必要限度，属于防卫过当，成立故意伤害致人死亡
犯罪未完成形态	未 遂	实行阶段，客观原因	行为人在实行阶段因为客观原因未能得逞，属于犯罪未遂
	预 备	预备阶段，客观原因	行为人在预备阶段因为客观原因未能得逞，属于犯罪预备
	中 止	主观原因	行为人在预备/实行阶段因为主观原因放弃犯罪，属于犯罪中止

续表

概 念		关键词	参考表述
共同犯罪	成立 共同犯罪	轻罪范围内	甲和乙在非法拘禁的范围成立共同犯罪，甲有非法占有目的，成立绑架罪，乙没有非法占有目的，构成非法拘禁罪
	帮助犯	提供帮助	行为人为他人盗窃提供帮助，属于帮助犯，是从犯，应当从轻、减轻、免除处罚
	教唆犯	引起犯意	行为人引起他人盗窃的犯意，构成盗窃罪的教唆犯
	共犯脱离	切断物理因果 和心理因果	行为人切断对结果的物理因果和心理因果，属于共犯脱离，成立犯罪未遂/中止
	实行过限	超出故意	甲的行为超出乙的故意，属于实行过限，乙对此不负责
	片面共犯	暗　中	行为人在对方不知情的情况下暗中提供帮助，为片面帮助犯
	间接正犯	支　配	行为人支配他人的犯罪行为，属于间接正犯
罪　数	事后不可罚	缺乏期待可能性	行为人盗窃之后将财物毁坏的行为缺乏期待可能性，属于事后不可罚，不再另行定罪
	结果加重犯	致人死亡	行为人构成抢劫罪，且属于抢劫致人死亡
财产犯罪	盗窃罪	打破占有，建立占有	行为人打破他人占有，建立新的占有，构成盗窃罪
	抢劫罪	压制反抗，取得财物	行为人采用暴力/胁迫/其他方式压制他人反抗，取得财物，具有高度的人身危险性，构成抢劫罪
	诈骗罪	被害人处分	行为人虚构事实、隐瞒真相，使对方陷入认识错误处分财物，构成诈骗罪
	敲诈勒索罪	被害人处分	行为人采用恐吓的方法，使对方陷入恐惧处分财物，构成敲诈勒索罪
	转化型抢劫 （第269条）	前置罪名，为了抗拒抓捕，使用暴力/暴力相威胁	行为人盗窃之后为了抗拒抓捕使用暴力，转化为抢劫罪，且属于抢劫致人死亡
	侵占罪	变占有为所有	行为人将他人的财物变占有为所有，构成侵占罪/行为人将遗失物据为己有，构成侵占罪
	抢夺罪	对物暴力，对人危险	行为人对物使用暴力，对人产生危险，构成抢夺罪
人身犯罪	故意杀人罪	剥夺生命	行为人故意非法剥夺他人生命，构成故意杀人罪
	故意伤害罪	损害身体	行为人故意对他人身体/健康造成损害，构成故意伤害罪

续表

概 念		关键词	参考表述
人身犯罪	强奸罪	压制反抗，发生性关系	行为人采用暴力/胁迫/其他方式压制他人反抗，强行与他人发生性关系，构成强奸罪
	绑架罪	控制，非法占有目的	行为人有非法占有目的，控制他人，向第三人索要财物，构成绑架罪
	非法拘禁罪	剥夺自由（控制）	行为人剥夺他人人身自由，构成非法拘禁罪
	强制猥亵罪	性羞耻心	行为人强制侵犯他人性羞耻心，构成强制猥亵罪
贪污贿赂犯罪	贪污罪	侵吞，职务之便	行为人作为国家工作人员，利用职务之便，非法侵吞公共财物，构成贪污罪
	受贿罪	职务之便	行为人作为国家工作人员，利用职务之便，非法收受他人财物，为他人谋取利益，构成受贿罪
	利用影响力受贿罪	通 过	行为人作为非国家工作人员，通过其他国家工作人员职务上的行为，为请托人谋取不正当利益，收受他人财物，构成利用影响力受贿罪

刑法常见考点表达口诀：

不作为犯很好答，作为义务源自哪。
因果关系瞅一瞅，介入因素异常否。
正当防卫诸概念，不法侵害是关键。
预备中止与未遂，阶段原因相搭配。
引起犯意是教唆，脱离切断双因果。
超出故意为过限，暗中实施为片面。
间接正犯若遇到，支配利用随便挑。
表述盗窃重改变，打破占有又新建。
抢劫强奸好表达，压制反抗为了啥。
诈骗敲诈重处分，处分原因别搞混。
转化抢劫三要件，罪名目的写在前，
暴力暴力相威胁，加重情节接后面。
剥夺生命是杀人，绑架目的不能省。
拘禁核心在控制，猥亵侵犯性羞耻。
贪污受贿抓关键，利用职务之方便。
利用影响和斡旋，他人办事自收钱。

三、刑法答题模板

（一）复杂共犯问题，笼统设问

[特别提醒] 主观题当中大概率会考到共同犯罪的问题。共同犯罪问题的特点是：主体多、行为多、阶段多。在这种情况下，分析和答题的逻辑就非常重要了。一般来说，解

答这类复杂题目会有两种思路，一是按照行为人进行答题，二是按照时间线进行分析。当然到底采用哪一种方式，一方面要看按照题目设定哪一种逻辑更加顺畅，另一方面要看在答题时采用哪一种方式更加顺畅。

2017 年卷四第二题（本题 22 分）

案情： 甲生意上亏钱，乙欠下赌债，二人合谋干一件"靠谱"的事情以摆脱困境。甲按分工找到丙，骗丙使其相信钱某欠债不还，丙答应控制钱某的小孩以逼钱某还债，否则不放人。

丙按照甲所给线索将钱某的小孩骗到自己的住处看管起来，电告甲控制了钱某的小孩，甲通知乙行动。乙给钱某打电话："你的儿子在我们手上，赶快交50万元赎人，否则撕票！"钱某看了一眼身旁的儿子，回了句："骗子！"便挂断电话，不再理睬。乙感觉异常，将情况告诉甲。甲来到丙处发现这个孩子不是钱某的小孩而是赵某的小孩，但没有告诉丙，只是嘱咐丙看好小孩，并从小孩口中套出其父赵某的电话号码。

甲与乙商定转而勒索赵某的钱财。第二天，小孩哭闹不止要离开，丙恐被人发觉，用手捂住小孩口、鼻，然后用胶带捆绑其双手并将嘴缠住，致其机械性窒息死亡。甲得知后与乙商定放弃勒索赵某财物，由乙和丙处理尸体。乙、丙二人将尸体连夜运至城外掩埋。第三天，乙打电话给赵某，威胁赵某赶快向指定账号打款30万元，不许报警，否则撕票。赵某当即报案，甲、乙、丙三人很快归案。

问题：

请分析甲、乙、丙的刑事责任（包括犯罪性质即罪名、犯罪形态、共同犯罪、数罪并罚等），须简述相应理由。

解题思路：

1. 本题当中涉及的问题包括：甲、乙、丙分别如何定罪？意思联络情况如何？绑架罪的既遂标准是什么？绑错人会影响既遂吗？丙捂死被害人，甲、乙要不要承担责任？乙单独打电话给被害人索要钱财的行为成立敲诈勒索还是诈骗？

2. 具体关键词句与分析思路

本题可以按照时间线进行梳理，从文中圈画的关键词句如下：

（1）关键词句：合谋

专业术语：共同犯罪

（2）关键词句：骗丙使其相信钱某欠债不还

专业术语：部分犯罪共同说

（3）关键词句：恐被人发觉，用手捂住小孩口、鼻，然后用胶带捆绑其双手并将嘴缠住，致其机械性窒息死亡。

专业术语：故意杀人，共犯过限

（4）关键词句：钱某看了一眼身旁的儿子，回了句："骗子！"便挂断电话，不再理睬。

专业术语：未遂（绑架罪既遂标准）

（5）关键词句：（在小孩已经死掉的情况下）乙打电话给赵某，威胁赵某赶快向指定账号打款30万元。

专业术语：没有实际控制被害人的"假绑架"（诈骗与敲诈勒索的竞合）

参考答案：

1. 甲、乙构成绑架罪的共同犯罪。

甲与乙预谋绑架，并利用丙的不知情行为实施绑架，尽管丙误将赵某的小孩认作钱某的小孩非法拘禁，但是甲、乙借此实施索要钱某财物的行为，属于绑架他人为人质，进而勒索第三人的财物，符合绑架罪犯罪构成，构成绑架罪的共同犯罪。

2. 丙在非法拘禁罪的层面与甲、乙成立共同犯罪。

丙以为存在债务，因此没有非法占有目的，成立非法拘禁罪。三人在非法拘禁罪的层面成立共同犯罪。

3. 丙单独成立故意杀人罪。（此处回答过失致人死亡也可以算正确，在心态上是轻信过失）

丙在拘禁过程中怕被人发现，采用了非拘禁本身必要的方式导致被害人死亡，其心态至少是间接故意，另外成立故意杀人罪。由于甲、乙对此不知情，因此丙的杀人行为属于共犯过限，甲、乙不对死亡结果承担责任。

4. 甲、乙所犯绑架罪属于未遂，可以从轻或者减轻处罚。

虽然侵犯了赵某小孩的人身权利，但是没有造成钱某的担忧，没有侵犯也不可能侵犯到钱某的人身自由与权利，当然也不可能勒索到钱某的财物，所以是绑架罪未遂。

5. 乙构成敲诈勒索罪与诈骗罪的想象竞合犯，应当从一重罪论处。

在人质死亡的情况下，不存在"控制"可言，属于"假绑架"的情形。乙的行为构成敲诈勒索罪，同时构成诈骗罪。因为乙向赵某发出的是虚假的能够引起赵某恐慌、担忧的信息，同时具有虚假性质和要挟性质，因而构成敲诈勒索罪与诈骗罪的想象竞合犯，应当从一重罪论处，并与之前所犯绑架罪（未遂），数罪并罚。

[总结] 甲成立绑架罪（未遂）；乙成立绑架罪（未遂）、敲诈勒索罪与诈骗罪的想象竞合犯；丙成立非法拘禁罪、故意杀人罪（或过失致人死亡罪），数罪并罚。

2004 年卷四第六题（本题 25 分）

案情：甲男与乙男于 2004 年 7 月 28 日共谋入室抢劫某中学暑假留守女教师丙的财物。7 月 30 日晚，乙在该中学校园外望风，甲翻院墙进入校园内。甲持水果刀闯入丙居住的房间后，发现房间内除有简易书桌、单人床、炊具、餐具外，没有其他贵重财物，便以水果刀相威胁，喝令丙摘下手表（价值 2100 元）给自己。丙一边摘手表一边说："我是老师，不能没有手表。你拿走其他东西都可以，只要不抢走我的手表就行。"甲立即将刀装入自己的口袋，然后对丙说："好吧，我不抢你的手表，也不拿走其他东西，让我看看你脱光衣服的样子我就走。"丙不同意，甲又以刀相威胁，逼迫丙脱光衣服，丙一边顺手将已摘下的手表放在桌子上，一边流着泪脱完衣服。甲不顾丙的反抗强行摸了丙的乳房后对丙说："好吧，你可以穿上衣服了。"在丙背对着甲穿衣服时，甲乘机将丙放在桌上的手表拿走。甲逃出校园后与乙碰头，乙问抢了什么东西，甲说就抢了一只手表。甲将手表交给乙出卖，乙以 1000 元价格卖给他人后，甲与乙各分得 500 元。

问题：

请根据刑法规定与刑法原理，对本案进行全面分析。

解题思路：

1. 本题中涉及很多问题，包括共犯过限、犯罪中止、犯罪未遂、共犯从属性、财产犯罪中的关系等。甲和乙共谋实施犯罪，乙在外面望风，二人在共同犯罪中的角色如何确定？单独看甲的行为，其中途改变犯意让被害人脱光后强行摸其乳房的行为如何定性？对此，乙要不要负责？最后二人分钱的行为如何定性？

2. 本题的答题思路应当先分析二人构成共犯，然后从正犯入手分析正犯（实行者）构成的犯罪，最后再分析帮助犯需要负责的范围和具体罪名。

参考答案：

1. 甲、乙构成抢劫罪共犯。因二人有抢劫的共同故意和抢劫的共同行为。甲、乙的抢劫属于入户抢劫，因为丙的房间属于其生活的与外界相对隔离的住所；由于乙与甲共谋入户，甲事实上也实施了入户抢劫行为，所以乙虽没有入户，对乙也应适用入户抢劫的法定刑。

综合本案主客观方面的事实，可以认定甲为主犯，乙为从犯，对于从犯乙应当从轻、减轻或者免除处罚。

2. 关于正犯甲的行为

（1）甲的抢劫属于犯罪中止。因为在当时的情况下，甲完全能够达到抢劫既遂，但他自动放弃了抢劫行为；由于抢劫中止，行为没有造成任何损害，所以，对于甲的抢劫中止，应当免除处罚。

（2）甲逼迫丙脱光衣服并猥亵丙的行为，成立强制猥亵妇女罪（现为强制猥亵、侮辱罪）。

（3）甲乘机拿走丙手表的行为，成立盗窃罪。因为拿走手表的行为完全符合盗窃罪的构成要件。拿走手表已不属于抢劫罪中的强取财物的行为，因为甲最初虽然有抢劫手表的意思，但是在丙的哀求下已经放弃这个意图，事实上甲后来取得手表是趁丙穿衣服不注意的情况下取得，不属于因暴力、胁迫或其他方法压制或足以压制了被害人反抗而取得手表的情形。所以，不能将取得手表的事实评价在抢劫罪中，而应另认定为盗窃罪。

3. 关于帮助犯乙的行为

（1）乙的抢劫属于犯罪未遂。一方面，不能因为甲事实上取得了手表，就认定乙抢劫既遂，因为该手表并非甲抢劫既遂所得的财物；另一方面，乙并没有自动放弃自己的抢劫行为，甲的中止行为对于乙来说，属于意志以外的原因。根据刑法规定，对于未遂犯乙，可以比照既遂犯从轻或者减轻处罚。

（2）乙的行为成立盗窃罪。虽然乙并不明知甲会盗窃财物，但二人的抢劫合意里面已经包括了盗窃罪。

（3）乙对甲的猥亵行为不知情，合意中也没有猥亵，因此乙的行为也不成立强制猥亵妇女罪（现为强制猥亵、侮辱罪）的共犯。

（4）乙将手表卖与他人的行为不成立掩饰隐瞒犯罪所得罪。因为乙的行为本身已经构成盗窃罪，销售赃物的行为属于事后不可罚。

（二）复杂问题，逐个设问

[特别提醒] 2018年的考题就是采用了这种设问模式。分别设问的题目相对整体设问的题目更加容易，因为题干本身会将关键点设置好，因此，考生不需要结合整体把握题目的核心思想，安排答题的框架和逻辑。相反，只要根据题目本身的设问一一回答即可。这类题目考查的主要能力是对知识点的反应能力。尤其要注意的是，此类问题由于答案比较分散，应该先写结论再做分析。

2016 年卷四第二题（本题 22 分）

案情：赵某与钱某原本是好友，赵某受钱某之托，为钱某保管一幅名画（价值 800 万元）达 3 年之久。某日，钱某来赵某家取画时，赵某要求钱某支付 10 万元保管费，钱某不同意。赵某突然起了杀意，为使名画不被钱某取回进而据为己有，用花瓶猛砸钱某的头部，钱某头部受重伤后昏倒，不省人事，赵某以为钱某已经死亡。刚好此时，赵某的朋友孙某来访。赵某向孙某说"我摊上大事了"，要求孙某和自己一起将钱某的尸体埋在野外，孙某同意。

二人一起将钱某抬至汽车的后座，由赵某开车，孙某坐在钱某身边。开车期间，赵某不断地说"真不该一时冲动"，"悔之晚矣"。其间，孙某感觉钱某身体动了一下，仔细察看，发现钱某并没有死。但是，孙某未将此事告诉赵某。到野外后，赵某一人挖坑并将钱某埋入地下（致钱某窒息身亡），孙某一直站在旁边没做什么，只是反复催促赵某动作快一点。

一个月后，孙某对赵某说："你做了一件对不起朋友的事，我也做一件对不起朋友的事。你将那幅名画给我，否则我向公安机关揭发你的杀人罪行。" 3 日后，赵某将一幅赝品（价值 8000 元）交给孙某。孙某误以为是真品，以 600 万元的价格卖给李某。李某发现自己购买了赝品，向公安机关告发孙某，导致案发。

问题：

1. 关于赵某杀害钱某以便将名画据为己有这一事实，可能存在哪几种处理意见？各自的理由是什么？

2. 关于赵某以为钱某已经死亡，为毁灭罪证而将钱某活埋导致其窒息死亡这一事实，可能存在哪几种主要处理意见？各自的理由是什么？

3. 孙某对钱某的死亡构成何罪（说明理由）？是成立间接正犯还是成立帮助犯（从犯）？

4. 孙某向赵某索要名画的行为构成何罪（说明理由）？关于法定刑的适用与犯罪形态的认定，可能存在哪几种观点？

5. 孙某将赝品出卖给李某的行为是否构成犯罪？为什么？

解题思路：

1. 本题中，通过阅读材料要弄清楚，赵某、孙某分别干了什么？赵某保管别人的名画，使用暴力拒不归还，导致钱某窒息死亡。孙某在掩埋尸体的过程中，发现被害人并未死亡，但没有告诉赵某真相。孙某以赵某干了一件坏事来恐吓赵某索取名画，事后以为是真品而卖给李某。

2. 归纳完有效信息之后，立即结合问题思考：赵某保管别人的名画，使用暴力拒不归还，导致钱某窒息死亡。成立抢劫罪还是侵占罪和故意杀人罪？有没有事前的故意？有没有观点展示？孙某明知钱某未死而没有告诉赵某成立间接正犯？帮助犯？孙某本以为名画价值 800 万元恐吓赵某交出名画的行为如何定性？孙某误以为是真品卖给李某的行为成立诈骗罪吗？

问题：

1. 关于赵某杀害钱某以便将名画据为己有这一事实，可能存在哪几种处理意见？各自的理由是什么？

参考答案：

关于赵某杀害钱某以便将名画据为己有这一事实，可能存在两种处理意见：

（1）认定为侵占罪与故意杀人罪，实行数罪并罚。

理由是，赵某已经占有了名画，不可能对名画实施抢劫行为，杀人行为同时使得赵某将名画据为己有，所以，赵某对名画（委托物）成立侵占罪，对钱某的死亡成立故意杀人罪。

（2）认定成立抢劫罪一罪。

理由是，赵某杀害钱某是为了使名画不被返还，钱某对名画的返还请求权是一种财产性利益，财产性利益可以成为抢劫罪的对象，所以，赵某属于抢劫财产性利益。

2. 关于赵某以为钱某已经死亡，为毁灭罪证而将钱某活埋导致其窒息死亡这一事实，可能存在哪几种主要处理意见？各自的理由是什么？

参考答案：

赵某以为钱某已经死亡，为毁灭罪证而将钱某活埋导致其窒息死亡，属于事前故意。对此现象的处理，主要有两种观点：

（1）将赵某的前行为认定为故意杀人未遂（或普通抢劫），将后行为认定为过失致人死亡，对二者实行数罪并罚或者按想象竞合处理。

理由是，毕竟是因为后行为导致死亡，但行为人对后行为只有过失且前行为虽为故意但实际上并未导致死亡后果。

（2）应认定为故意杀人既遂一罪（或故意的抢劫致人死亡，即对死亡持故意一罪）。

理由是，前行为与死亡结果之间的因果关系并未中断，前行为与后行为具有一体性，两行为共同致人死亡，故意不需要存在于实行行为的全过程。

3. 孙某对钱某的死亡构成何罪（说明理由)？是成立间接正犯还是成立帮助犯（从犯)？

参考答案：

[结论]孙某对钱某的死亡构成故意杀人罪。

（1）倘若在前一问题上认为赵某成立故意杀人未遂（或普通抢劫）与过失致人死亡罪，那么，孙某就是利用过失行为实施杀人的间接正犯。

（2）倘若在前一问题上认为赵某成立故意杀人既遂（或故意的抢劫致人死亡即对死亡持故意），则孙某成立故意杀人罪的帮助犯（从犯）。

孙某明知钱某没有死亡，却催促赵某动作快一点，显然具有杀人故意，客观上对钱某的死亡也起到了作用。即使认为赵某对钱某成立抢劫致人死亡，但由于孙某不对抢劫负责，也只能认定为故意杀人罪。

4. 孙某向赵某索要名画的行为构成何罪（说明理由)？关于法定刑的适用与犯罪形态的认定，可能存在哪几种观点？

参考答案：

[结论]孙某索要名画的行为构成敲诈勒索罪。

《刑法》第274条规定，敲诈勒索公私财物，数额较大或者多次敲诈勒索的，处3年以下有期徒刑、拘役或者管制，并处或者单处罚金；数额巨大或者有其他严重情节的，处3年以上10年以下有期徒刑，并处罚金；数额特别巨大或者有其他特别严重情节的，处10年以上有期徒刑，并处罚金。司法解释规定，敲诈勒索公私财物价值2000元至5000元以上、3万元至10

万元以上、30 万元至 50 万元以上的，应当分别认定为《刑法》第 274 条规定的"数额较大""数额巨大""数额特别巨大"。

理由是，孙某的行为完全符合本罪的构成要件，因为利用合法行为使他人产生恐惧心理的也属于敲诈勒索。

（1）一种观点是，对孙某应当按 800 万元适用数额特别巨大的法定刑，同时适用未遂犯的规定，并将取得价值 8000 元的赃品的事实作为量刑情节，这种观点将数额巨大与特别巨大作为加重构成要件。

（2）另一种观点是，对孙某应当按 8000 元适用数额较大的法定刑，认定为犯罪既遂，不适用未遂犯的规定，这种观点将数额较大视为单纯的量刑因素或量刑规则。

5. 孙某将赃品出卖给李某的行为是否构成犯罪？为什么？

参考答案：

［结论］孙某出卖赃品的行为不构成诈骗罪，因为孙某以为出卖的是名画，不具有诈骗故意。

《刑法》第 266 条规定，诈骗公私财物，数额较大的，处 3 年以下有期徒刑、拘役或者管制，并处或者单处罚金；数额巨大或者有其他严重情节的，处 3 年以上 10 年以下有期徒刑，并处罚金；数额特别巨大或者有其他特别严重情节的，处 10 年以上有期徒刑或者无期徒刑，并处罚金或者没收财产。《刑法》另有规定的，依照规定。司法解释规定，诈骗公私财物价值 3000 元至 1 万元以上、3 万元至 10 万元以上、50 万元以上的，应当分别认定为《刑法》第 266 条规定的"数额较大""数额巨大""数额特别巨大"。

2013 年卷四第二题 （本题 22 分）

案情： 甲与余某有一面之交，知其孤身一人。某日凌晨，甲携匕首到余家盗窃，物色一段时间后，未发现可盗财物。此时，熟睡中的余某偶然大动作翻身，且口中念念有词。甲怕被余某认出，用匕首刺死余某，仓皇逃离。（事实一）

逃跑中，因身上有血迹，甲被便衣警察程某盘查。程某上前拽住甲的衣领，试图将其带走。甲怀疑遇上劫匪，与程某扭打。甲的朋友乙开黑车经过此地，见状停车，和甲一起殴打程某。程某边退边说："你们不要乱来，我是警察。"甲对乙说："别听他的，假警察该打。"程某被打倒摔成轻伤。（事实二）

司机谢某见甲、乙打人后驾车逃离，对乙车紧追。甲让乙提高车速并走"蛇形"，以防谢某超车。汽车开出 2 公里后，乙慌乱中操作不当，车辆失控撞向路中间的水泥隔离墩。谢某刹车不及撞上乙车受重伤。赶来的警察将甲、乙抓获。（事实三）

在甲、乙被起诉后，甲父丙为使甲获得轻判，四处托人，得知丁的表兄刘某是法院刑庭庭长，遂托丁将 15 万元转交刘某。丁给刘某送 15 万元时，遭到刘某坚决拒绝。（事实四）

丁告知丙事情办不成，但仅退还丙 5 万元，其余 10 万元用于自己炒股。在甲被定罪判刑后，无论丙如何要求，丁均拒绝退还余款 10 万元。丙向法院自诉丁犯有侵占罪。（事实五）

问题：

1. 就事实一，对甲的行为应当如何定性？理由是什么？
2. 就事实二，对甲、乙的行为应当如何定性？理由是什么？

3. 就事实三，甲、乙是否应当对谢某重伤的结果负责？理由是什么？

4. 就事实四，丁是否构成介绍贿赂罪？是否构成行贿罪（共犯）？是否构成利用影响力受贿罪？理由分别是什么？

5. 就事实五，有人认为丁构成侵占罪，有人认为丁不构成侵占罪。你赞成哪一观点？具体理由是什么？

解题思路：

1. 通过阅读材料要弄清楚，甲、乙、丙分别干了什么？甲偷完东西以为被害人醒来，刺死了被害人余某，甲和乙误以为程某是假警察实施了伤害行为，再接着被谢某追，失控撞向路中间的水泥隔离墩，谢某受重伤。丙爱子心切，欲托人贿赂司法工作人员，但是司法工作人员没有收钱，中间人丁欲私吞部分"贿赂款"。

2. 归纳完有效信息之后，立即结合问题思考：甲杀害被害人余某的行为成立抢劫罪，还是盗窃罪与故意杀人罪数罪并罚？甲、乙误以为程某是假警察而实施伤害行为属于故意伤害？假想防卫？谢某受重伤与甲、乙的行为有无刑法上的因果关系？丁受丙委托给付司法工作人员刘某财物的行为成立行贿罪？介绍贿赂罪？利用影响力受贿罪？事情未成不归还丙10万元的行为成立侵占罪？刘某拒绝接受别人财物的行为对行贿人的行贿行为有何影响？

问题：

1. 就事实一，对甲的行为应当如何定性？理由是什么？

参考答案：

［结论］甲携带凶器盗窃、入户盗窃，应当成立盗窃罪，与故意杀人罪并罚。

转化抢劫中的暴力行为是作为压制财物占有人反抗的手段而使用的，否则只能视情况单独定罪。在盗窃过程中，为窝藏赃物、抗拒抓捕、毁灭罪证而当场使用暴力的，才能定抢劫罪。甲并非出于上述目的，因而不应认定为抢劫罪。在本案中，被害人并未发现罪犯的盗窃行为，并未反抗；甲也未在杀害被害人后再取得财物，故对甲的行为应以盗窃罪和故意杀人罪并罚，不能对甲定抢劫罪。

2. 就事实二，对甲、乙的行为应当如何定性？理由是什么？

参考答案：

［结论］甲、乙的行为系假想防卫。假想防卫视情况成立过失犯罪或意外事件。

在本案中，甲、乙在程某明确告知其是警察的情况下，仍然对被害人使用暴力，主观上有过失。但是，过失行为只有在造成重伤结果的场合，才构成犯罪。甲、乙仅造成轻伤结果，因此，对于事实二，甲、乙均无罪。

3. 就事实三，甲、乙是否应当对谢某重伤的结果负责？理由是什么？

参考答案：

［结论］不应该。

在被告人高速驾车走蛇形和被害人重伤之间，介入被害人的过失行为（如对车速的控制不当等）。谢某的重伤与甲乙的行为之间，仅有条件关系，从规范判断的角度看，是谢某自己驾驶的汽车对乙车追尾所造成，该结果不应当由甲、乙负责。

4. 就事实四，丁是否构成介绍贿赂罪？是否构成行贿罪（共犯）？是否构成利用影响力受贿罪？理由分别是什么？

参考答案：

[结论] 不构成介绍贿赂罪，构成行贿罪（未遂）共犯，不构成利用影响力受贿罪。

（1）丁没有在丙和法官刘某之间牵线搭桥，没有促成行贿受贿事实的介绍行为，不构成介绍贿赂罪；

（2）丁接受丙的委托，帮助丙实施行贿行为，构成行贿罪（未遂）共犯；

（3）丁客观上并未索取或者收受他人财物，主观上并无收受财物的意思，不构成利用影响力受贿罪。

5. 就事实五，有人认为丁构成侵占罪，有人认为丁不构成侵占罪。你赞成哪一观点？具体理由是什么？

参考答案：

（1）如果认为构成，可以答以下理由：

❶ 丁将代为保管的他人财物非法占为己有，数额较大，拒不退还，完全符合侵占罪的犯罪构成；

❷ 无论丙对 10 万元是否具有返还请求权，10 万元都不属于丁的财物，因此该财物属于"他人财物"；

❸ 虽然民法不保护非法的委托关系，但刑法的目的不是确认财产的所有权，而是打击侵犯财产的犯罪行为，如果不处罚侵占代为保管的非法财物的行为，将可能使大批侵占赃款、赃物的行为无罪化，这并不合适。

（2）如果回答不构成，可以答以下理由：

❶ 10 万元为贿赂款，丙没有返还请求权，该财物已经不属于丙，因此，丁没有侵占"他人的财物"；

❷ 该财产在丁的实际控制下，不能认为其已经属于国家财产，故该财产不属于代为保管的"他人财物"。据此，不能认为丁虽未侵占丙的财物，但侵占了国家财产。

❸ 如认定为侵占罪，会得出民法上丙没有返还请求权，但刑法上认为其有返还请求权的结论，刑法和民法对相同问题会得出不同结论，法律秩序的统一性会受到破坏。

（三）观点论述题

[特别提醒]

1. 由于观点展示是刑法的特色，在备战刑法的时候尤其需要重视。

2. 应对这类题目，需要先明确结论，然后分别论述理由。

2021 年主观延考卷第二题（回忆版）（本题 29 分）

问题 1：

甲敲诈勒索乙，威胁公布其隐私，乙按照甲的要求将 10 万元放在垃圾桶。甲告知丙真相，丙去取来 10 万元现金，两人平分。对于本案有两种观点：第一种观点认为，丙构成敲诈勒索罪；第二种观点认为，丙构成侵占罪。请分别为两种观点论述理由。

问题 2：

甲入户盗窃一台笔记本电脑，下楼时遇到乙，为了窝藏赃物，将乙打成轻伤，实际上乙是来发小广告的，不知道甲的罪行。对于本案有两种观点：第一种观点认为，甲构成事后抢劫；第二种观点认为，甲构成故意伤害罪、盗窃罪。请分别为两种观点论述理由。

问题3：

甲为了索取债务，和乙一起非法拘禁丙。丙表示不还钱，甲和乙一起商量并砍掉丙的大拇指（重伤）。有观点认为，甲和乙仅构成故意伤害罪。你赞成还是反对这个观点？请说明理由。

问题4：

甲和乙系夫妻，甲犯罪，乙劝其自首，不然离婚并带走小孩。甲勒住乙的脖子，欲杀死乙，乙大声呼救，两个小孩过来。甲觉得在小孩面前杀死乙不合适，遂松开乙，乙仅构成轻微伤。甲构成犯罪未遂还是犯罪中止？请说明理由。

参考答案：

问题1：（8分）

第一种观点认为，甲以恶害通告，使对方陷入恐惧处分财物，构成敲诈勒索罪。（2分）丙在甲敲诈勒索过程中加入甲的犯罪中，属于承继共犯。（2分）因此丙对甲的全部行为负责，认定为敲诈勒索罪。

第二种观点认为，丙只参与了甲的部分犯罪行为，因此只对参与后的行为负责。（2分）被害人将财物置于垃圾桶，已经失去占有，丙变占有为所有，构成侵占罪。（2分）

问题2：（7分）

第一种观点认为，甲犯盗窃罪，之后为了抗拒抓捕使用暴力，即使发生了对象错误，也转化为抢劫罪（2分），且属于入户抢劫，加重处罚（1分）。

第二种观点认为，甲使用暴力的对象并非财物的所有人或者占有人，因此在客观上不属于"抗拒抓捕"，因此不属于转化抢劫。（2分）甲在盗窃之后损害他人身体健康，导致轻伤的结果，构成故意伤害罪，数罪并罚。（2分）

问题3：（7分）

我不赞同这样的观点（1分），因为甲先后实施了两个行为：先控制他人，构成非法拘禁罪，之后损害他人身体健康，导致他人重伤结果，应当以非法拘禁罪和故意伤害罪数罪并罚。（3分）这种情况不宜认定为"使用暴力致人重伤"的转化情节，因为没有理由将原本应当数罪并罚的情形拟制为更轻的故意伤害一罪。（3分）（该回答共7分）

或回答：

我赞同这样的观点（1分），因为根据法律规定，非法拘禁使用暴力致人重伤的，转化为故意伤害罪（3分）。因此行为人先控制他人，后来使用暴力导致他人重伤的，应当认定为故意伤害致人重伤。（2分）（该回答共6分）

问题4：（7分）

我认为是犯罪未遂（1分）。甲在孩子发现其杀妻行为的情况下放弃杀人，从一般伦理角度属于不能达成既遂的重大事由（3分），因此行为人在不能得逞的情况下不得已停止犯罪，属于犯罪未遂，从宽处罚（3分）。（该回答7分）

或回答：

我认为是犯罪中止（1分）。甲的犯罪行为仅是被孩子，即一般公民发觉，客观上并非可以导致犯罪不能得逞的重大事由（3分），因此行为人在能得逞的情况下放弃犯罪，属于实行阶段中止（2分）。（该回答6分）

四、真题模板套用示例

2021 年主观卷（回忆版）（本题 31 分）

问题 1：甲为了不还债，侵入被害人家中直接杀人，应当如何处理？写出两种不同观点。

问题 2：甲用低档白酒冒充高档白酒，是否应以销售假冒伪劣产品罪论处？写出两种不同观点。

问题 3：甲偷走被害人手机，将支付宝绑定的银行卡中的 3 万元转入被害人支付宝，又到商场消费，甲是信用卡诈骗还是盗窃罪？写出两种不同观点。

问题 4：甲侵入住宅，家里有个 5 岁小孩，甲为了取得财物，对小孩说："不要出声，不然打你头哦。"之后取得财物，甲是抢劫还是盗窃？写出两种不同观点。

参考表达：

问题 1：（12 分）

第一种观点认为，财产性利益可以成为抢劫罪的对象（2 分），则甲以杀人的手段使得对方债权消灭，属于抢劫致人死亡，且属于入户抢劫（2 分），加重处罚（2 分）。

第二种观点认为，财产性利益不能成为抢劫罪的对象（2 分），则甲非法剥夺他人生命，构成故意杀人罪（2 分），之后使得债权消灭，构成侵占罪（2 分），数罪并罚。

问题 2：（7 分）

第一种观点认为，"伪劣产品"不一定是不同种的产品，用低档白酒冒充高档白酒属于"以次充好"的情况（2 分），甲构成销售假冒伪劣产品罪（2 分）。

第二种观点认为，"伪劣产品"不能包括同类产品（2 分），用低档白酒冒充高档白酒不属于"以次充好"的情况，不构成销售假冒伪劣产品罪（1 分）。

问题 3：（6 分）

第一种观点认为，与银行卡绑定的支付宝内的财物也属于信用卡内的财物（2 分），行为人冒用他人信用卡，构成信用卡诈骗罪（1 分）。

第二种观点认为，虽然支付宝内的财物与银行卡绑定，但甲的行为没有侵害金融管理秩序（2 分），因此甲的行为不构成信用卡诈骗罪（1 分）。

问题 4：（6 分）

第一种观点认为，抢劫罪中"压制反抗"需要实际上压制他人反抗，据此，幼儿不能成为被压制反抗的对象（2 分），行为人仅构成盗窃罪（1 分）。

第二种观点认为，抢劫罪中"压制反抗"只需要可能压制他人反抗（2 分）。据此，甲的行为达到了压制一般人反抗的程度，就可以构成抢劫罪。（1 分）

2019 年主观卷（回忆版）（本题 35 分）

案情：1995 年 7 月，在甲市生活的洪某与蓝某共谋抢劫，蓝某事前打探了被害人赵某的行踪后，二人决定在同年 7 月 13 日晚 20 点拦路抢劫赵某的财物。当晚 19 点 55 分，洪某到达了现场，但没有发现蓝某，赵某出现后，洪某决定独自抢劫赵某。于是，洪某使用事先准备的凶器，击打赵某的后脑部，导致赵某昏倒在地不省人事，蓝某此时到达了现场，与洪某一并从赵某身上和提包中找出价值 2 万余元的财物。随后蓝某先离开了现场，洪某以为赵某已经死亡，便将赵某扔到附近的水库，导致赵某溺死（经鉴定赵某在死亡前头部受重伤），公安机关一直未能破案，洪某逃至乙市，化名在某保险公司做保险代理。（事实一）

2006年9月，洪某被保险公司辞退后回到甲市，由于没有经济来源，洪某打算从事个体经营。洪某使用虚假的产权证明作担保，从A银行贷款30万元用于经营活动，但由于经营不善而亏损。为了归还贷款，洪某想通过租车用于质押骗取他人借款。洪某从B汽车租赁公司员工钱某那里得知，所有的汽车都装有GPS系统，如果租车人没有按时归还，B公司就会根据GPS定位强行将汽车收回。洪某心想，即使自己欺骗了B公司，租期届满时B公司也会将汽车收回，因而不会有财产损失。于是，洪某于2017年3月12日以真实身份与B公司签订了租车协议，从B公司租了一辆奥迪车，约定租车一周，并在租车时交付了租金。租到车后，洪某伪造了车辆行驶证与购车发票，找到C小贷公司借款50万元，孙某信以为真，将奥迪车留在公司（但没有办理质押手续），借给洪某50万元。洪某归还了A银行的30万元贷款本息，一周后，B公司发现洪某没有归还车辆，便通过GPS定位找到车辆，并将车辆开回。孙某发现自己上当后报警。（事实二）

公安机关以洪某犯诈骗罪为由在网上通缉洪某。洪某看到通缉后，得知公安机关并没有掌握自己1995年的犯罪事实，便找到甲市环保局副局长白某，请白某向公安局领导说情，并给白某5万元现金，白某向公安局副局长李某说情时，李某假装答应大事化小，同时从白某处打听到洪某的藏身之处。随后，李某带领公安人员抓获了洪某。洪某到案后，如实供述了自己对C小贷公司的诈骗事实，但否认自己对B公司构成合同诈骗罪，也没有交代1995年的犯罪事实，但主动交代了公安机关尚未掌握的另一起犯罪事实，并且检举了黄某与程某的一起犯罪事实。（事实三）

洪某主动交代的另一起犯罪事实是：2016年10月5日，洪某潜入某机关办公室，发现办公桌内有一个装有现金的信封，便将信封和现金一起盗走。次日，洪某取出信封中的现金（共8000元）时，意外发现信封里还有一张背面写着密码的银行卡。于是，洪某就对其妻青某说："我捡了一张银行卡，你到商场给自己买点衣服去吧！"青某没有去商场购买衣服，而是用银行卡从自动取款机里取出了4万元现金，但没有将此真相告诉洪某。（事实四）

洪某检举的犯罪事实，是其与程某喝酒时由酒后的程某透露出来的：黄某雇请程某伤害黄某的前妻周某，声称只要将周某手臂砍成轻伤就行，程某表示同意，黄某预付给程某10万元，并许诺事成后再给20万元。程某跟踪周某后，威胁周某说："有人雇我杀你，如果你给我40万元，我就不杀你了，否则我就杀了你。"周某说："你不要骗我，我才不相信呢！"程某为了从黄某那里再得到20万元，于是拿出水果刀砍向周某的手臂。周某以为程某真的杀害自己，情急之下用手臂抵挡，程某手中的水果刀正好划伤了周某手臂（构成轻伤）。周某因患有白血病，受伤后流血不止而死亡。程某不知道周某患有白血病，但黄某知道。（事实五）

程某后来向黄某索要约定的20万元时，黄某说："我只要你砍成轻伤你却把人砍死了，所以20万元就不给了"。程某恼羞成怒将黄某打成重伤。洪某主动交代的事实与检举的事实，经公安机关查证属实。经公安机关进一步讯问，洪某如实交代了自己1995年犯

罪事实（公安机关虽然知道该犯罪事实，但一直未发觉犯罪嫌疑人）。（事实六）

问题：

请根据《刑法》相关规定与刑法原理分析相关人的刑事责任。（要求注重说明理由，并可以同时答出不同观点和理由）

参考答案：

1. 关于事实一

［结论］洪某属于抢劫致人死亡，根据其他学说，也可能构成抢劫罪与过失致人死亡罪，数罪并罚；蓝某构成抢劫罪（致人死亡）。

（1）洪某、蓝某成立共同犯罪。二人有共同抢劫的合意，并且有共同抢劫的行为。洪某使用暴力压制被害人反抗，蓝某取财，两人成立抢劫罪的共同犯罪。

（2）洪某属于抢劫致人死亡，根据其他学说，也可能构成抢劫罪与过失致人死亡罪，数罪并罚。

洪某实施了两个行为。第一个行为是抢劫的暴力行为，第二个行为是抛"尸"行为，后行为导致赵某死亡。洪某属于"事前的故意"。对此有两种观点：

［观点1］若认为洪某两个行为实际上是属于一个抢劫行为，洪某对此行为持有概括的抢劫故意，则洪某构成抢劫罪（致人死亡）。

［观点2］若认为洪某分别实施了抢劫行为和抛"尸"行为。则洪某第一个行为构成抢劫罪，第二个行为过失导致了赵某死亡，构成过失致人死亡罪，数罪并罚。

（3）蓝某构成抢劫罪（致人死亡）

二人成立共同犯罪，并且共同故意的内容包含对赵某死亡结果的罪过，因此蓝某应对赵某的死亡结果承担责任。

2. 关于事实二

［结论］洪某对C小贷公司构成贷款诈骗罪。

洪某客观上有伪造车辆行驶证与购车发票，在C小贷公司办理抵押贷款的贷款诈骗行为，主观上不想归还贷款，有非法占有贷款的目的，对C小贷公司构成贷款诈骗罪。

3. 关于事实三

［结论］洪某构成行贿罪，白某构成受贿罪（斡旋受贿），李某无罪。

（1）洪某为谋求不正当利益，给予国家工作人员白某财物，构成行贿罪。

（2）白某客观上有利用国家工作人员地位形成的便利，通过其他国家工作人员的职务行为，为请托人洪某谋取不正当利益，构成受贿罪。

（3）李某假装答应受贿，实际是为抓获洪某，不构成犯罪。

4. 关于事实四

［结论］青某构成信用卡诈骗罪，洪某构成盗窃罪。

（1）青某以为是捡到的信用卡冒用的，构成信用卡诈骗罪。

（2）洪某盗窃信用卡并使用，构成盗窃罪。

5. 关于事实五

［结论］程某构成故意伤害罪（致人死亡），黄某构成故意杀人罪（既遂），程某单独成立敲诈勒索罪和故意伤害罪（致人重伤），数罪并罚。

（1）黄某、程某主观上具有共同犯罪的故意，客观上具有共同犯罪的行为，成立共同犯罪。

（2）程某构成故意伤害罪（致人死亡），程某主观上具有伤害的故意，但对死亡结果只能持过失心态，属于故意伤害罪（致人死亡）。

（3）黄某主观上明知被害人有特殊体质，依然教唆程某将其砍至轻伤，对死亡结果有追求态度，构成故意杀人罪。

（4）程某敲诈勒索他人但没有取得财物，构成犯罪未遂。之后程某伤害被害人，导致其轻伤，构成故意伤害罪（致人轻伤），由于对被害人特殊体质没有预见可能性，因此不对死亡结果负责。

6. 关于事实六

（1）洪某交代对 C 小贷公司的诈骗（贷款诈骗）的事实，属于坦白，不属于自首。对其可以从轻处罚。

（2）洪某主动交代自己所犯盗窃罪的事实，构成特别自首。

（3）洪某检举黄某、程某杀人案，构成重大立功。

（4）洪某 1995 年所犯之罪，于 2016 年洪某交代此犯罪事实之时，已过最长追诉时效 20 年。除非最高人民检察院核准，否则不应追究洪某所犯抢劫罪的刑事责任。

2015 年卷四第二题 （本题 23 分）

案情： 高某（男）与钱某（女）在网上相识，后发展为网恋关系，其间，钱某知晓了高某一些隐情，并以开店缺钱为由，骗取了高某 20 万元现金。

见面后，高某对钱某相貌大失所望，相处不久更感到她性格古怪，便决定断绝关系。但钱某百般纠缠，最后竟以公开隐情相要挟，要求高某给予 500 万元补偿费。高某假意筹钱，实际打算除掉钱某。

随后，高某找到密友夏某和认识钱某的宗某，共谋将钱某诱骗至湖边小屋，先将其掐昏，然后扔入湖中溺死。事后，高某给夏某、宗某各 20 万元作为酬劳。

按照事前分工，宗某发微信将钱某诱骗到湖边小屋。但宗某得知钱某到达后害怕出事后被抓，给高某打电话说："我不想继续参与了。一日网恋十日恩，你也别杀她了。"高某大怒说："你太不义气啦，算了，别管我了！"宗某又随即打钱某电话，打算让其离开小屋，但钱某手机关机未通。

高某、夏某到达小屋后，高某寻机抱住钱某，夏某掐钱某脖子。待钱某不能挣扎后，二人均误以为钱某已昏迷（实际上已经死亡），便准备给钱某身上绑上石块将其扔入湖中溺死。此时，夏某也突然反悔，对高某说："算了吧，教训她一下就行了。"高某说："好吧，没你事了，你走吧！"夏某离开后，高某在钱某身上绑石块时，发现钱某已死亡。为了湮灭证据，高某将钱某尸体扔入湖中。

高某回到小屋时，发现了钱某的 LV 手提包（价值 5 万元），包内有 5000 元现金、身份证和一张储蓄卡，高某将现金据为己有。

3 天后，高某将 LV 提包送给前女友尹某，尹某发现提包不是新的，也没有包装，问："是偷来的还是骗来的？"高某说："不要问包从哪里来。我这里还有一张储蓄卡和身份证，身份证上的人很像你，你拿着卡和身份证到银行柜台取钱后，钱全部归你。"尹某虽然不知道全部真相，但能猜到包与卡都可能是高某犯罪所得，但由于爱财还是收下了手提包，并冒充钱某从银行柜台取出了该储蓄卡中的 2 万元。

问题：

请根据《刑法》相关规定与刑法原理分析高某、夏某、宗某和尹某的刑事责任。（要求注重说明理由，并可以同时答出不同观点和理由）

参考答案：

1. 高某的刑事责任

（1）高某对钱某成立故意杀人罪。是成立故意杀人罪既遂还是故意杀人罪未遂与过失致人死亡罪的想象竞合，关键在于如何处理构成要件的提前实现。

［观点 1］虽然构成要件结果提前发生，但掐脖子本身有致人死亡的紧迫危险，能够认定掐脖子时就已经实施杀人行为，故意存在于着手实行时即可，故高某应对钱某的死亡承担故意杀人既遂的刑事责任。

［观点 2］高某、夏某掐钱某的脖子时只是想致钱某昏迷，没有认识到掐脖子的行为会导致钱某死亡，亦即缺乏既遂的故意，因而不能对故意杀人既遂负责，只能认定高某的行为是故意杀人罪未遂与过失致人死亡罪的想象竞合。

（2）关于拿走钱某的手提包和 5000 元现金的行为性质，关键在于如何认定死者的占有，分别可成立侵占罪或者盗窃罪。

［观点 1］高某对钱某的手提包和 5000 元现金成立侵占罪，理由是死者并不占有自己生前的财物，故手提包和 5000 元现金属于遗忘物。

［观点 2］高某对钱某的手提包和 5000 元现金成立盗窃罪，理由是死者继续占有生前的财物，高某的行为属于将他人占有财产转移给自己占有的盗窃行为，成立盗窃罪。

（3）将钱某的储蓄卡与身份证交给尹某取款 2 万元的行为性质。

［观点 1］构成信用卡诈骗罪的教唆犯。因为高某不是盗窃信用卡，而是侵占信用卡，利用拾得的他人信用卡取款的，属于冒用他人信用卡，高某唆使尹某冒用，故属于信用卡诈骗罪的教唆犯。

［观点 2］构成盗窃罪。因为高某是盗窃信用卡，盗窃信用卡并使用的，不管是自己直接使用还是让第三者使用，均应认定为盗窃罪。

2. 夏某的刑事责任

（1）夏某参与杀人共谋，掐钱某的脖子，构成故意杀人罪既遂。（或：夏某成立故意杀人罪未遂与过失致人死亡罪的想象竞合，理由与高某相同）

（2）由于发生了钱某死亡结果，夏某的行为是钱某死亡的原因，夏某不可能成立犯罪中止。

3. 宗某的刑事责任

宗某参与共谋，并将钱某诱骗到湖边小屋，成立故意杀人罪既遂。

宗某虽然后来没有实行行为，但其前行为与钱某死亡之间具有因果性，没有脱离共犯关系；宗某虽然给钱某打过电话，但该中止行为未能有效防止结果发生，不能成立犯罪中止。

4. 尹某的刑事责任

（1）尹某构成掩饰、隐瞒犯罪所得罪。

从客观上说，该包属于高某犯罪所得，而且尹某的行为属于掩饰、隐瞒犯罪所得的行为；尹某认识到可能是高某犯罪所得，因而具备明知的条件。

（2）尹某冒充钱某取出 2 万元的行为性质。

［观点 1］构成信用卡诈骗罪。因为尹某属于冒用他人信用卡，完全符合信用卡诈骗罪的构成要件。

［观点 2］构成盗窃罪。尹某虽然没有盗窃信用卡，但认识到信用卡可能是高某盗窃所得，并且实施使用行为，属于承继的共犯，故应以盗窃罪论处。

专题三 行政法专项突破

第一节 行政法学科规律分析

一、本科目主观题考查特点剖析

通览司考时代 10 年和法考改革时期 4 年行政法案例的真题，可以发现如下规律：案例分析题主要是围绕行政诉讼法、行政许可、行政处罚、行政强制、政府信息公开、行政法的基本原则以及国家赔偿法进行设计的。并且所涉及的知识点仍有重点分布，个别知识点高频率出现（下文会予以数据化分析）。案例分析题为 5~6 个小问题，以"一个问题一个小问、一个问题两个小问"方式进行。与此同时，2014~2017 年试题显示在行政法中论述题常常作为案例分析题的最后一个小问进行考查，要求结合材料进行论述，一般 600~800 字左右。法考改革时期的题目中未曾出现行政法的论述题，但 2021 年其中一卷的行政法考题中出现了以行政法基本原则为切入点的题目，要求评价行为的合法性、合理性。

历年行政法的考查包括以下特点：

1. 主观题考点较为集中，案例题的考点主要集中在行政诉讼法、行政许可法、行政处罚、行政强制、政府信息公开、国家赔偿法。

2. 与其他学科的融合性较高，行政法由于学科交叉性比较强，易和商法、刑诉法等其他学科结合进行考查。2021 年的刑诉法题目出现了比例原则的适用，2014 年行政法案例中出现《公司法》相关理论背景，习近平法治思想中涉及法治政府的内容更加不在话下了。在这种情况下，学习过程中需掌握行政法中与其他学科容易发生交叉的考点，以便灵活应对试题。

3. 难度不大，行政法中的知识点以记忆为主，和刑法、民法相比，考查并不特别深入，一般考查新法，2020 年就以行政协议为背景进行考查。

二、行政法主观题命题规律

（一）2008~2017 年司考时代考点展示

年 份	考 点	具体内容	
2017 年	行政强制，行政许可，行政诉讼被告，行政法基本理论	（1）先行登记的适用条件和程序	行政机关先行登记需要遵守怎么样的程序？
		（2）听证主持人	《行政处罚法》中对听证主持人有何要求？
		（3）行政许可设定	地方行政许可不得含有地方保护性质的内容。
		（4）行政诉讼被告	行政诉讼的被告如何确定？
		（5）法治政府意义	法治政府有何意义？

续表

年　份	考　点	具体内容	
2016年	行政许可，抽象行政行为，行政强制，政府信息公开，行政诉讼裁判	(1) 行政许可程序	行政许可期限延续需要满足何种要求？
		(2) 抽象行政行为的审查	我国行政诉讼中对抽象行为审查需要满足何种要求？
		(3) 行政诉讼裁判	行政诉讼中裁判的种类。
		(4) 行政处罚与行政强制措施	行政处罚与行政强制措施的不同点。
		(5) 政府信息公开	政府信息公开的意义。
2015年	具体行政行为，行政诉讼当事人、起诉、受理、裁判	(1) 行政行为性质	设立和变更登记属于何种行政行为？
		(2) 行政诉讼当事人	行政复议维持案件中的被告如何确定？
		(3) 行政诉讼的审理和裁判对象	行政诉讼的审理和裁判对象如何确定？
		(4) 行政诉讼的起诉和受理	行政诉讼立案时的不同情况以及处理方式。
		(5) 行政诉讼一审裁判	行政诉讼法对一审法院宣判有何要求？
2014年	学科交叉问题，内部行政行为，行政处罚，行政法基本原则	(1) 公司法中的制度（学科交叉问题）	公司法考点。
		(2) 内部行政行为	内部行政行为不可诉。
		(3) 行政处罚程序	行政处罚遵循怎么样的程序？
		(4) 行政法基本原则	行政法基本原则与中国特色社会主义理论。
2013年	政府信息公开，行政复议，行政诉讼的受理、受案范围	(1) 行政诉讼的受理	行政诉讼的受理程序要求。
		(2) 政府信息公开	政府信息公开有何要求？
		(3) 行政复议决定及政府信息公开	行政复议决定的程序以及政府信息公开。
		(4) 政府信息公开的监督	政府信息公开的监督内容。
		(5) 行政诉讼的受案范围	行政诉讼的受案范围包括哪些？
2012年	具体行政行为，行政诉讼当事人、程序、判决、管辖，行政强制	(1) 具体行政行为	行政诉讼的受案范围包括哪些？
		(2) 行政诉讼的当事人、管辖、起诉期限	行政诉讼中如何确定行政诉讼的当事人、管辖、起诉期限？
		(3) 行政诉讼当事人、程序	被告缺席如何判决？
		(4) 行政诉讼判决	如果缺乏事实根据，应当如何判决？
		(5) 行政强制	强拆的过程中有哪些要求？
		(6) 行政诉讼程序、判决	行政诉讼的起诉和判决程序。

续表

年　份	考　点	具体内容	
2011 年	行政诉讼管辖、当事人、受案范围、国家赔偿	（1）行政诉讼管辖	在特定案件中，如何确定行政诉讼的级别管辖和地域管辖？
		（2）行政诉讼当事人	行政处罚中如何确定原告资格？
		（3）行政诉讼受案范围	行政机关的传唤能否成为行政诉讼的受案范围？
		（4）行政诉讼受案范围	行政许可的种类以及创设主体？能否成为行政诉讼的受案范围？
		（5）行政许可	行政许可的性质以及确定的主体。
		（6）国家赔偿	国家赔偿的前提。公安机关、检察院在何种情况下可以拒绝国家赔偿？
2010 年	争议解决与社会主义法治理念	对以协调、和解方式解决行政争议的做法的看法。	
2009 年	行政诉讼管辖、受案范围、程序，行政强制，抽象行政行为	（1）行政诉讼管辖	行政诉讼的级别管辖如何确定？
		（2）行政诉讼受理范围	行政诉讼的同时提出行政赔偿，应当如何确定？
		（3）抽象行政行为	抽象行政行为能否成为受案范围？
		（4）行政强制合法性	下位法不得与上位法冲突。
		（5）行政诉讼程序	行政诉讼中的法律适用及其程序。
2008 年	行政诉讼参加人，行政诉讼的特殊制度，行政诉讼的程序，行政诉讼的判决种类	（1）诉讼代表人的确定	本案是否需要确定诉讼代表人，如何确定？
		（2）复议机关作被告	行政诉讼中以复议机关为被告的情形有哪些？
		（3）上诉的理由	原告不服一审裁定提起上诉的理由是什么？
		（4）行政诉讼的判决类型	二审认为复议机关不予受理复议申请理由不成立应如何判决？
		（5）行政诉讼审理对象	一审、二审法院审理对象。
		（6）二审中撤诉的条件	二审期间被告改变具体行政行为，上诉人撤回上诉，法院是否应予准许？
2008 年延考	国家赔偿的申请人和申请人资格转移，赔偿时效，赔偿方式和赔偿标准，责任竞合的处理	（1）国家赔偿责任	公安机关是否需要对当事人死亡承担国家赔偿责任？
		（2）国家赔偿请求人资格转移	当事人近亲属是否有权以自己名义提出国家赔偿请求？
		（3）国家赔偿的时效	如何计算请求国家赔偿的时效？
		（4）国家赔偿义务机关	如何确定国家赔偿义务机关？
		（5）国家赔偿方式与标准	如何确定赔偿方式和标准？
		（6）行政追偿	国家赔偿后如何向有过错的执法人员追偿？
		（7）国家赔偿与民事赔偿的竞合关系	当事人已获国家赔偿是否可以再获得民事赔偿？

（二）2018～2021 年法考时代考点展示

年 份	考 点		具 体 内 容
2021 年（A）	行政诉讼中基本原则、级别管辖、被告、起诉期限、判决类型	（1）确定诉讼中级别管辖	如何确定本案的级别管辖？
		（2）确定诉讼中起诉期限	企业提起的行政诉讼是否超过起诉期限？
		（3）确定诉讼中经上级批准案件被告的确定	如果原告对关闭企业排污口的行为不满提起诉讼，该以谁为被告？
		（4）行政法基本原则评价行为	如何评价该企业提出的一次性补偿、不交税费和土地使用费的请求和内容？
		（5）案例中法条引用	甲县政府以受益的是乙县为由进行抗辩，认为不应承担补偿责任，该抗辩理由是否成立？
		（6）诉讼中法院的判决类型	法院应该如何作出判决？
2021 年（B）	行政行为定性、行政诉讼中原告资格、被告、第三人、举证责任、国家赔偿	（1）诉讼中原告资格判断	丰胜公司是否是适格原告？
		（2）诉讼中经上级批准案件被告的确定	本案所列被告是否正确？
		（3）行政行为性质的判断	收回土地决定属于什么性质的行政行为？
		（4）第三人的诉讼权利	招商局作为第三人在诉讼中有什么权利？如果经法院合法传唤无正当理由拒不到庭，法院应当如何处理？
		（5）诉讼中举证责任的判断	对于原告提出的诉讼请求及行政赔偿损失，土地现状已经和被诉行为作出时有了很大改变，法院应当如何确定举证责任及赔偿损失数额？
		（6）行政诉讼中二审赔偿程序	如果一审遗漏了行政赔偿请求，二审法院应当如何处理？
2021 年（C）	行政行为定性、行政复议维持、被告、管辖、附带审查、法律适用、判决类型	（1）行政行为性质的判断	区生态保护局做出的限期整改的行为性质？
		（2）复议维持案件被告确定和管辖法院确定	对区生态保护局做出的行政处罚申请复议，复议维持后起诉的被告和管辖法院？
		（3）抽象行政行为的附带审查	可否对该条例附带性审查？
		（4）行政诉讼中法律的适用	法院审理本案应当如何适用法律、法规？理由是什么？
		（5）确定诉讼中法院判决类型	法院应该如何作出判决？

续表

年　份	考　点		具体内容
2020 年	行政协议的定义，行政诉讼中的当事人，行政协议案件中仲裁条款的约定和起诉期限，政府信息公开条例	（1）诉讼中的原告资格判断	黄某是否有原告资格？
		（2）诉讼中被告的确定，涉及假授权真委托的判断	本案被告是谁？
		（3）判断行为的性质	《资产认购协议书》的性质是什么？
		（4）行政协议中是否可以约定仲裁条款	本案约定的仲裁协议是否有效？
		（5）行政协议案件中起诉期限的判断	如何确定本案的起诉期限？
		（6）政府信息公开的范围及区分处理程序	乙区政府以涉及第三人隐私为由拒绝黄某的公开申请行为是否合法？
2019 年	行政行为定性，行政诉讼的受案范围，被告改变行政行为，行政救济方式，撤诉条件，审理对象，行政诉讼的裁判	（1）行政行为性质判断	判断《建设工程消防验收备案结果通知》的性质。
		（2）行政诉讼的受案范围	判断《建设工程消防验收备案结果通知》是否可诉。
		（3）被告改变行政行为	行政机关二审期间可否撤销生效的行政行为？
		（4）行政救济方式	相关人权利受到侵害如何救济自己的权利？
		（5）撤诉条件	二审中原告申请撤诉法院是否应准予？
		（6）审理对象	法院不准撤诉下的审理对象判断。
		（7）行政诉讼的裁判	一审法院若支持原告诉讼请求应如何判决？
2018 年	行政行为定性，行政强制法，行政诉讼的当事人、证据规则	（1）行政行为性质	判断具体行政行为。
		（2）行政诉讼被告	在涉及多个行政机关的案件中，如何确定被告？
		（3）行政诉讼期限	行政诉讼期限的确定。
		（4）行政强制的合法性	强拆的具体程度和要求。
		（5）行政诉讼的当事人	作为被告的行政机关负责人不一定亲自出庭应诉。
		（6）行政诉讼的举证责任分配	行政诉讼中，原告的损失的证明责任由谁承担？

（三）司考时代及法考时代考查规律

1. 在复习时需要将实体法和程序法相结合

从历年的考查趋势来看，行政诉讼法几乎每年必考，而且会结合实体法考查。诉讼法的管辖、当事人、证据、程序、判决等问题都是常考且容易拿分的点，因此需要重点复习和把握。

2. 难度偏低

行政法主观题案例分析部分对知识点的考查难度整体偏低，基本与客观题难度接近，只要把相应知识点理解了、背过了，考试中按照记忆尽量规范地表述出来即可。在考查深度上，不会涉及不同观点的展示或者法条背后的逻辑以及理论辨析。

3. 考点集中

行政法本身法条虽繁多庞杂，但主观题考试中考点集中在行政诉讼法主干部分，细节点不作考查。主要是行政行为概念的辨析；行政诉讼法中的主体制度、管辖制度和程序问题。但是近些年的考试中，总有个别问题需要同学们引用案例分析题目中已提供的法条来作答，同学们对于提供的法条引用务必重视。

4. 新法必考

行政法近几年不定期会出现法律条文的变化，对这些变化的部分，不仅客观题会着重考查，主观题也避免不了，所以对于新变化的内容一定要详细掌握，理解制度设计的背景理念。

第二节 行政法解题思路与模板

一、行政法案例分析题答题技巧

案例分析题当中会有很多的信息，阅读量大，无关信息庞杂，因此做题的第一步是，迅速收集关键信息。在这里，需要确定三个基本点：行政主体、行政相对人、行政行为。

1. 行政主体

每一个案例分析题都是以行政主体在行政管理活动（主要是行政许可、行政处罚、行政强制或者行政公开）中针对行政利害关系人作出行政行为为开端的，所以正确认定行政主体就是解答案例分析题的起点和关键。务必明确，行政法确定的主体一定在实施公务行为，实现的是公共利益。另外也要注意"授权""委托""上级批准下级"等相关内容，正确找到行政主体，将直接关系到被告、被申请人、复议机关以及赔偿义务机关的确定，进而决定着行政诉讼的管辖等考点。

2. 行政相对人

行政相对人是行政行为的对象，一般是自然人或单位，他将决定着行政复议和行政诉讼中的申请人、原告、第三人和国家赔偿中的赔偿请求人的确定。另外在整个案例分析题目中，如果出现多个行为，务必关注行政相对人的诉讼请求，这将直接引起行政争议的焦点问题，进而决定了法院的判决类型。

3. 行政行为

首先行政行为与行政复议和行政诉讼的受案范围这一重要考点直接相关。同时，行政行为的效力状况决定着行政复议和行政诉讼的最终结果。其次，不同的行政行为，其概念不同，需要做好相关的辨析。

二、案例分析题类型划分

1. 第一种提问方式为"……是否……为什么?"

举例说明:

(1) 法院是否应当受理此案?为什么?

(2) 财政厅拒绝公开政府集中采购项目目录的理由是否成立?为什么?

凡是遇到此种提问方式,我们用三段论进行解答(结论、大前提、小前提三部分)。

2. 第二种提问方式为"……如何处理、如何监督、如何认定、如何确定、有何要求等"。

举例说明:

(1) 省政府在受理此行政复议案件后应当如何处理才符合《行政复议法》的规定?

(2) 对于行政机关应当主动公开的信息未予公开的,应当如何监督?

凡遇到"如何型"设问方式,我们采用"结论+理论依据"型的答题方式。

三、案例分析中常见关联考点

1. 判断一个行政行为的效力

行政行为合法要求主体符合法定职权范围、事实证据确凿、适用法律法规正确、符合法定程序、不滥用职权、无明显不当,这六大要件同时满足,缺少任何一个就构成违法。在主观题行政法案例中,行为的效力定性往往是违法的,但是理由书写要结合具体的实体法内容(行政处罚、行政许可、行政强制、信息公开)展开,该引用法条说理的引用法条。当然这要建立在对该行为的性质进行明确界定(包括简单的具体行政行为的判断,也会引出诉讼受案范围的认定)的基础上。

另外,与行为效力内容相结合的会存在法院判决类型的判断,根据一个行为是合法还是违法,来具体判断是撤销判决、驳回诉讼请求、确认违法等。

2. 确定该案件的被告

如前文所述,行政主体的明确是做对题目的一半。历年的案例分析题目,我们能很明确地知道,命题老师不会简单考查大家复议机关、赔偿义务机关,永远都逃不掉的命题点是被告的确定。而对于被告的确定,你首先要分清楚命题老师在考查大家什么类型下的被告问题,是开发区案件下的被告、授权委托案件的被告、下级经上级批准案件的被告,还是经过复议案件的被告,等等。明确清楚后再找到对应的条文抄下来即可,或者用自己记忆的要点书写也可以。

在此处就会存在一个重点和难点,就是判断复议的案件类型,有时候命题老师会非常简单明了告知是复议维持还是复议改变,但历年的行政法案例分析中不缺乏根据案情自己去判断复议的案件类型。

另外与被告直接相关联的就是管辖法院的确定,被告找错了,管辖法院也会随之错误。

3. 复议案件类型的确定

此处我需要再次重申这个内容,因为一旦这个案件不是直接向人民法院去起诉的,很多内容会发生变化，比如被告、起诉期限、管辖法院、举证责任、判决类型、赔偿程序等。

4. 抽象性行政行为的附带审查

这个考点每过两三年就会出来晃晃，说简单也很简单，说难也存在难度。法院附带审查的处理规则是比较简单的，不外乎不适用、提建议、告领导。最难的内容就是辨析这个规范性文件到底符不符合附带审查的条件。此处就会结合行政立法中的内容，具体判断文件性质。

5. 原告和第三人的规则

原告和第三人都与案件存在利害关系，原告资格的判断还需要结合《行诉解释》第12~18条的内容根据不同的案件进行确定。另外注意原告和第三人的诉讼权利问题，这是程序性的内容，直接引用法条即可。

这个部分的内容会结合行政诉讼中的一些特殊制度和特殊的形式来进行考查，比如撤诉、调解、先予执行、行政附带民事诉讼案件等。

四、行政法论述题模板

行政法的论述题容易与社会主义法治理论结合进行考查，并且最容易考查的点就是行政法的基本原则，因此一方面要熟练背诵行政法的基本原则，另一方面在主观题当中要能迅速把握材料的表述涉及行政法中的哪一原则，进而展开分析。

2003 年卷四第八题（本题 30 分）

案情：某市为加强道路交通管理，规范日益混乱的交通秩序，决定出台一项新举措，由交通管理部门向市民发布通告，凡自行摄录下机动车辆违章行驶、停放的照片、录像资料，送经交通管理部门确认后，被采用并在当地电视台播出的，一律奖励人民币 200~300元。此举使许多市民踊跃参与，积极举报违章车辆，当地的交通秩序一时间明显好转，市民满意。新闻报道后，省内甚至外省不少城市都来取经、学习。但与此同时，也发生了一些意想不到的事：有违章驾车者去往不愿被别人知道的地方，电视台将车辆及背景播出后，引起家庭关系、同事关系紧张，甚至影响了当事人此后的正常生活的；有乘车人以肖像权、名誉权受到侵害，把电视台、交管部门告上法庭的；有违章司机被单位开除，认为是交管部门超范围行使权力引起的；有抢拍者被违章车辆故意撞伤后，向交管部门索赔的；甚至有利用偷拍照片向驾车人索要高额"保密费"的，等等。报刊将上述新闻披露后，某市治理交通秩序的举措引起了社会不同看法和较大争议。

问题：

请谈谈你对某市治理交通秩序新举措合法性、合理性的认识。（注意：不能仅就此举引发的一些问题、个案谈具体适用法律的意见）

答题要求：

1. 运用掌握的法学知识阐释你认为正确的观点和理由；

2. 说理充分，逻辑严谨，语言流畅，表述准确；

3. 答题文体不限，字数要求 800~1000 字。

解题思路与参考答案：

行政行为的合理性应当以合法性为前提

1. 开门见山，提出观点

材料中交通部门采取鼓励普通公民照相取证的方式规范交通秩序，或许有其合理性，但已经违反了依法行政原则。（100字言简意赅提出观点）

2. 解析概念，阐释理论

现代法治国家，就公民和国家权力之间的关系而言，国家权力是手段，公民权利是目的。

国家权力的存在是为了服务于公民，让公民更好地享有权利。国家权力可以保护公民权利，但是国家权力本身也可能侵犯公民的权利。因此，为了公民更好地享有权利，必须以法律控制国家权力。在现代社会，法律对国家权力的控制，要求国家权力的行使应当做到：主体合法、权限合法、内容合法、程序合法。

我国1999年《宪法修正案》第13条规定："中华人民共和国实行依法治国，建设社会主义法治国家。"依法治国的关键环节就是依法行政。依法行政意味着国家权力的行使必须有明确的法律依据。执法者应当是法律明确规定的主体，执法者的权力应当是法律明确授予的，执法者的执法内容应当是法律明文规定的，执法者的执法行为应当是严格依据法定程序的。（这部分是对理论进行阐释，对概念进行解析，要分成两段进行书写，第一段解析概念，第二段阐释理论，字数600字左右）

3. 结合材料，说明理由

本案中，交通执法部门鼓励普通公民照相，其目的是规范混乱的交通秩序，而且起到了立竿见影的效果，这种措施有其合理性一面。但是，合理绝不意味着一定合法。事实上，该措施是以普通公民作为执法主体来维护交通秩序，已经违反了依法行政的原则。该违法行政行为，尽管一定程度上规范了交通秩序，但是却侵犯了公民的个人权利，导致了更加混乱的社会秩序。（这部分要理论结合实践，把第二部分的理论套入案件事实，进行说理，字数200字左右）

4. 总结观点，提炼上升

总之，行政机关应当首先依法行政，保证其行为的合法性，在合法性的基础上满足合理性，追求合法与合理达到最佳结合的行政行为。（第四部分进行观点总结，提炼升华100字左右）

五、真题模板套用示例

2021年主观卷（回忆版A）（本题28分）

案情： 甲县政府在《水污染防治法》出台后，为保护一级二级水源地，甲县政府作出了《关于批准取缔一级二级水源保护区排污的批复》，将某企业经营场所划为二级水源保护区，由甲县生态环境局实施关停该范围内长期排污的企业。2019年5月，甲县生态环境局遂依据该批复作出决定，将该企业关停，但对后续操作未进行管理。

后该企业由于关停彻底停产。2020年7月20日该企业请求甲县政府按照行政征收给予一次性经济补偿，并且减免关停期间的税费和土地使用费。甲县政府收到申请后未作答复。2020年12月2日该企业不服提起行政诉讼，请求法院判决被告履行职责给予相应补偿。

被告辩称：1. 该关停行为符合法律规定，该企业在法定期限内没有提出异议，关停行为已经超过起诉期限，人民法院不应受理；2. 该企业停产后，水源的受益区是隔壁乙县，甲县没有补偿义务。

材料：

《环境保护法》第31条　国家建立、健全生态保护补偿制度。

国家加大对生态保护地区的财政转移支付力度。有关地方人民政府应当落实生态保护补偿资金，确保其用于生态保护补偿。

国家指导受益地区和生态保护地区人民政府通过协商或者按照市场规则进行生态保护补偿。

《水污染防治法》

第65条第1款　禁止在饮用水水源一级保护区内新建、改建、扩建与供水设施和保护水源无关的建设项目；已建成的与供水设施和保护水源无关的建设项目，由县级以上人民政府责令拆除或者关闭。

第66条第1款　禁止在饮用水水源二级保护区内新建、改建、扩建排放污染物的建设项目；已建成的排放污染物的建设项目，由县级以上人民政府责令拆除或者关闭。

问题：

1. 如何确定本案的级别管辖？

参考答案：

［结论］中院管辖。

［理论依据］根据《行政诉讼法》第15条第1项的规定，对县级以上地方人民政府所作的行政行为提起诉讼的案件由中级人民法院管辖。企业是对甲县政府未回复的行为不满意进行起诉的，故应当以甲县政府为被告，由中院管辖。

2. 企业提起的行政诉讼是否超过起诉期限？为什么？

参考答案：

［结论］未超过。

［大前提］根据《行政诉讼法》第47条第1款的规定，公民、法人或者其他组织申请行政机关履行保护其人身权、财产权等合法权益的法定职责，行政机关在接到申请之日起2个月内不履行的，公民、法人或者其他组织可以向人民法院提起诉讼。法律、法规对行政机关履行职责的期限另有规定的，从其规定。

［小前提］本案中该企业于2020年7月20日向甲县政府提出申请，甲县政府一直未答复，本案属于行政不作为案件，对行政机关的履行期没有特殊规定，按照2个月的履行期来算。又根据《行政诉讼法》第46条第1款的规定，公民、法人或者其他组织直接向人民法院提起诉讼的，应当自知道或者应当知道作出行政行为之日起6个月内提出。法律另有规定的除外。整个时间是2个月+6个月，故该企业于2020年12月2日提起诉讼，未超期。

3. 如果企业对关停的行为不满提起诉讼，应以谁为被告？

参考答案：

［结论］以县生态环境局为被告。

［理论依据］根据《行诉解释》第19条的规定，当事人不服经上级行政机关批准的行政行为，向人民法院提起诉讼的，以在对外发生法律效力的文书上署名的机关为被告。本案中涉及的关停行为是甲县生态环境局根据甲县政府的批复而作出的行为，属于下级机关根据上级机

关的批准而作出行为，最后是以甲县生态环境局名义作出，应当以甲县生态环境局为被告。

4. 如何评价该企业提出的一次性补偿、减免税费和土地使用费的请求和内容?

参考答案:

[结论] 应当支持该企业的诉求。

[理论依据] 根据《环境保护法》第 31 条第 1、2 款的规定，国家建立、健全生态保护补偿制度。国家加大对生态保护地区的财政转移支付力度。有关地方人民政府应当落实生态保护补偿资金，确保其用于生态保护补偿。该企业因环保政策调整关停企业，政府应当依据相关法律给予生态补偿金，同时根据信赖保护原则，已作出的行政决定因公共利益等法定事由需要撤回、变更的要给受到损失的相对人进行补偿。所以该企业提出的补偿金、减免税费和土地使用费的请求是应当予以支持的。

5. 甲县政府以受益的是乙县为由进行抗辩，认为不应承担补偿责任，该抗辩理由是否成立? 为什么?

参考答案:

[结论] 不成立。

[大前提] 根据《环境保护法》第 31 条第 3 款的规定，国家指导受益地区和生态保护地区人民政府通过协商或者按照市场规则进行生态保护补偿。

[小前提] 本案是县生态环境局根据甲县政府的批复而作出的关停行为，很明显甲县政府是属于生态保护地区的政府，企业是可以向甲县政府提出补偿诉求。同时根据案情可知该企业停产后，水源的受益区是隔壁乙县，所以企业也可以向乙县政府提出诉求。但甲县政府不能以此为由拒绝该企业向其自身提出诉求的权利，甲县政府的抗辩不成立。

6. 本案法院应该如何作出判决?

参考答案:

[结论] 应当责令甲县政府履行对该企业的合理补偿诉求，尚需调查裁量的，判决甲县政府在一定期限内履行职责。

[理论依据] 根据《行诉解释》第 91 条的规定，原告请求被告履行法定职责的理由成立，被告违法拒绝履行或者无正当理由逾期不予答复的，人民法院可以根据《行政诉讼法》第 72 条的规定，判决被告在一定期限内依法履行原告请求的法定职责;尚需被告调查或者裁量的，应当判决被告针对原告的请求重新作出处理。根据上述第 4 题和第 5 题可知该企业提出的诉求是合理的，甲县政府的抗辩不成立，故甲县政府应当履行职责而未履行的，违法，法院应当支持该企业的诉求，责令甲县政府履行对该企业的合理补偿诉求，尚需调查裁量的，判决甲县政府在一定期限内履行职责。

2021 年主观卷 (回忆版 B) (本题 28 分)

案情: 2008 年 2 月 15 日，刘某与甲县乙乡某村签订了草地使用协议，获得了 50 年土地使用权，并且办理了土地登记证。后在甲县招商局的组织下，李某和招商局签订农业开发协议，和刘某签订了土地转让协议，李某根据开发协议和转让协议，建立了丰胜公司，以丰胜公司的名义申请变更土地使用权。甲县政府以正在进行行政区划暂时冻结使用权变更登记为由，不予办理，后甲县和丙市合并，李某就以丰胜公司的名义向丙市自然资源局申请变更，丙市自然资源局以没有收到申请材料为由拒绝办理。后丙市自然资源局向丙市政府申请征收，丙市政府下发了《同意征收土地的批复》，丙市自然资源局据此以自己名义作出《收回土地使用权决定》，并完成送达，理由是连续抛耕2年，根据《土地管理法》第38条规定要求收回。

李某不服，以丰胜公司的名义提起诉讼，以丙市自然资源局和丙市政府为被告，请求判决确认《收回土地使用权决定》违法，并且请求赔偿投资损失1000万元。

法院依法追加了甲县招商局为第三人，后法院调查发现土地情况已经和以前发生了很大变化。甲县并入丙市。

材料：

《土地管理法》第38条第1款　禁止任何单位和个人闲置、荒芜耕地。已经办理审批手续的非农业建设占用耕地，1年内不用而又可以耕种并收获的，应当由原耕种该幅耕地的集体或者个人恢复耕种，也可以由用地单位组织耕种；1年以上未动工建设的，应当按照省、自治区、直辖市的规定缴纳闲置费；连续2年未使用的，经原批准机关批准，由县级以上人民政府无偿收回用地单位的土地使用权；该幅土地原为农民集体所有的，应当交由原农村集体经济组织恢复耕种。

问题：

1. 丰胜公司是否是适格原告？为什么？

参考答案：

［结论］丰胜公司属于适格原告。

［大前提］根据《行政诉讼法》第25条第1款的规定，行政行为的相对人以及其他与行政行为有利害关系的公民、法人或者其他组织，有权提起诉讼。

［小前提］本案是以丰胜公司的名义申请变更土地使用权，行政机关根据《土地管理法》收回土地的行为与丰胜公司存在利害关系，故丰胜公司属于适格原告。

2. 所列被告是否正确？为什么？

参考答案：

［结论］错误。

［大前提］根据《行诉解释》第19条的规定，当事人不服经上级行政机关批准的行政行为，向人民法院提起诉讼的，以在对外发生法律效力的文书上署名的机关为被告。

［小前提］本案丙市自然资源局是依据丙市政府《同意征收土地的批复》，以丙市自然资源局名义作出《收回土地使用权决定》，属于下级机关根据上级机关的批准作出行为，应当以对外发生法律文书署名机关为被告，即应当是丙市自然资源局为被告，而不是将丙市自然资源局和丙市政府作为共同被告，所列被告错误。

3. 收回土地决定属于什么性质的行政行为？

参考答案：

［结论］行政处罚行为。

［理论依据］根据《行政处罚法》第2条的规定，行政处罚是指行政机关依法对违反行政管理秩序的公民、法人或者其他组织，以减损权益或者增加义务的方式予以惩戒的行为。本案中，丙市自然资源局根据《土地管理法》第38条中关于"连续2年未使用的，经原批准机关批准，由县级以上人民政府无偿收回用地单位的土地使用权"的规定，作出《收回土地使

用权决定》是对丰胜公司权益的损害行为，属于行政处罚。

4. 招商局作为第三人在诉讼中有什么权利？如果经法院合法传唤无正当理由拒不到庭，法院应当如何处理？

参考答案：

［结论1］招商局作为第三人在诉讼中享有参与诉讼的权利、提出与本案有关的诉讼主张、举证权利、申请上诉权利、申请再审权。

［结论2］根据《行诉解释》第28条的规定，既不愿意参加诉讼，又不放弃实体权利的，应追加为第三人，其不参加诉讼，不能阻碍人民法院对案件的审理和裁判。故经法院合法传唤无正当理由拒不到庭，不影响法院对案件的审理。

5. 对于原告提出的诉讼请求及行政赔偿损失，土地现状已经和被诉行为作出时有了很大改变，法院应当如何确定举证责任及赔偿损失数额？

参考答案：

［结论］丰胜公司提出的确认《收回土地使用权决定》违法和赔偿投资损失1000万元由丙市自然资源局承担举证责任。

［理论依据］根据《行政诉讼法》第34条第1款的规定，被告对作出的行政行为负有举证责任，应当提供作出该行政行为的证据和所依据的规范性文件。本案中丙市自然资源局作出《收回土地使用权决定》，应当由其承担行为合法性的举证责任。同时根据《行政诉讼法》第38条第2款的规定，在行政赔偿、补偿的案件中，原告应当对行政行为造成的损害提供证据。因被告的原因导致原告无法举证的，由被告承担举证责任。本案中，李某和招商局签订农业开发协议，和刘某签订了土地转让协议，李某根据开发协议和转让协议，建立了丰胜公司，以丰胜公司的名义申请变更土地使用权。但因为区划调整甲县政府不予办理，后李某就以丰胜公司的名义向丙市自然资源局申请变更，丙市自然资源局以没有收到申请材料为由拒绝办理。很明显是因被告原因导致丰胜公司没有办法进行变更登记，没有办法开展开发投资，另外土地现状发生变化，甲县并入丙市，故赔偿投资损失1000万元由丙市自然资源局承担举证责任。

6. 如果一审遗漏了行政赔偿请求，二审法院应当如何处理？

参考答案：

［结论］二审应当进行具体审查，认为不应当赔的直接判决驳回行政赔偿请求，认为应当赔的就赔偿部分进行调解。

［理论依据］根据《行诉解释》第109条第4、5款的规定，原审判决遗漏行政赔偿请求，第二审人民法院经审查认为依法不应当予以赔偿的，应当判决驳回行政赔偿请求。原审判决遗漏行政赔偿请求，第二审人民法院经审理认为依法应当予以赔偿的，在确认被诉行政行为违法的同时，可以就行政赔偿问题进行调解；调解不成的，应当就行政赔偿部分发回重审。

2020年主观卷（回忆版）（本题28分）

案情： 因公共利益需要，甲市乙区政府发布了01号《国有土地上房屋征收决定公告》，决定对汽车贸易城项目范围内的国有土地上的房屋实施征收。黄某开办的塑料厂（个体工商户）位于征收范围内。

汽车贸易城项目范围内的国有土地位于甲市经济技术开发区。甲市经济技术开发区管委会（以下简称"开发区管委会"）对黄某的厂房设备进行登记等工作，并与黄某协商共同选定房屋评估机构。开发区管委会与黄某签订了《资产收购协议书》，约定补偿黄某2 656 212元，双方还约定如发生纠纷申请仲裁解决的条款。《资产收购协议书》签订后，黄某领取了协议约定的补偿款。后房屋评估机构作出房地产估价报告，黄某厂房设备及土地市场评估总价为3 099 865元。

黄某以补偿金额过低为由向法院提起诉讼，请求确认《资产收购协议书》无效。诉讼中，黄某向甲市乙区政府申请公开汽车贸易城项目范围内的其他征收补偿款的发放情况，甲市乙区政府以涉及隐私为由拒绝提供。

法院查明：开发区管委会系甲市政府设置的派出机构。甲市乙区政府与开发区管理委员会签订《国有土地上房屋征收工作授权书》，将开发区范围内国有土地上房屋征收工作授权给开发区管理委员会行使。

材料：

《国有土地上房屋征收与补偿条例》（国务院于2011年1月21日发布，自发布之日起施行）

第2条 为了公共利益的需要，征收国有土地上单位、个人的房屋，应当对被征收房屋所有权人（以下称被征收人）给予公平补偿。

第8条 为了保障国家安全、促进国民经济和社会发展等公共利益的需要，有下列情形之一，确需征收房屋的，由市、县级人民政府作出房屋征收决定：

（一）国防和外交的需要；

（二）由政府组织实施的能源、交通、水利等基础设施建设的需要；

（三）由政府组织实施的科技、教育、文化、卫生、体育、环境和资源保护、防灾减灾、文物保护、社会福利、市政公用等公共事业的需要；

（四）由政府组织实施的保障性安居工程建设的需要；

（五）由政府依照城乡规划法有关规定组织实施的对危房集中、基础设施落后等地段进行旧城区改建的需要；

（六）法律、行政法规规定的其他公共利益的需要。

第29条 房屋征收部门应当依法建立房屋征收补偿档案，并将分户补偿情况在房屋征收范围内向被征收人公布。

审计机关应当加强对征收补偿费用管理和使用情况的监督，并公布审计结果。

问题：

1. 如何确定本案的原告？为什么？

参考答案：

[结论] 黄某开办的塑料厂营业执照上登记的经营者为原告。

[大前提] 根据《行政诉讼法》第25条第1款的规定，行政行为的相对人以及其他与行政行为有利害关系的公民、法人或者其他组织，有权提起诉讼。《行诉解释》第15条第2款规定，个体工商户向人民法院提起诉讼的，以营业执照上登记的经营者为原告。有字号的，以营业执照上登记的字号为原告，并应当注明该字号经营者的基本信息。

[小前提] 本案中，黄某是《资产收购协议书》的相对人，黄某开办的塑料厂作为个体工商户向法院提起诉讼的，以营业执照上登记的经营者为原告。

2. 如何确定本案的被告？为什么？

参考答案：

[结论] 乙区政府是本案的被告。

[大前提] 根据《行诉解释》第 20 条第 3 款的规定，没有法律、法规或者规章规定，行政机关授权其内设机构、派出机构或者其他组织行使行政职权的，属于《行政诉讼法》第 26 条规定的委托。当事人不服提起诉讼的，应当以该行政机关为被告。

[小前提] 本案中，没有法律、法规、规章的规定，乙区政府授权甲市政府的派出机构开发区管委会与黄某签订《资产收购协议书》属于假授权真委托，视为管委会是受乙区政府委托的组织，其与黄某签订行政协议的，应当由乙区政府作为被告承担责任。

3. 对《资产收购协议书》的性质进行分析。

参考答案：

[结论]《资产收购协议书》属于行政协议。

[理论依据] 根据《最高人民法院关于审理行政协议案件若干问题的规定》第 1 条的规定，行政协议是指行政机关为实现行政管理或者公共服务目标，与公民、法人或者其他组织协商订立的具有行政法上权利义务内容的协议。本案中区政府为了对外实施行政管理，为了公共利益的需要，与黄某签订了具有行政法上权利义务内容的协议，属于行政协议。

4. 本案约定的仲裁协议是否有效？为什么？

参考答案：

[结论] 约定仲裁条款无效。

[大前提] 根据《最高人民法院关于审理行政协议案件若干问题的规定》第 26 条的规定，行政协议约定仲裁条款的，人民法院应当确认该条款无效，但法律、行政法规或者我国缔结、参加的国际条约另有规定的除外。

[小前提] 本案中行政协议中约定的仲裁条款是无效的。

5. 如何确定本案的起诉期限？为什么？

参考答案：

[结论] 本案适用诉讼时效 3 年。

[大前提] 根据《最高人民法院关于审理行政协议案件若干问题的规定》第 25 条的规定，公民、法人或者其他组织对行政机关不依法履行、未按照约定履行行政协议提起诉讼的，诉讼时效参照民事法律规范确定；对行政机关变更、解除行政协议等行政行为提起诉讼的，起诉期限依照《行政诉讼法》及其司法解释确定。

[小前提] 本案中，黄某的诉讼请求是请求确认协议无效，故诉讼时效参照民事法律规范确定，应当适用 3 年的诉讼时效。

6. 甲市乙区政府拒绝提供汽车贸易城项目范围内的其他征收补偿款的发放情况是否合法？为什么？

参考答案：

[结论] 区政府拒绝公开行为违法。

[大前提] 根据《国有土地上房屋征收与补偿条例》第 29 条第 1 款的规定，房屋征收部

门应当依法建立房屋征收补偿档案，并将分户补偿情况在房屋征收范围内向被征收人公布。说明土地征收补偿情况属于行政机关主动公开的事项。同时根据《政府信息公开条例》第15条的规定，涉及商业秘密、个人隐私等公开会对第三方合法权益造成损害的政府信息，行政机关不得公开。但是，第三方同意公开或者行政机关认为不公开会对公共利益造成重大影响的，予以公开。

[小前提] 本案中，乙区政府以涉及隐私为由拒绝公开，并没有征求被征收人意见，没有衡量社会公共利益，没有区分处理，直接拒绝是违法的，对于涉及第三人隐私的信息，区政府应当书面征求第三方的意见，第三方同意公开，就公开，如果第三方不同意公开，但不公开会损害社会公共利益的，应当在删除个人隐私情况下予以公开。

2019年主观卷（回忆版）（本题27分）

案情： 某建设单位施工完毕后，经市公安消防支队验收，消防支队向其出具了《建设工程消防验收备案结果通知》。李某认为建设单位将该消防设施设置在其家门口，影响其出行，向法院提起诉讼，请求依法撤销市公安消防支队批准在其门前设置的消防栓通过验收的决定；依法判令被告市公安消防支队责令报批单位建设单位依据国家标准限期整改。被告市公安消防支队辩称：《建设工程消防验收备案结果通知》是按照建设工程消防验收评定标准完成的工程检查，其性质属于技术性验收，并不是一项独立、完整的具体行政行为，不具有可诉性，不属于人民法院行政诉讼的受案范围，请求驳回原告的起诉。一审法院经审理裁定驳回了李某的诉讼。李某不服提起上诉。二审法院在审理过程中，被告市公安消防支队撤销了《建设工程消防验收备案结果通知》，原告李某向法院申请撤诉。

材料：

1.《中华人民共和国消防法》（2021年已被修改）

第4条第1款 ……县级以上地方人民政府公安机关对本行政区域内的消防工作实施监督管理，并由本级人民政府公安机关消防机构负责实施。……

第13条 按照国家工程建设消防技术标准需要进行消防设计的建设工程竣工，依照下列规定进行消防验收、备案：……

（二）其他建设工程，建设单位在验收后应当报公安机关消防机构备案，公安机关消防机构应当进行抽查。

依法应当进行消防验收的建设工程，未经消防验收或者消防验收不合格的，禁止投入使用；其他建设工程经依法抽查不合格的，应当停止使用。

2.《公安部建设工程消防监督管理规定》（现已失效）

第3条第2款 公安机关消防机构依法实施建设工程消防设计审核、消防验收和备案、抽查，对建设工程进行消防监督。

问题：

1.《建设工程消防验收备案结果通知》是否属于行政诉讼的受案范围？为什么？

参考答案：

[结论]《建设工程消防验收备案结果通知》属于行政诉讼的受案范围。

[理论依据]《建设工程消防验收备案结果通知》属于公安机关履行消防工作实施监督管理职权而作出的行政行为，且对行政相对人建设单位与行政相关人李某均具有行政法意义上的拘束力，符合具体行政行为的特征，且不属于政治行为、司法行为、事实行为等不可诉的行为

类型，故属于行政诉讼的受案范围。

2.《建设工程消防验收备案结果通知》属于什么性质的行为？

参考答案：

[结论] 行政确认行为。

[理论依据] 行政确认，是指行政主体对行政相对人的法律地位、法律关系和法律事实进行甄别，给予确定、认可、证明并予以宣告的具体行政行为。根据《消防法》第13条第2、3款的规定，第1款以外的其他建设工程，建设单位在验收后应当报公安机关消防机构备案，公安机关消防机构应当进行抽查。依法应当进行消防验收的建设工程，未经消防验收或者消防验收不合格的，禁止投入使用；其他建设工程经依法抽查不合格的，应当停止使用。由此可知，对公安机关消防机构而言，《建设工程消防验收备案结果通知》属于公安机关消防机构对行政相对人的法律事实、法律关系予以认定、确认的行政行为，符合行政确认的特征。（此处法条现已被修改，公安机关消防机构备案已变为各级政府住房和城乡建设主管部门备案）

3. 行政机关在二审上诉期间能否撤销已经生效的《建设工程消防验收备案结果通知》？

参考答案：

[结论] 可以撤销。

[大前提] 根据《最高人民法院关于行政诉讼撤诉若干问题的规定》第3条的规定，有下列情形之一的，属于《行政诉讼法》第51条（现为第62条）规定的"被告改变其所作的行政行为"：……③撤销、部分撤销或者变更被诉具体行政行为处理结果。同时，根据《最高人民法院关于行政诉讼撤诉若干问题的规定》第8条第1款的规定，第二审或者再审期间行政机关改变被诉具体行政行为，当事人申请撤回上诉或者再审申请的，参照本规定。

[小前提] 本案中，根据有错必究的理念，行政机关在二审期间可以改变其所作出的具体行政行为。

4. 若《建设工程消防验收备案结果通知》被公安机关消防支队撤销，建设单位可以如何救济自己的权利？

参考答案：

[结论] 建设单位可以针对行政机关撤销该通知的行为先申请行政复议，对复议决定不服的，再提起行政诉讼，或者可以直接向人民法院提起诉讼。

[理论依据]《行政诉讼法》第44条第1款规定，对属于人民法院受案范围的行政案件，公民、法人或者其他组织可以先向行政机关申请复议，对复议决定不服的，再向人民法院提起诉讼；也可以直接向人民法院提起诉讼。

5. 二审中李某申请撤诉，法院在什么条件下应当准许其撤诉？如果法院不准撤诉，本案的审理对象是什么？

参考答案：

[结论1+大前提] 根据《最高人民法院关于行政诉讼撤诉若干问题的规定》第2条的规定，二审中李某申请撤诉，法院准许撤诉的条件包括：①申请撤诉是当事人真实意思表示；②被告改变被诉具体行政行为，不违反法律、法规的禁止性规定，不超越或者放弃职权，不损害公共利益和他人合法权益；③被告已经改变或者决定改变被诉具体行政行为，并书面告知人民法院；④第三人无异议。

［结论2］本案的审理对象为一审裁定和被诉《建设工程消防验收备案结果通知》的合法性。

［大前提］《行政诉讼法》第87条规定，人民法院审理上诉案件，应当对原审人民法院的判决、裁定和被诉行政行为进行全面审查。

［小前提］根据条件显示，如果法院不准撤诉，即按照二审法院的审理进行，故本案的审理对象是原审人民法院的裁定和被诉行政行为的合法性。

6. 针对原告请求被告责令建设单位限期整改，如果一审能够得到支持，法院应如何裁判？为什么？

参考答案：

［结论］法院应当作履行判决。

［大前提］《行政诉讼法》第72条规定，人民法院经过审理，查明被告不履行法定职责的，判决被告在一定期限内履行。

［小前提］本案中，原告的诉讼请求为判令被告责令建设单位限期整改，属于要求被告履行法定职责，故在法院支持的情况下，法院应当判决被告在一定期限内履行职责。

2018年主观卷（回忆版）（本题28分）

案情： 王某在未取得建设工程规划许可证的情况下，在公路南侧建设沿街楼房。2018年3月12日，市国土资源局向王某下达《停止违法建设通知书》，责令其停止违法行为，并限期整改。王某并未整改。区建设规划局立案调查，确认王某所建房屋属于违法建筑，向王某发出《责令限期拆除违法建筑通知》，告知王某其所建房屋违法，责令王某限期1日内拆除违法建筑。王某未拆除所建房屋。2018年3月15日，区建设规划局向区城管执法大队发送委托书，委托区城管执法大队拆除王某所建房屋。区城管执法大队以王某未在规定期限内拆除所建房屋为由，组织强制拆除工作，并邀请镇政府、区管委会到场见证拆除过程。区城管执法大队在拆除王某房屋时，用铲车直接推倒房屋，王某尚未来得及将房屋内物品搬离，区城管执法大队也未依法制作物品登记清单，未采取保全措施。王某以市国土资源局、区建设规划局、区管委会、区城管执法大队、镇政府为被告向法院提起行政诉讼，请求确认拆除房屋行为违法并赔偿损失30万元。

问题：

1. 区建设规划局作出《责令限期拆除违法建筑通知》属于什么性质？

参考答案：

［结论］行政处罚。

［理论依据］根据《行政处罚法》第2条的规定，行政处罚是指行政机关依法对违反行政管理秩序的公民、法人或者其他组织，以减损权益或者增加义务的方式予以惩戒的行为。区建设规划局作出的《责令限期拆除违法建筑通知》是针对王某的违法建设行为，对王某的违建房屋作出的拆除处理，这是对王某财物——所建房屋实施的行政制裁，是一种产生不利后果的行为，符合行政处罚的制裁性目的。

2. 王某起诉所列被告是否正确？为什么？

参考答案：

［结论］不正确，被告应当是区建设规划局。

[大前提]《行政诉讼法》第 26 条第 1 款规定，公民、法人或者其他组织直接向人民法院提起诉讼的，作出行政行为的行政机关是被告。《行政诉讼法》第 26 条第 5 款规定，行政机关委托的组织所作的行政行为，委托的行政机关是被告。

[小前提] 本案中，王某起诉的是确认拆除房屋的行为违法，而拆除房屋的行为是区建设规划局委托区城管执法大队实施的，故应由委托机关即区建设规划局为被告。另外，市国土资源局未从事拆除行为不是被告，镇政府、区管委会只是见证人，没有进行拆除行为，不是被告。

3. 区城管执法大队拆除房屋行为是否违法？为什么？

参考答案：

[结论] 区城管执法大队拆除房屋行为违法。

此处存在两处违法。

（1）主体违法。

[大前提]《城乡规划法》第 68 条规定，城乡规划主管部门作出责令停止建设或者限期拆除的决定后，当事人不停止建设或者逾期不拆除的，建设工程所在地县级以上地方人民政府可以责成有关部门采取查封施工现场、强制拆除等措施。

[小前提] 本案中，房屋的强制拆除权属于县级以上人民政府，区城管执法大队没有强制执行权，主体违法。

（2）程序违法。

[大前提] 根据《行政强制法》第 35～38 条的规定，……（此处省略具体内容）

[小前提] 本案中，区城管执法大队在强制拆除过程中，没有进行强制拆除的公告、没有书面催告王某拆除房屋、没有听取王某的陈述申辩、没有制作书面强制拆除决定并送达、王某申请行政复议和提起行政诉讼的期限没有届满等，程序违法。

4. 王某的起诉期限如何确定？

参考答案：

[结论] 王某应当自知道或应当知道作出行政行为之日起 6 个月内提起行政诉讼。

[大前提] 根据《行政诉讼法》第 46 条第 1 款的规定，公民、法人或者其他组织直接向人民法院提起诉讼的，应当自知道或者应当知道作出行政行为之日起 6 个月内提出。法律另有规定的除外。

[小前提] 本案属于王某直接起诉的案件，且起诉期限无法律另外规定，故起诉期限就是自知道或应当知道作出行政行为之日起 6 个月内。

5. 若在一审开庭时，行政机关的负责人没有出庭应诉，并委托城管大队的相关工作人员和律师出庭，法庭是否应予准许？为什么？

参考答案：

[结论] 不应准许。

[大前提]《最高人民法院关于行政机关负责人出庭应诉若干问题的规定》第 9 条规定，行政机关负责人有正当理由不能出庭的，应当提交相关证明材料，并加盖行政机关印章或者由该机关主要负责人签字认可。人民法院应当对行政机关负责人不能出庭的理由以及证明材料进行审查。行政机关负责人有正当理由不能出庭，行政机关申请延期开庭审理的，人民法院可以

准许；人民法院也可以依职权决定延期开庭审理。

[小前提] 本案中，因为被告是区建设规划局，如果在一审开庭时，负责人没有出庭应诉，也应当有正当的理由，由法院审查，而非直接只委托城管执法大队的相关工作人员和律师出庭。故法庭不予准许。

6. 王某请求损失赔偿的举证责任如何分配？为什么？

参考答案：

[结论] 王某请求损失赔偿的举证责任应由被告承担。

[大前提]《行政诉讼法》第38条第2款规定，在行政赔偿、补偿的案件中，原告应当对行政行为造成的损害提供证据。因被告的原因导致原告无法举证的，由被告承担举证责任。

[小前提] 本案中，由于被告在拆除房屋过程中未制作物品登记清单、未采取保全措施，是被告的过错，因此本案中王某请求赔偿的举证责任就由被告来承担。

2016年卷四第七题 （本题24分）

材料一 （案情）： 孙某与村委会达成在该村采砂的协议，期限为5年。孙某向甲市乙县国土资源局申请采矿许可，该局向孙某发放采矿许可证，载明采矿的有效期为2年，至2015年10月20日止。

2015年10月15日，乙县国土资源局通知孙某，根据甲市国土资源局日前发布的《严禁在自然保护区采砂的规定》，采矿许可证到期后不再延续，被许可人应立即停止采砂行为，撤回采砂设施和设备。

孙某以与村委会协议未到期、投资未收回为由继续开采，并于2015年10月28日向乙县国土资源局申请延续采矿许可证的有效期。该局通知其许可证已失效，无法续期。

2015年11月20日，乙县国土资源局接到举报，得知孙某仍在采砂，以孙某未经批准非法采砂，违反《矿产资源法》为由，发出《责令停止违法行为通知书》，要求其停止违法行为。孙某向法院起诉请求撤销通知书，一并请求对《严禁在自然保护区采砂的规定》进行审查。

孙某为了解《严禁在自然保护区采砂的规定》内容，向甲市国土资源局提出政府信息公开申请。

材料二： 涉及公民、法人或其他组织权利和义务的规范性文件，按照政府信息公开要求和程序予以公布。推行行政执法公示制度。推进政务公开信息化，加强互联网政务信息数据服务平台和便民服务平台建设。（摘自《中共中央关于全面推进依法治国若干重大问题的决定》）

问题：

1. 结合材料一回答以下问题：

（1）《行政许可法》对被许可人申请延续行政许可有效期有何要求？行政许可机关接到申请后应如何处理？

参考答案：

[有何要求]《行政许可法》第50条第1款规定，被许可人需要延续依法取得的行政许可的有效期的，应在该行政许可有效期届满30日前向作出行政许可决定的行政机关提出申请。但法律、法规、规章另有规定的，依照其规定。

[如何处理]《行政许可法》第50条第2款规定，行政机关应根据被许可人的申请，在该许可有效期届满前作出是否准予延续的决定；逾期未作决定的，视为准予延续。

（2）孙某一并审查的请求是否符合要求？根据有关规定，原告在行政诉讼中提出一并请求审查行政规范性文件的具体要求是什么？

参考答案：

[结论]本案中，因《严禁在自然保护区采砂的规定》并非被诉行政行为（《责令停止违法行为通知书》）作出的依据，孙某的请求不成立。

[大前提]根据《行政诉讼法》第53条和《行诉解释》第146条的规定，原告在行政诉讼中一并请求审查规范性文件需要符合下列要求：①该规范性文件为国务院部门和地方政府及其部门制定的规范性文件，但不含规章。②该规范性文件是被诉行政行为作出的依据。③应在第一审开庭审理前提出；有正当理由的，也可以在法庭调查中提出。

[小前提]本案中，被诉行政行为是乙县国土资源局发出的要求孙某停止违法行为的《责令停止违法行为通知书》，其依据的是《矿产资源法》，而非《严禁在自然保护区采砂的规定》。故孙某请求一并审查的《严禁在自然保护区采砂的规定》并非行政机关作出的被诉行政行为的依据，不符合法律规定。故孙某一并审查的请求不符合要求。

（3）行政诉讼中，如法院经审查认为规范性文件不合法，应如何处理？

参考答案：

[结论]①不作为法院认定行政行为合法的依据，并在裁判理由中予以阐明。②作出生效裁判的法院应当向规范性文件的制定机关提出处理建议，并可以抄送制定机关的同级政府、上一级行政机关、监察机关以及规范性文件的备案机关。③法院可以在裁判生效之日起3个月内，向规范性文件制定机关提出修改或者废止该规范性文件的司法建议。规范性文件由多个部门联合制定的，法院可以向该规范性文件的主办机关或者共同上一级行政机关发送司法建议。情况紧急的，法院可以建议制定机关或者其上一级行政机关立即停止执行该规范性文件。④法院应当在裁判生效后报送上一级法院进行备案。涉及国务院部门、省级行政机关制定的规范性文件，司法建议还应当分别层报最高法院、高级法院进行备案。

[大前提]《行诉解释》第149条规定，人民法院经审查认为行政行为所依据的规范性文件合法的，应当作为认定行政行为合法的依据；经审查认为规范性文件不合法的，不作为人民法院认定行政行为合法的依据，并在裁判理由中予以阐明。作出生效裁判的人民法院应当向规范性文件的制定机关提出处理建议，并可以抄送制定机关的同级人民政府、上一级行政机关、监察机关以及规范性文件的备案机关。规范性文件不合法的，人民法院可以在裁判生效之日起3个月内，向规范性文件制定机关提出修改或者废止该规范性文件的司法建议。规范性文件由多个部门联合制定的，人民法院可以向该规范性文件的主办机关或者共同上一级行政机关发送司法建议。接收司法建议的行政机关应当在收到司法建议之日起60日内予以书面答复。情况紧急的，人民法院可以建议制定机关或者其上一级行政机关立即停止执行该规范性文件。《行诉解释》第150条规定："人民法院认为规范性文件不合法的，应当在裁判生效后报送上一级人民法院进行备案。涉及国务院部门、省级行政机关制定的规范性文件，司法建议还应当分别层报最高人民法院、高级人民法院备案。"

（4）对《责令停止违法行为通知书》的性质作出判断，并简要比较行政处罚与行政强制措施的不同点。

参考答案：

[性质判断] 本案中，责令停止违法行为通知在于制止孙某的违法行为，不具有制裁性质，归于行政强制措施更为恰当。

[不同点] 行政处罚和行政强制措施的不同主要体现在下列方面：①目的不同。行政处罚的目的是制裁，给予违法者制裁是其本质特征；行政强制措施主要目的在于制止和预防，即在行政管理中制止违法行为、防止证据损毁、避免危害发生、控制危险扩大等。②阶段性不同。行政处罚是对违法行为查处后作出的处理决定，常发生在行政程序终了之时；行政强制措施是对人身自由、财物等实施的暂时性限制、控制措施，常发生在行政程序前端。③表现形式不同。行政处罚主要有警告、罚款、没收违法所得、责令停产停业、暂扣或吊销许可证、执照、行政拘留等；行政强制措施主要有限制公民自由、查封、扣押、冻结等。

2. 结合材料一和材料二作答（要求观点明确，逻辑清晰、说理充分、文字通畅；总字数不得少于500字）：

谈谈政府信息公开的意义和作用，以及处理公开与不公开关系的看法。

参考答案：

政府信息公开是指法律、法规规定的国家行政机关，依据相关规定，依职权主动向社会民众公布、开放政府的信息或依公众申请进行公开的行为。其制度目的在于监督和控制政府权力，进而保障公民政治权利，并最终推动法治政府的建设。具体而言，政府信息公开的意义和作用体现在以下三个方面：

（1）有利于保障公民的知情权。公民对政府信息具有知情权，信息公开是实现人民当家作主的需要，这在一定程度上也会避免行政纠纷的产生。在本案中，孙某由于对《严禁在自然保护区采砂的规定》不知情而作出违法采砂的行为，产生了行政纠纷。故政府信息公开，在保障公民知情权的同时，也能促使公民了解相关规定，避免和减少行政纠纷的产生。

（2）提高行政公开性，减少和防止腐败。通过政府的信息公开，提高政府工作的透明度，社会公众可以通过获得的信息加强对行政机关的监督，将行政机关的权力暴露在阳光下，防止其权力滥用，促进依法行政。

（3）发挥政府信息的服务作用。政府信息对公民的生产经营、生活等方面有着重要影响，政府信息公开有助于促进信息交流与共享，提高公民的生产效率，避免信息资源的浪费，最终促进整个社会和政治的发展和进步。

虽然倡导和要求政府信息公开，但并不要求所有的政府信息一律公开或全部公开。关于公开与不公开二者的关系，涉及政府信息公开范围的界限。政府信息公开既要保证公民、组织全面及时地获取政府信息，也要防止损害国家利益及公民、组织的合法权益。因此二者之间的关系应以公开为原则、不公开为例外为精神指导。具体涉及以下三个方面：①坚持信息公开与不公开的对立统一的逻辑关系。公开是绝对的，不公开是相对的，信息公开是当今行政法治之潮流，不公开得在法定情况下为之。②坚持以公开为原则，不公开为例外。行政法的主要目的是实现公共利益的最大化，行政机关应当尽量扩大信息公开的范围，但如果涉及国家秘密、商业利益和个人隐私等方面的政府信息不予公开。③遵循行政法的基本原则。首先，应当遵循合法行政原则。政府信息的公开与不公开都应遵守法律的规定，行政机关不能违反法律规定泄露国家秘密、商业秘密和个人隐私；同时，其不公开信息的条件和标准也不能随意扩大，否则将侵犯公民的知情权。其次，应当遵循合理行政原则，行政机关应合理行使自由裁量权，避免对公民知情权的侵犯。

（解答本题首先应阐述政府信息公开的涵义，然后结合材料分点论述政府信息公开的意义和作用，最后阐明如何处理公开与不公开的关系。注意文末一定要点题，对上述内容进行升华。）

2011 年卷四第六题（本题 22 分）

案情： 经工商局核准，甲公司取得企业法人营业执照，经营范围为木材切片加工。甲公司与乙公司签订合同，由乙公司供应加工木材 1 万吨。不久，省林业局致函甲公司，告知按照本省地方性法规的规定，新建木材加工企业必须经省林业局办理木材加工许可证后，方能向工商行政管理部门申请企业登记，违者将受到处罚。1 个月后，省林业局以甲公司无证加工木材为由没收其加工的全部木片，并处以 30 万元罚款。期间，省林业公安局曾传唤甲公司人员李某到公安局询问该公司木材加工情况。甲公司向法院起诉要求撤销省林业局的处罚决定。

因甲公司停产，无法履行与乙公司签订的合同，乙公司要求支付货款并赔偿损失，甲公司表示无力支付和赔偿，乙公司向当地公安局报案。2010 年 10 月 8 日，公安局以涉嫌诈骗为由将甲公司法定代表人张某刑事拘留，1 个月后，张某被批捕。2011 年 4 月 1 日，检察院以证据不足为由作出不起诉决定，张某被释放。张某遂向乙公司所在地公安局提出国家赔偿请求，公安局以未经确认程序为由拒绝张某请求。张某又向检察院提出赔偿请求，检察院以本案应当适用修正前的《国家赔偿法》，此种情形不属于国家赔偿范围为由拒绝张某请求。

问题：

1. 甲公司向法院提起行政诉讼，如何确定本案的地域管辖？

参考答案：

［结论］由省林业局所在地的法院管辖。

［大前提］根据《行政诉讼法》第 18 条第 1 款的规定，行政案件由最初作出行政行为的行政机关所在地人民法院管辖。经复议的案件，也可以由复议机关所在地人民法院管辖。

［小前提］本案中，被诉的行政行为是省林业局直接作出的没收和罚款的行政处罚决定，不属于行政诉讼中特殊地域管辖的情形，所以应当由最初作出行政行为的行政机关所在地，即省林业局所在地的法院管辖。

2. 对省林业局的处罚决定，乙公司是否有原告资格？为什么？

参考答案：

［结论］乙公司没有原告资格。

［大前提］根据《行政诉讼法》第 25 条第 1 款的规定，行政行为的相对人以及其他与行政行为有利害关系的公民、法人或者其他组织，有权提起诉讼。

［小前提］本案中，乙公司与省林业局作出的处罚决定没有直接实质上的利害关系，不是行政相对人，也不是利害关系人，不能以原告的身份提起行政诉讼。对甲公司不履行合同给乙公司带来的损失，乙公司可以通过对甲公司提起民事诉讼的途径来获得救济。

3. 甲公司对省林业局的致函能否提起行政诉讼？为什么？

参考答案：

［结论］不能。

[**理论依据**] 本案中的致函行为仅仅是一种告知、劝告的行为，并未确认、改变、消灭甲公司法律上的权利义务，是对甲公司的权利义务不产生实际影响的行为。根据《行政诉讼法》及司法解释的规定，致函行为不属于行政诉讼的受案范围，不能提起行政诉讼。

4. 省林业公安局对李某的传唤能否成为本案的审理对象？为什么？李某能否成为传唤对象？为什么？

参考答案：

[**结论1**] 传唤不能成为本案的审理对象。

[**大前提**] 根据《行政诉讼法》第6条的规定，人民法院审理行政案件，对行政行为是否合法进行审查。

[**小前提**] 一审行政诉讼案件的审理对象是被诉行政行为的合法性。本案中，原告的诉讼请求是撤销省林业局的处罚决定，传唤行为虽然属于省林业局所采取，但是与本案的诉求是无关的，不能成为本案的审理对象。

[**结论2**] 李某不能成为传唤的对象。

[**理论依据**] 根据《治安管理处罚法》第82条第1款的规定，需要传唤违反治安管理行为人接受调查的，经公安机关办案部门负责人批准，使用传唤证传唤。由此可知，治安传唤适用的对象是违反治安管理行为人，李某并未违反治安管理的相关规定，故省林业公安局不能对李某进行治安传唤。

5. 省林业局要求甲公司办理的木材加工许可证属于何种性质的许可？地方性法规是否有权创设？

参考答案：

[**结论1**] 属于企业设立登记的前置性行政许可。

[**结论2**] 地方性法规无权创设。

[**理论依据**] 根据《行政许可法》第15条第2款的规定，地方性法规和省、自治区、直辖市人民政府规章，不得设定应当由国家统一确定的公民、法人或者其他组织的资格、资质的行政许可；不得设定企业或者其他组织的设立登记及其前置性行政许可。

6. 对张某被羁押是否应当给予国家赔偿？为什么？

参考答案：

[**结论**] 应当给予国家赔偿。

[**大前提**] 根据《国家赔偿法》第17条的规定，行使侦查、检察、审判职权的机关以及看守所、监狱管理机关及其工作人员在行使职权时有下列侵犯人身权情形之一的，受害人有取得赔偿的权利：……②对公民采取逮捕措施后，决定撤销案件、不起诉或者判决宣告无罪终止追究刑事责任的；……

[**小前提**] 本案中，公安局以涉嫌诈骗罪为由将张某批捕，之后又以证据不足为由作出不起诉决定，终止追究刑事责任，受害人有取得国家赔偿的权利。

7. 公安局拒绝赔偿的理由是否成立？为什么？

参考答案：

[**结论**] 理由不成立。

［理论依据］因为修正后的《国家赔偿法》已经取消了司法赔偿的确认程序，以此为由拒绝赔偿缺乏法律依据。

8. 检察院拒绝赔偿的理由是否成立？为什么？

参考答案：

［结论］理由不成立。

［大前提］根据《最高人民法院关于适用〈中华人民共和国国家赔偿法〉若干问题的解释（一）》第1条的规定，国家机关及其工作人员行使职权侵犯公民、法人和其他组织合法权益的行为发生在2010年12月1日以后，或者发生在2010年12月1日以前、持续至2010年12月1日以后的，适用修正的《国家赔偿法》。

［小前提］本案中的侵权行为属于持续到2010年12月1日以后，应当适用修正后的《国家赔偿法》，检察院拒绝理由不成立。

专题四 刑诉法专项突破

第一节 刑诉法学科规律分析

一、本科目主观题考查特点剖析

(一) 考查细致

自司法考试以来，刑诉法已累计考查25道主观题，涉及考点很细。比如2017年刑诉法案例分析第一小问：本案二审判决是否生效？为什么？这里的一个考点是判决书已经在中国裁判文书网上发布，但没有向被告人送达，这种情形下判决是否生效。在这样的要求下，学员在备考刑诉法主观题过程中，不仅要从宏观上把握刑诉法相关知识点的框架，更要在细节上理顺每一个知识点。如此在答题时才能准确把握考点，作答才能行云流水，一气呵成。

(二) 考点集中

在历年的司法考试以及2018~2021年的法考中，刑诉法的考点主要集中在管辖、刑事证据、审判程序中。虽然刑诉法的知识点非常庞杂，但刑诉法主观题一直保持重者恒重的考查特点，虽然偶尔有越雷池半步之嫌，但整体上的考点是集中的。2021年，刑诉法考查的是管辖、辩护、侦查、一审。2021年延考，刑诉法考查的是强制措施、证据、起诉、一审，体现了重者恒重的规律。

(三) 考查方式多样

刑诉法主观题的考查，既有中规中矩的法条考查，也有开放式的分析应用考查，有问答式考查也有论述式考查，有改错式考查也有直接应答式考查。考查方式主要以问答式考查为主。例如2017年，刑诉法以问答式的方式考查考生对知识点的掌握，2018年则以分析题的方式要求考生对材料进行分析。2008年延考卷的刑诉法试题，则是一道程序改错题。25道刑诉法主观题，程序挑错3道（2002年、2007年、2008年延考）；法律文书题3道（2002年、2003年、2005年）；分析论述题5道（2004年、2006年、2010年、2015年、2018年）；案例分析题14道（2004年、2008年、2009年、2011~2014年、2016年、2017年、2019年、2020年、2020年延考、2021年、2021年延考）。虽然考查方式多样，但是近5年真题是以案例分析题考查为主，分析论述题考查为辅。

(四) 综合性强

刑诉法主观题的综合性不仅体现在考查方式的综合上，也体现在学科的考查综合以及知识点的考查综合上。就学科的综合考查来看，刑诉法主要和刑法结合起来考查，比如2018年的证据分析题综合考查了刑法和刑诉法、2021年第一问的第一小问是刑法知识点，其他题目涉及的是刑诉法的知识点。就知识点的考查综合上看，2021 年延考考查的知识点涉及强制措施、证据、起诉、一审四章的知识点，所以考生需要尽可能全面复习。

（五）紧跟热点

每一次的法条修改或新制度出台都会引起刑诉法主观题的关注，2013 年考查 2012 年刑诉法修改的重点，2015 年考查 2014 年刑诉法的热点，2018 年考查 2017 年的刑诉法重点，2019 年考查 2018 年的修改重点，2021 年考查了大量当年新修订法律法规的内容，紧跟热点，与时俱进，刑诉法考试从未缺席。

二、主观题命题规律

（一）2008~2017 年司考时代考点展示

年　份	考　　　点	主要内容
2017 年	（1）判决的生效； （2）当事人申诉的程序； （3）检察院再审抗诉的处理； （4）法院启动的审判监督程序。	（1）一审和二审判决的生效； （2）当事人向人民检察院提起申诉的程序； （3）再审程序的审理法院及审理程序； （4）上级法院对下级法院生效判决的监督； （5）再审案件的审理结果。
2016 年	（1）境外证据效力认定； （2）庭前会议中对非法证据的处理； （3）检察院的补充起诉； （4）上诉不加刑原则； （5）二审案件的处理。	（1）人民法院对域外证据的审查及认定； （2）庭前会议对排非申请的处理； （3）案件审理中的补充起诉； （4）二审案件的审理结果。
2015 年	（1）证据分析（排除与运用）； （2）是否构成犯罪的证明标准； （3）审判为中心的诉讼制度改革。	（1）证据的法定种类； （2）证据的审查判断； （3）证据确实、充分的证明标准； （4）间接证据认定案件事实的标准和要求； （5）以审判为中心的刑事诉讼制度改革分析。
2014 年	（1）强制医疗程序适用条件； （2）强制医疗程序当事人的救济权； （3）强制医疗的重审； （4）刑事附带民事诉讼的处理。	（1）强制医疗的适用条件； （2）当事人对强制医疗决定的救济权； （3）强制医疗的审判组织、审理方式以及特殊人员的程序保障； （4）强制医疗程序中附带民事诉讼的处理。
2013 年	（1）技术侦查措施； （2）指定居所监视居住； （3）非法证据排除。	（1）技术侦查措施的适用主体、适用案件、适用阶段； （2）指定居所监视居住的适用条件； （3）人民法院排除非法证据的程序，从庭前会议到证据排除后的法律效果。
2012 年	（1）非法证据排除； （2）构成犯罪的证明标准；	（1）非法证据的类型及排除规则； （2）负有排除非法证据义务的机关；

续表

年 份	考 点	主要内容
2012年	(3) 刑事诉讼法与刑法的关系； (4) 排非的制度发展及其诉讼价值。	(3) 法院的裁判类型以及定罪的证明标准； (4) 刑事诉讼法的工具价值； (5) 非法证据排除的完善及价值。
2011年	(1) 法院排除非法证据的程序； (2) 是否构成犯罪的证明标准； (3) 证据的关联性。	(1) 人民法院对排非申请的处理； (2) 法院对证据合法性的调查程序； (3) 事实清楚、证据确实充分的判断； (4) 定罪的证明标准； (5) 证据的关联性。
2010年	(1) 证据分析（排除与运用）； (2) 是否构成犯罪的证明标准。	(1) 证据的审查判断； (2) 定罪的证明标准。
2009年	(1) 死刑、死缓的复核程序； (2) 二审的审理方式； (3) 刑事附带民事的二审处理。	(1) 有期徒刑、死缓、死刑立即执行判决的生效； (2) 二审的全面审查原则； (3) 刑事判决与附带民事判决独立生效、独立上诉； (4) 死刑立即执行的变更。
2008年	刑事附带民事的二审处理。	(1) 刑事附带民事都上诉后，审理发现事实认定正确但适用法律错误的处理； (2) 刑事附带民事判决，仅对刑事部分（民事部分）提起上诉，民事部分（刑事部分）发现错误后的处理； (3) 附带民事诉讼在上诉中增加独立诉讼请求的处理； (4) 一审中，附带民事诉讼的调解。
2008年延考	(1) 辨认； (2) 委托辩护人的主体； (3) 庭审中的新证据、新事实； (4) 二审中发回重审。	(1) 个别辨认与混合辨认原则； (2) 律师会见的证件要求； (3) 委托辩护人的主体； (4) 庭审中检察院发现新事实的处理； (5) 法院调取证据的运用； (6) 发回重审的审判组织。

（二）2018~2021年法考时代考点展示

年 份	考 点	主要内容
2021年	(1) 管辖； (2) 辩护； (3) 侦查； (4) 一审。	(1) 二审并案管辖； (2) 值班律师的诉讼地位和职权； (3) 认罪认罚案件公安机关撤销案件的程序； (4) 组成七人合议庭的条件以及法官与人民陪审员的职权； (5) 单位犯罪中诉讼代表人的确定方法。
2021年延考	(1) 强制措施； (2) 证据；	(1) 强制措施之逮捕适用的比例原则； (2) 非法言词证据排除的范围；

续表

年　份	考　　点	主要内容
2021年 延考	(3) 起诉； (4) 一审。	(3) 审查起诉阶段检察院对精神病鉴定的审查； (4) 法院对认罪认罚从宽幅度的把握； (5) 庭前会议中法官对回避事项的处理； (6) 法定不公开的案件对旁听人员的限制。
2020年	(1) 管辖； (2) 证据； (3) 一审。	(1) 审判管辖中计算机网络实施犯罪的地域管辖； (2) 证据中犯罪嫌疑人供述笔录与讯问录音录像不一致的处理； (3) 证据中价格认定书的审查判断； (4) 证据中专家辅助人意见的审查判断； (5) 证据中电子数据的审查方法； (6) 一审中检察机关举证质证的方式。
2020年 延考	(1) 认罪认罚从宽制度； (2) 一审； (3) 二审。	(1) 认罪认罚的适用； (2) 一审中普通程序、简易程序与速裁程序的适用； (3) 二审中发现遗漏单位犯罪中的单位和相关责任人的处理方式； (4) 二审对上诉、抗诉案件审理后的处理。
2019年	(1) 管辖； (2) 审查起诉； (3) 认罪认罚。	(1) 监察委与检察院的立案管辖； (2) 管辖竞合的处理； (3) 径行起诉； (4) 审判阶段的认罪认罚。
2018年	(1) 证明标准； (2) 一审判决； (3) 犯罪嫌疑人供述、证人证言、监控录像、鉴定意见、侦查实验、书证等证据的运用规则； (4) 非法证据排除。	(1) 证据的种类及理论分类； (2) 证据的审查判断标准； (3) 证据确实、充分的证明标准； (4) 间接证据认定案件事实的标准和要求； (5) 非法证据排除规则在审理阶段的运用； (6) 人民法院一审判决的类型和标准。

（三）司考时代及法考时代考查规律

1. 无证据无诉讼，证据是命题人的宠儿

2010~2013年、2015年、2016年、2018年、2020年、2021年延考的案例分析都有对证据的考查。考查重点主要集中在：①非法证据排除规则，包含主体、程序、后果等；②被告是否构成犯罪的证明标准；③证据审查判断的方法。

司考（法考）对证据的考查不仅重视精准记忆，还要求考生具有严谨的逻辑能力和清晰的分析能力。例如2010年、2015年、2018年的刑诉法主观题要求对题干中列出的证据进行分析，根据分析得出是否有罪的结论。该题型一方面要求考生对法定证据的运用规则非常熟悉，还要求考生能够根据现有证据进行逻辑严密的分析，根据法律规定的证明标准对所有证据进行认定和排除，最后得出唯一且确定的结果。

2. 程序是诉讼的灵魂，是考试中的重点

考查程序的题目涉及内容相对较多且综合性强，2012 年、2013 年、2017 年、2020 年延考、2021 年的考题涉及证据较少，考查的考点以程序为主，比如侦查措施、强制措施、一审程序、二审程序等。因为刑诉法的考点很细，即便是考查重点很明确，在做题的过程中也会发现细节性考查防不胜防。考生要想程序性试题不丢分，一定要准确把握刑事诉讼的法律程序，构建自己的程序框架，重点知识一定要重复重复再重复地理解记忆，要注意不同刑诉程序之间的区分和联系。

3. 新增加或者新修改的内容考查的概率大

2010 年 6 月发布的《关于办理刑事案件排除非法证据若干问题的规定》和《关于办理死刑案件审查判断证据若干问题的规定》对我国非法证据排除规则作了明确具体的规定。2012 年 3 月修正的《刑事诉讼法》，吸收了《关于办理刑事案件排除非法证据若干问题的规定》的相关内容，2012 年《刑事诉讼法》修改后，2012 年《刑诉解释》和最高人民检察院《人民检察院刑事诉讼规则（试行）》设专节对非法证据排除制度的具体适用作出了进一步规定。2012 年刑诉法主观题就考查了非法证据排除规则的相关知识点，并在第 5 小问设置了一个小型的简答题："结合本案，简述非法证据排除规则的完善过程，阐明非法证据排除规则的诉讼价值。"

2014 年 10 月 23 日，中国共产党第十八届中央委员会第四次全体会议发布了《中共中央关于全面推进依法治国若干重大问题的决定》，2015 年刑诉法主观题第 2 问为："请结合本案，谈谈对《中共中央关于全面推进依法治国若干重大问题的决定》中关于'推进以审判为中心的诉讼制度改革，确保侦查、审查起诉的案件事实证据经得起法律的检验'这一部署的认识。"

2017 年发布了《排非规定》，在 2018 年的刑诉法主观题考试中，便是一道关于证据的题目，2018 年刑诉法修改主要集中在立案管辖、认罪认罚从宽、缺席审判等制度。2019 年发布了《认罪认罚指导意见》，在 2019 年刑诉法主观题考查了管辖及认罪认罚案件的审理。2020 年修正了《公安部规定》，2021 年修正了《刑诉解释》，在 2021 年统考中，6 问有 5 问考查《刑诉解释》新增或者新修的制度，1 问考查《公安部规定》新增的制度。当然，证据、程序一直是考试的宠儿，只是我们可以从这些考试中发现刑诉法喜欢考查的是新增加或者新修改的内容，考生一定要予以重视。

第二节　刑诉法解题思路与模板

一、刑诉法解题思路

现在的法考，在参加主观题考试时，都配有法律汇编。貌似在形式上提供了工具和便利，实际上，如果考生对法条不熟悉，即便是告诉你该题应当引用哪部法律，在有限的时间内，考生也无法顺利答完试题。

更何况刑诉法法条众多，司法部提供的法律汇编就列了 30 部法律法规，如果算上有涉及或关联的法律法规比如《监察法》《人民陪审员法》《刑法》等，刑诉法所囊括的法条可以达 40 部之多，在这样的困境中，要想刑诉法获得理想的分数，我们必须有一定的答题技巧及素材积累。

还有一个非常现实的问题，刑事诉讼程序并非一部《刑事诉讼法》就能囊括完全，比如辨认，在刑事诉讼法条中是没有列明的，散见于《高检规则》和《公安部规定》，在这样的情况下，对法条全面熟悉尤为重要。

刑诉法主观题，无论是程序性试题还是证据类试题，法条跨度都非常大，比如一个程序性试题，可能会涉及侦查、起诉、一审、二审，如此大的跨度，要答对一道题，可能要将整个刑诉法的法条都翻阅完毕。

由于刑诉法主观题面临着上述现实问题，因此在备考及答题时需要注意：

1. 备考注意事项

（1）不能因为提供法条便觉得有备无患，知识储备永远比工具加持更可靠，所以一定要重视刑诉法基础知识的学习。

（2）学习到掌握，掌握到运用，运用到应试除了需要知识储备还需要大量练习，练习不是走马观花地写上几句，而是系统地、反复地将一道题读懂、写全、吃透。熟能生巧，百练成才。

2. 答题注意事项

（1）看清题意，是只问了结论还是结论与原因（分析）都有问。看清题意就像看清了答题方向，接下来的作答才不会出错。

（2）一定要懂答题技巧，这种技巧属于机械式技巧，与专业能力无关，即要迅速对题目分值及难易度作出判断，然后作答，求稳保高，先把能拿下的分拿下，再把不好拿的分拿下，最后再想办法拿下可能拿不到的分。

除了上述要求，答题的模板储备或者说答题思路也是应试技巧不可或缺的内容，接下来我们就通过对真题的分析来解说刑诉法的答题模板。

首先，我们从刑事诉讼法的案例题进行解读。对于该题型，基本答题思路如下：

❶ 书写结论

［例 1］ 不能认定有罪的结论。

［例 2］ 法院的做法不合法。

❷ 书写大前提（《刑事诉讼法》《刑诉解释》《高检规则》《排非规定》等）

［例 1］ 根据《刑事诉讼法》第 × × 条的规定：

［例 2］ 根据《排非规定》第 × × 条的规定：

［特别提醒］ 在答题中考生列明法条确有困难的，除非题目明确要求必须列明法条，否则直接说理即可，且只需列明和案情相关的法条内容。

此外，法条的名称是可以简写的，这样在考场上可以节约时间，如《最高人民法院关于适用〈中华人民共和国刑事诉讼法〉的解释》可简写为《刑诉解释》；《人民检察院刑事诉讼规则》可简写为《高检规则》；《公安机关办理刑事案件程序规定》可简写为《公安部规定》；《最高人民法院、最高人民检察院、公安部、国家安全部、司法部关于办理刑事案件严格排除非法证据若干问题的规定》可简写为《排非规定》；《最高人民法院、最高人民检察院、公安部、国家安全部、司法部关于适用认罪认罚从宽制度的指导意见》可简写为《认罪认罚指导意见》等。

❸ 书写小前提

书写小前提的方法主要是对题目中给出的案件事实进行一定的分析与转述，把握材料中的重要信息进行梳理与整合，筛选出与问题有关的因素，并用精练的语言归纳表达。

二、刑诉法案例题答题模板

刑诉法主观题大概有四种类型：①证据类题型：分为问答式证据类试题（2011 年）和分析式证据类试题（2018 年）；②程序类题型：分为问答式程序类试题（2021 年）和改错式程序类试题（2008 年延考卷）；③论述类题型：分为纯论述性试题（2004 年）和小问式论述试题（2015 年）；④文书类题型：分为文书改错类（2003 年）和法律文书书写类（2005 年）。

（一）证据类题型

我们列举两个证据类题型，分别是问答式和综合分析式。对于综合分析式证据类题型，一般按照"结论+法律依据+各类证据分析+总结"的方式来组织答案。

2011 年卷四第三题（本题 22 分）

案情： 2010 年 10 月 2 日午夜，A 市某区公安人员在辖区内巡逻时，发现路边停靠的一辆轿车内坐着三个年轻人（朱某、尤某、何某）形迹可疑，即上前盘查。经查，在该车后备厢中发现盗窃机动车工具，遂将三人带回区公安分局进一步审查。案件侦查终结后，区检察院向区法院提起公诉。

（证据）朱某——在侦查中供称，其作案方式是 3 人乘坐尤某的汽车在街上寻找作案目标，确定目标后由朱某、何某下车盗窃，得手后共同分赃。作案过程由尤某策划、指挥。在法庭调查中承认起诉书指控的犯罪事实，但声称在侦查中被刑讯受伤。

尤某——在侦查中与朱某供述基本相同，但不承认作案由自己策划、指挥。在法庭调查中翻供，不承认参与盗窃机动车的犯罪，声称对朱某盗窃机动车毫不知情，并声称在侦查中被刑讯受伤。

何某——始终否认参与犯罪。声称被抓获当天从 C 市老家来 A 市玩，与原先偶然认识的朱某、尤某一起吃完晚饭后坐在车里闲聊，才被公安机关抓获。声称以前从没有与 A 市的朱某、尤某共同盗窃，并声称在侦查中被刑讯受伤。

公安机关——在朱某、尤某供述的十几起案件中核实认定了 A 市发生的 3 起案件，并依循线索找到被害人，取得当初报案材料和被害人陈述。调取到某一案发地录像，显示朱某、尤某盗窃汽车经过。根据朱某、尤某在侦查阶段的供述，认定何某在 2010 年 3 月 19 日参与一起盗窃机动车案件。

何某辩护人——称在案卷材料中看到朱某、尤某、何某受伤后包有纱布的照片，并提供 4 份书面材料：①何某父亲的书面证言：2010 年 3 月 19 日前后，何某因打架被当地公安机关告知在家等候处理，不得外出。何某未离开 C 市；②2010 年 4 月 5 日，公安机关发出的行政处罚通知书；③C 市某机关工作人员赵某的书面证言：2010 年 3 月 19 日案发前后，经常与何某在一起打牌，何某随叫随到，期间未离开 C 市；④何某女友范某的书面证言：2010 年 3 月期间，何某一直在家，偶尔与朋友打牌，未离开 C 市。

（法庭审判）庭审中，3名被告人均称受到侦查人员刑讯。辩护人提出，在案卷材料中看到朱某、尤某、何某受伤后包有纱布的照片，被告人供述系通过刑讯逼供取得，属于非法证据，应当予以排除，要求法庭调查。公诉人反驳，被告人受伤系因抓捕时3人有逃跑和反抗行为造成，与讯问无关，但未提供相关证据证明。法庭认为，辩护人意见没有足够根据，即开始对案件进行实体审理。

法庭调查中，根据朱某供述，认定尤某为策划、指挥者，系主犯。

审理中，何某辩护人向法庭提供了证明何某没有作案时间的4份书面材料。法庭认为，公诉方提供的有罪证据确实充分，辩护人提供的材料不足以充分证明何某在案发时没有来过A市，且材料不具有关联性，不予采纳。

最后，法院采纳在侦查中朱某、尤某的供述笔录、被害人陈述、报案材料、监控录像作为定案根据，认定尤某、朱某、何某构成盗窃罪（尤某为主犯），分别判处有期徒刑9年、5年和3年。

问题：

1. 法院对于辩护人提出排除非法证据的请求的处理是否正确？为什么？

参考答案：

［结论］不正确。

［大前提］

（1）《刑事诉讼法》第58条规定，法庭审理过程中，审判人员认为可能存在本法第56条规定的以非法方法收集证据情形的，应当对证据收集的合法性进行法庭调查。辩护人有权申请人民法院对以非法方法收集的证据依法予以排除。申请排除以非法方法收集的证据的，应当提供相关线索或者材料。

（2）《刑事诉讼法》第59条第1款规定："在对证据收集的合法性进行法庭调查的过程中，人民检察院应当对证据收集的合法性加以证明。"

［小前提］本案中，辩护人提出了排除非法证据的请求，提供了相关线索（在卷宗材料中看到照片）。法庭经过审查，对证据收集的合法性有疑问的，应当进行调查。调查程序中，应当由检察院承担证明责任。法院在检察院没有证据支持的情况下不做调查即采纳公诉人的解释，是不正确的。

2. 如法院对证据合法性有疑问，应当如何进行调查？

参考答案：

［结论/大前提］

（1）《排非规定》第30条规定："庭审期间，法庭决定对证据收集的合法性进行调查的，应当先行当庭调查。但为防止庭审过分迟延，也可以在法庭调查结束前进行调查。"

（2）《排非规定》第31条规定："公诉人对证据收集的合法性加以证明，可以出示讯问笔录、提讯登记、体检记录、采取强制措施或者侦查措施的法律文书、侦查终结前对讯问合法性的核查材料等证据材料，有针对性地播放讯问录音录像，提请法庭通知侦查人员或者其他人员出庭说明情况。被告人及其辩护人可以出示相关线索或者材料，并申请法庭播放特定时段的讯问录音录像。侦查人员或者其他人员出庭，应当向法庭说明证据收集过程，并就相关情况接受发问。对发问方式不当或者内容与证据收集的合法性无关的，法庭应当制止。公诉人、被告人及其辩护人可以对证据收集的合法性进行质证、辩论。"

（3）《排非规定》第 32 条规定："法庭对控辩双方提供的证据有疑问的，可以宣布休庭，对证据进行调查核实。必要时，可以通知公诉人、辩护人到场。"

（4）《排非规定》第 33 条第 1 款规定："法庭对证据收集的合法性进行调查后，应当当庭作出是否排除有关证据的决定。必要时，可以宣布休庭，由合议庭评议或者提交审判委员会讨论，再次开庭时宣布决定。"

（5）《排非规定》第 34 条第 1 款规定："经法庭审理，确认存在本规定所规定的以非法方法收集证据情形的，对有关证据应当予以排除。法庭根据相关线索或者材料对证据收集的合法性有疑问，而人民检察院未提供证据或者提供的证据不能证明证据收集的合法性，不能排除存在本规定所规定的以非法方法收集证据情形的，对有关证据应当予以排除。"

3. 法院对尤某的犯罪事实的认定是否已经达到事实清楚、证据确实充分？为什么？

参考答案：

［结论］没有。

［大前提］《刑事诉讼法》第 55 条第 2 款规定："证据确实、充分，应当符合以下条件：①定罪量刑的事实都有证据证明；②据以定案的证据均经法定程序查证属实；③综合全案证据，对所认定事实已排除合理怀疑。"

［小前提］本案中，认定尤某为主犯的证据仅有同案犯朱某的供述，且朱某与尤某都提出自己被刑讯受伤，虽然有相关证据证明尤某实施盗窃，但关于尤某是主犯的证据明显不足，对犯罪事实的认定未达到确实、充分的程度。

4. 现有证据能否证明何某构成犯罪？为什么？

参考答案：

［结论］不能。

［大前提］

（1）《刑事诉讼法》第 200 条第 1 项规定："案件事实清楚，证据确实、充分，依据法律认定被告人有罪的，应当作出有罪判决。"

（2）《刑事诉讼法》第 55 条第 2 款规定："证据确实、充分，应当符合以下条件：①定罪量刑的事实都有证据证明；②据以定案的证据均经法定程序查证属实；③综合全案证据，对所认定事实已排除合理怀疑。"

［小前提］

（1）法院认定何某犯罪的证据中，朱某、尤某在侦查中的供述笔录尚未排除刑讯逼供可能；

（2）被害人陈述笔录和车辆被盗时的报案材料只能证明车辆被盗，不能证明谁是盗车者；

（3）监控录像只证明朱某、尤某实施了其中一起犯罪；

（4）何某辩护人提供的犯罪时何某不在现场的 4 份证据，法庭没有查明其真伪。

因此，现有证据没有排除何某不构成犯罪的可能性，不能得出唯一结论，认定何某犯罪的证据达不到确实、充分的证明标准。

5. 如何判断证据是否具有关联性？法院认定何某辩护人提供的 4 份书面材料不具有关联性是否适当？为什么？

参考答案：

（1）判断证据是否具有关联性的依据主要有：①该证据是否用来证明本案的争点问题，与案件证明对象是否存在客观联系；②该证据是否能够起到证明的作用及是否具有对案件事实的证明价值。

（2）［结论］不适当。

［大前提］判断证据是否具有关联性的依据。

［小前提］

①4份书面材料证明了案发时何某不在犯罪现场，不可能实施盗窃行为，直接指向何某是否有罪的争点问题，与案件证明对象之间存在客观联系；

②4份书面材料能够证明案发时何某不在犯罪现场，具有证明案件事实的证明价值，能够实际起到使指控的犯罪事实不可能发生的证明作用。

2018年主观卷第三题（回忆版）（本题24分）

案情： 李四和王大到饭店吃饭，遇到了王大的仇人张三。王大（另案处理）和张三发生口角，李四劝阻不成，王大拿起饭店的板凳砸在张三头部，张三晕倒在地。李四和店小二赵小六找来了车，李四将张三送往医院，王大独自跑回家。李四开车半小时到达医院停车场后，突然担心惹祸上身，便将张三留在车内跑到王大家与其商量与张三私了之事，第二天凌晨，李四和王大将张三送往医院时，张三已经死亡。

检察机关以故意杀人罪，对李四提起公诉，以下为本案证据：

李四的供述：王大将张三打昏迷后，当晚10：20左右李四和赵小六将张三抬上车，10：50李四驾车到达医院停车场时，发现张三大量出血，呼吸微弱，害怕承担责任所以不敢把张三送到医院，于是把车停在停车场后，自己回去和王大商量。第二天凌晨5：00，自己和王大一起赶回停车场把张三送到医院，医院认定张三已经死亡。

王大的证言：晚上将张三打昏迷后，李四送张三去医院，半夜的时候，李四找王大商量，告诉他并没有把张三送到医院就医，然后二人次日将张三送往医院就医。但当晚张三被送到医院时还活着。

赵小六的证言：当晚10：20左右和李四把张三抬上车的时候，张三仍有心跳和呼吸，只是昏迷，没有出血，觉得张三伤得不重，如果能及时送医救治就不会死亡。

饭店监控录像：当晚10：20李四和赵小六一起将张三抬上车。

医院停车场监控录像：当晚10：50左右，李四的车出现在停车场，李四独自下车离开，一直将车留在停车场，直到次日凌晨5点和王大一起出现在停车场，将张三抬往医院。

法医鉴定：张三头部受重击，痕迹与饭店板凳吻合，无其他伤，张三自身有凝血止血障碍，因大量出血而死亡，但无法确定具体死亡时间。

侦查实验笔录：公安机关人员做了测试，从饭店到医院的车程就是半小时。

医院送诊记录：凌晨5点，李四、王大将张三送往医院，但张三已经完全死亡。

公诉机关以故意杀人罪起诉到中院，庭审中李四当庭翻供，提出遭到刑讯逼供才说张三到医院停车场时没有死，而实际上当晚将张三送往医院停车场时，张三已经完全没有了呼吸。李四向法院提出了刑讯逼供的具体时间和地点，用什么工具打了他。李四的辩护人提出了排非申请。法院要求公安机关提供录像，公安机关说因为设备时好时坏，所以只提供了部分李四所提供时间的讯问录像，该录像显示并没有刑讯逼供发生。李四的辩护人提出重新鉴定张三具体死亡时间并申请调查取证，但新证据均无法确定张三的具体死亡时间。

答题要求：逻辑清楚，专业性强，说理充分，要求列明法条作答。

问题：根据以上证据，法院应当对李四作出什么判决？

参考答案：

[结论] 根据本案现有案情和证据，没有充分证据证明李四实施了故意杀人行为，不能排除合理怀疑，根据疑罪从无的原理，应当对李四作出事实不清、证据不足的无罪判决。

[大前提]《刑事诉讼法》第55条规定，刑事诉讼的定罪标准是事实清楚、证据确实、充分。证据确实、充分，应当符合以下条件：①定罪量刑的事实都有证据证明；②据以定案的证据均经法定程序查证属实；③综合全案证据，对所认定事实已排除合理怀疑。

[小前提] 本案中，检察院指控李四在对被害人张三负有救助义务的情况下，以不作为的方式放任张三死亡的结果的出现，构成故意杀人罪。本案的争议焦点就是张三被送到医院停车场时是否已经死亡，如果张三在当晚10：50已经死亡，即使李四及时送医救治也不能避免张三死亡结果的发生，那么张三的死亡和李四的不及时救治的行为之间不具有因果关系，那么李四不构成故意杀人罪；如果张三在当晚10：50没有死亡，李四有将张三及时送医救治的义务，若有能力救治而不救治，李四涉嫌构成故意杀人罪。所以，本案定罪的关键就是要证明当晚10：50时张三活着。

关于本案证据，分析如下：

证据1：李四的供述，称案发当晚10：50自己驾车到医院停车场时，发现张三大量出血，呼吸微弱，害怕承担责任所以不敢把张三送到医院。该供述可以证明案件的主要事实，属于直接证据。但是，庭审中李四当庭翻供，提出遭到刑讯逼供才说张三到医院停车场时没有死，而实际上当晚将张三送往医院停车场时，张三已经完全没有了呼吸。由于李四提出了遭受刑讯逼供的线索，在证据合法性调查中应当由控方承担证明取证合法的证明责任。如果公安机关不能提供完整的录像来证明讯问过程合法，不能排除刑讯逼供的可能，因此法院应当依法排除该口供，该口供不得作为定案依据。

证据2：王大的证言，证明张三被送到医院时还活着。王大当时并没有随车前往医院，因此，对于张三送到医院时是否活着的判断只有两种可能，要么王大自己猜测的，要么是李四告诉王大的，如果是猜测的，该内容不能作为定案依据。如果是李四告诉王大的，那么王大的证言只能算是传来证据，且由于李四的供述被排除，王大的证言无法与李四的供述形成印证关系。

证据3：赵小六的证言，证实当晚10：20左右和李四把张三抬上车的时候，张三仍有心跳和呼吸，只是昏迷，没有出血，觉得张三伤得不重，如果能及时送医救治就不会死亡。该证言只能证明张三上车时还有心跳，并不能证明到达医院停车场时，张三是否死亡。

证据4：饭店的监控录像，只能证明李四与被害人张三的上车时间，并不能单独证明案件的主要事实。

证据5：医院停车场监控录像，可以证明到达医院的时间，以及李四没有及时将被害人送医的事实，但是并不能证明当晚10：50张三是否死亡的事实。

证据6：法医鉴定意见，只能证明张三死亡原因，并不能证明张三具体的死亡时间，属于间接证据。

证据7：侦查实验笔录，只能证明从饭店到医院的车程是半小时，但是无法证明被害人的死亡时间。

证据 8：医院送诊记录，只能证明次日凌晨张三被送医时已经死亡，并不能证明案发当晚10：50 被害人是否死亡的事实，属于间接证据。

[总结] 综上所述，本案确定李四是否有罪的关键事实没有足够证据证实，不能排除合理怀疑，根据疑罪从无的原理，法院应当判决李四无罪。

（二）程序类题型

在历年的刑诉法主观题考查中，程序类案例题型主要有两种模式，一种是问答式，一种是程序改错式，本书列举了这两种类型的试题作为答题模板与各位考生一起分享。

2021 年主观卷第三题（回忆版）（本题 30 分）

案情： 房地产开发公司 A 公司承接了一个政府拆迁的项目，拆迁后一个钉子户戊不愿搬离，两个公司的负责人甲、乙找了两个下属丙、丁砸了钉子户戊的窗子，并且泼粪，造成恶劣的社会影响，最后戊被迫搬离。

公安机关以寻衅滋事罪对甲、乙、丙、丁四人立案侦查，侦查期间丙认罪认罚，有重大立功，公安机关对丙作撤案处理。丁认罪认罚，但没有委托辩护人，检察院指派值班律师已为丁提供法律帮助。

之后检察院对甲、乙、丁三个人以寻衅滋事罪审查起诉。一审区法院判决作出之后甲上诉，二审市中院审理寻衅滋事罪过程中发现甲、乙以房地产开发公司 A 公司的名义向某区副区长行贿，区监察机关以单位行贿罪调查终结后将 A 公司、甲、乙移送区检察院审查起诉。

问题：

1. 本案认罪认罚制度中"重大立功"的含义是什么？公安机关认定重大立功，撤销案件的程序是什么？

（1）依据《最高人民法院关于处理自首和立功具体应用法律若干问题的解释》第 7 条的规定，"重大立功"是指犯罪分子有检举、揭发他人重大犯罪行为；提供侦破其他重大案件的重要线索；阻止他人重大犯罪活动；协助司法机关抓捕其他重大犯罪嫌疑人（包括同案犯）；对国家和社会有其他重大贡献等表现。此处的"重大犯罪""重大案件""重大犯罪嫌疑人"的标准，一般是指犯罪嫌疑人、被告人可能被判处无期徒刑以上刑罚或者案件在本省、自治区、直辖市或者全国范围内有较大影响等情形。

（2）[大前提]《公安部规定》第 188 条第 1 款规定："犯罪嫌疑人自愿如实供述涉嫌犯罪的事实，有重大立功或者案件涉及国家重大利益，需要撤销案件的，应当层报公安部，由公安部商请最高人民检察院核准后撤销案件。报请撤销案件的公安机关应当同时将相关情况通报同级人民检察院。"

[小前提] 本案中，犯罪嫌疑人丙认罪认罚，有重大立功，需要撤销案件的，公安机关应当层报公安部，由公安部商请最高人民检察院核准后撤销案件。报请撤销案件的公安机关应当同时将相关情况通报同级人民检察院。

2. 值班律师在诉讼过程中的诉讼地位是什么？如果在审判阶段被告人丁没有委托辩护人，值班律师已能否作为其辩护人？为什么？

（1）[结论] 值班律师的诉讼地位是犯罪嫌疑人、被告人的法律帮助者，不是辩护人。

[大前提]《法律援助值班律师工作办法》第 2 条规定："本办法所称值班律师，是指法

律援助机构在看守所、人民检察院、人民法院等场所设立法律援助工作站，通过派驻或安排的方式，为没有辩护人的犯罪嫌疑人、被告人提供法律帮助的律师。"

（2）在审判时，犯罪嫌疑人丁仍未委托辩护人，若丁委托侦查阶段的值班律师已担任其辩护人，己可以为其出庭辩护。因为己之前曾为丁提供法律帮助，对案情熟悉，为丁辩护提供了一定的基础，有利于更好地维护丁的合法权益。

3. 一审中区法院如何确定合议庭成员？合议庭成员的职权是什么？

（1）［结论］区法院应当由审判员和人民陪审员组成七人合议庭。

［大前提］根据《刑诉解释》第213条第2款的规定，基层人民法院审判涉及征地拆迁，且社会影响重大的第一审刑事案件，由审判员和人民陪审员组成七人合议庭进行。

［小前提］本案属于征地拆迁引发的纠纷，社会影响重大，区法院应当由审判员和人民陪审员组成七人合议庭。

（2）《刑诉解释》第215条第2款规定："人民陪审员参加七人合议庭审判案件，应当对事实认定独立发表意见，并与审判员共同表决；对法律适用可以发表意见，但不参加表决。"而法官对事实问题和法律问题均可以发表意见并表决。

4. 如果检察院以单位行贿罪对A公司、甲、乙向法院提起公诉，法院对单位行贿罪进行审判的时候如何确定诉讼代表人？

［结论/大前提］根据《刑诉解释》第336条第1、2款的规定，被告单位A公司的诉讼代表人，应当是法定代表人、实际控制人或者主要负责人；法定代表人、实际控制人或者主要负责人被指控为单位犯罪直接责任人员或者因客观原因无法出庭的，应当由被告单位A公司委托其他负责人或者职工作为诉讼代表人。但是，有关人员被指控为单位犯罪直接责任人员或者知道案件情况、负有作证义务的除外。依据前款规定难以确定诉讼代表人的，可以由被告单位A公司委托律师等单位以外的人员作为诉讼代表人。

根据《刑诉解释》第337条第1款的规定，开庭审理单位犯罪案件，应当通知被告单位A公司的诉讼代表人出庭；诉讼代表人不符合前条规定的，应当要求人民检察院另行确定。

5. 二审法院市中院审理寻衅滋事罪的过程中发现甲、乙事实清楚，证据确实、充分，丁事实不清，证据不足，法院应当如何处理？

［结论/大前提］根据《刑诉解释》第404条第2款的规定，有多名被告人的案件，部分被告人（丁）的犯罪事实不清、证据不足，第二审人民法院根据案件情况，可以对该部分被告人（丁）分案处理，将该部分被告人（丁）发回原审人民法院重新审判。原审人民法院重新作出判决后，被告人（丁）上诉或者人民检察院抗诉，其他被告人（甲、乙）的案件尚未作出第二审判决、裁定的，第二审人民法院可以并案审理（甲、乙、丁）。

6. 二审法院市中院在审理寻衅滋事罪的时候，区监察机关将A公司、甲、乙涉嫌的单位行贿罪移送区检察院审查起诉，二审法院若决定并案应如何处理？

［大前提］根据《刑诉解释》第24条第2款的规定，人民法院发现被告人还有其他犯罪被审查起诉的，可以参照前款规定协商人民检察院并案处理，但可能造成审判过分迟延的除外。

《刑诉解释》第25条规定："第二审人民法院在审理过程中，发现被告人还有其他犯罪没有判决的，参照前条规定处理。第二审人民法院决定并案审理的，应当发回第一审人民法院，由第一审人民法院作出处理。"

[结论] 本案二审法院市中院发现 A 公司、甲、乙涉嫌单位行贿罪被审查起诉，可以协商区检察院并案处理，但可能造成审判过分迟延的除外。若第二审法院决定并案审理，应当发回第一审法院区法院，由第一审法院区法院作出处理。

2007 年卷四第三题（本题 20 分）

案情：被告人甲、乙共同将被害人丙杀害。一审程序中，在公诉人对被告人甲、乙同时进行讯问后，经审判长许可丙的父亲丁以附带民事诉讼原告的身份，就犯罪及财产损失事实向甲、乙发问。丙所居住社区的物业管理人员戊旁听了案件审理，并应控方要求就丙的被害情况向法庭作证，先后回答了辩护人、公诉人及审判长的发问。庭审中合议庭对戊的证言及其他证据发现疑问，遂宣布休庭，就被害人死亡时间及原因进一步调查核实。法庭调查中，公诉人发现被告人乙尚有遗漏的犯罪事实，当庭提出要求撤回起诉，法庭审查后作出同意撤回起诉的决定。检察院重新起诉后，甲、乙分别被判处死刑并赔偿原告损失 10 万元。宣判后乙提出上诉，二审法院仅就乙的犯罪部分进行了审查，认为原判决认定事实和适用法律正确、量刑适当，维持了原判，并上报最高人民法院核准。

问题：

请指出以上案例中在程序方面的不当之处，并简要分析原因。

参考答案：

（程序改错的答题模板是：指出错误程序——说理——总结正确做法）

1. 公诉人对被告人甲、乙同时讯问违反了分别进行讯问的原则。

[说理]《刑诉解释》第 243 条规定："讯问同案审理的被告人，应当分别进行。"

[正确做法] 本案一审中，公诉人对被告人甲、乙应当分别讯问。

2. 丁不能就有关犯罪事实向被告人发问。

[说理] 根据《刑诉解释》第 242 条第 2 款的规定，附带民事诉讼原告人可以就附带民事部分的事实向被告人发问。

[正确做法] 本案中，丙死亡，丁作为其父亲有权提起附带民事诉讼，成为附带民事诉讼原告人，但在庭审中，丁只能就附带民事部分的事实向被告人发问。

3. 戊作为证人不能旁听案件的审理。

[说理] 根据《刑诉解释》第 265 条的规定，证人不得旁听对本案的审理。有关人员作证或者发表意见后，审判长应当告知其退庭。

[正确做法] 证人不得旁听案件审理，戊应当退庭。

4. 戊作为控方证人，控辩双方向其发问的顺序错误。

[说理]《刑诉解释》第 259 条第 1 款规定："证人出庭后，一般先向法庭陈述证言；其后，经审判长许可，由申请通知证人出庭的一方发问，发问完毕后，对方也可以发问。"

[正确做法] 检察院要求戊出庭作证，在庭审中应当由检察院先发问。戊如实提供证言后，经审判长准许，辩方可以发问。

5. 公诉人在庭审中发现有漏罪当庭径行决定撤回起诉错误。

[说理]《高检规则》第 423 条规定，法院在宣告判决前，检察院发现遗漏罪行的，应当要求公安机关补充移送起诉或者补充侦查；对于犯罪事实清楚，证据确实、充分的，可以直接补充起诉。

[**正确做法**] 公诉人在庭审中发现遗漏罪行，应当要求公安机关补充移送起诉或者补充侦查，如果遗漏的罪行事实清楚、证据确实充分的，公诉人可以直接补充起诉而不是撤回起诉。

6. 法院对检察院撤回起诉的要求以决定的方式作出错误。

[**说理**] 《刑诉解释》第296条规定："在开庭后、宣告判决前，人民检察院要求撤回起诉的，人民法院应当审查撤回起诉的理由，作出是否准许的裁定。"

[**正确做法**] 本案中检察院要求撤回起诉的，法院应当审查理由，然后作出是否准许的裁定而非决定。

7. 二审法院仅就乙的犯罪部分进行审查的做法错误。

[**说理**] 《刑事诉讼法》第233条第2款规定："共同犯罪的案件只有部分被告人上诉的，应当对全案进行审查，一并处理。"

[**正确做法**] 二审法院审理部分被告人上诉的案件，应当对全案进行审查，不仅包括对甲、乙的刑事部分进行审查，还要审查附带民事诉讼部分。

三、刑诉法论述题答题模板

1. 论述题的考查形式有两种，一种是纯论述题的考查，一种是论述作为一个小问进行考查。纯论述题的考查重视理论的深度，作为一个小问的考查重视知识的综合。

2. 法考（司考）的主观题在刑诉法学科中，理论性越来越强，越来越重视考生的分析能力以及对知识的灵活运用能力。在复习中，除了重视刑诉制度层面的知识点外，刑诉法基本理论也要有所储备。

2015年卷四第七题（本题26分）

案情：某日凌晨，A市某小区地下停车场发现一具男尸，经辨认，死者为刘瑞，达永房地产公司法定代表人。停车场录像显示一男子持刀杀死了被害人，但画面极为模糊，小区某保安向侦查人员证实其巡逻时看见形似刘四的人拿刀捅了被害人后逃走（开庭时该保安已辞职无法联系）。

侦查人员在现场提取了一只白手套，一把三棱刮刀（由于疏忽，提取时未附笔录）。侦查人员对现场提取的血迹进行了ABO血型鉴定，认定其中的血迹与犯罪嫌疑人刘四的血型一致。

刘四到案后几次讯问均不认罪，后来交代了杀人的事实并承认系被他人雇佣所为，公安机关据此抓获了另外两名犯罪嫌疑人康雍房地产公司开发商张文、张武兄弟。

侦查终结后，检察机关提起公诉，认定此案系因开发某地块利益之争，张文、张武雇佣社会人员刘四杀害了被害人。

法庭上张氏兄弟、刘四同时翻供，称侦查中受到严重刑讯，不得不按办案人员意思供认，但均未向法庭提供非法取证的证据或线索，未申请排除非法证据。

公诉人指控定罪的证据有：①小区录像；②小区保安的证言；③现场提取的手套、刮刀；④ABO血型鉴定；⑤侦查预审中三被告人的有罪供述及其相互证明。三被告对以上证据均提出异议，主张自己无罪。

答题要求：

1. 无本人分析、照抄材料原文不得分；

2. 结论、观点正确，逻辑清晰，说理充分，文字通畅；

3. 请按问题顺序作答，总字数不得少于 800 字。

问题：

1. 请根据《刑事诉讼法》及相关司法解释的规定，对以上证据分别进行简要分析，并作出是否有罪的结论。

参考答案：

[结论] 根据本案现有案情和证据，没有充分证据证明张氏兄弟、刘四实施了故意杀人行为，不能排除合理怀疑，根据疑罪从无的原理，应当对张氏兄弟、刘四作出事实不清、证据不足的无罪判决。

[大前提]《刑事诉讼法》第 55 条规定，刑事诉讼的定罪标准是事实清楚，证据确实、充分。证据确实、充分，应当符合以下条件：①定罪量刑的事实都有证据证明；②据以定案的证据均经法定程序查证属实；③综合全案证据，对所认定事实已排除合理怀疑。

[小前提] 关于本案证据，分析如下：

证据 1：小区监控录像。该证据属于视听资料，以记载的音像信息证明案件真实情况，而且属于间接证据，因为本案中监控录像画面极为模糊，并不能判断出谁实施了犯罪，不能单独证明案件的主要事实。

证据 2：小区保安的证言。该证据属于证人证言，根据《刑诉解释》第 91 条第 3 款的规定，经法院通知，证人没有正当理由拒绝出庭，法庭对其证言的真实性无法确认的，该证人证言不得作为定案的根据。本案开庭时该保安已辞职无法联系，无法对该证言查证属实，该证言不得作为定案的根据。

证据 3：现场提取的手套、刮刀。该证据属于物证，根据《刑诉解释》第 86 条第 1 款的规定，在勘验过程中提取、扣押的物证，未附笔录，不能证明物证来源的，不得作为定案的根据。本案由于疏忽，提取时未附笔录，不能证明物证来源的，不得作为定案的根据。

证据 4：ABO 血型鉴定。该证据属于鉴定意见，认定其中的血迹与犯罪嫌疑人刘四的血型一致，但这并不能证明该血迹为刘四所有，因为不同的人可以具有相同的血型。

证据 5：三被告人的有罪供述。该证据属于被告人供述，根据《刑事诉讼法》第 56 条第 1 款的规定，采用刑讯逼供等非法方法收集的被告人供述，应当予以排除。本案如果是通过刑讯逼供的违法手段所获取到的被告人供述，则该供述不能作为定案依据。

[总结] 综上所述，本案确定张氏兄弟、刘四是否有罪的关键事实没有足够证据证实，不能排除合理怀疑，根据疑罪从无的原理，法院应当判决张氏兄弟、刘四无罪。

2. 请结合本案，谈谈对《中共中央关于全面推进依法治国若干重大问题的决定》中关于"推进以审判为中心的诉讼制度改革，确保侦查、审查起诉的案件事实证据经得起法律的检验"这一部署的认识。

参考答案：

本试题的参考模板是按照阐述概念，细致分析，升华总结的模式来作答。考生们也可以按照说意义（表明重要性），讲方法（如何实现），敲重点（强调总结）的模式回答。

[基本概念] 以审判为中心就是我们常说的"审判中心主义"，是指在刑事诉讼的各个阶段关系中，庭审才是整个诉讼的中心环节。

[细致分析]

（1）推进以审判为中心的诉讼制度改革，必须全面贯彻证据裁判原则，对所有事实的认定都应当建立在证据的基础之上。作为定案根据的证据必须具有证明能力，严格把握证明标准，要求案件事实清楚、证据确实充分，排除其他可能性。本案中，被告人有罪的证据不够确实充分，应当依法宣告无罪。

（2）推进以审判为中心的诉讼制度，应当贯彻直接言词原则。法官必须在法庭上亲自听取当事人、证人及其他诉讼参与人的口头陈述，确保侦查、审查起诉阶段收集的证据在法庭上经过质证，要求完善证人、鉴定人出庭作证制度。本案中如果被告人对证据合法性提出异议，法官认为确有疑问的，应当依照职权启动调查程序，新收集的证据未经质证，不得作为定案依据。

（3）推进以审判为中心的诉讼制度改革，要切实发挥审判程序的职能作用，促使侦查程序和公诉程序围绕审判程序的要求进行，侦查机关要依法收集、固定、保存证据；公诉机关须切实发挥其引导和监督的作用，确保庭审在查明事实、认定证据、保护诉权、公正裁判中发挥决定性作用，最终实现司法公正的目标。本案中，侦查机关在收集证据方面违反程序，在证据的固定和保存上存在瑕疵，不符合审判中心主义的要求。

[升华总结] 推进以审判为中心的诉讼制度改革，有利于破解当前制约刑事司法公正的突出问题；是遵循诉讼规律、司法规律、法治规律的必然要求。只有真正建立以审判为中心的诉讼制度，才能更好地保护诉权和人权，更好地实现司法正义。

四、法律文书题

法律文书题在 2005 年以前有过多次考查，分别是 2002 年的第十题，要求写起诉书，2003 年的法律文书改错题，2005 年的开放式法律文书写作题。本部分阐明法律文书改错的模板。法律文书改错类似于程序改错，主要是问题说明+正确写法。

法律文书题主要考查的是文书的基本格式。在 12 类刑诉法律文书中，比较复杂的是辩护词和判决书，这两类法律文书综合考查了实体法与程序法的专业知识。然而比较幸运的是，2005 年之后，刑事诉讼法一直都没有考查法律文书，所以对于诉讼文书的模板，考生朋友们稍作了解即可。

2003 年卷四第二题 （本题 11 分）

案情：田某和苗某是前后院邻居，田某家盖的房子挡住了苗某家的采光，苗某多次交涉，田某不听，反将苗某打成重伤，田某被逮捕。在刑事诉讼过程中，苗某为提起附带民事诉讼，委托本市某律师事务所律师胡某为其诉讼代理人。胡律师接受委托后，为苗某写了如下诉状：

刑事附带民事起诉状

原告：苗×，男，34 岁，汉族，××公司职员，家住本市四方区花家胡同 20 号。

诉讼代理人：胡×，本市××律师事务所律师。

被告：田×，男，36 岁，汉族，××公司职员，家住本市四方区花家胡同 21 号。

请求事项：

1. 请求法院依法判处被告赔偿全部医疗费、误工损失费和伤残补助费；

2. 请求法院判处被告拆除影响原告家采光的非法建筑；

3. 请求法院判处被告赔偿原告精神损害费 4 万元。

事实和理由：

被告田 × 和原告系前后院邻居。今年 3 月，被告在房屋改建过程中，不顾邻里关系，新建的房屋后檐离原告家的前窗只有半米，严重影响了原告家房屋的采光。原告多次同被告交涉，被告均置之不理。今年 4 月 1 日，原告再次找被告交涉时，被告态度更为恶劣，不但不听原告交涉，反而拿起铁锨铲原告，原告躲闪不及，右脚跟腱被铲断，虽经住院治疗 30 余天，仍然留下残疾，行走不便，经鉴定为三级伤残。以上事实，有证人 × × 的证言，× × 医院的诊断证明书，以及 × × 司法鉴定室的鉴定报告为证。

被告的上述行为，严重侵害了原告的合法权益，给原告的身心健康造成了极大的伤害，现向贵院提起刑事附带民事诉讼，请求法院依法判处。

具状人：胡 ×

2003 年 5 月 4 日

问题：

请根据刑事附带民事诉讼的法律规定和基本理论，从对执业律师法律文书规范化的角度，分析本刑事附带民事诉状存在哪些问题，并简要说明理由。

参考答案：

1. 起诉书中基本情况部分存在的问题

未写明原告和被告在刑事诉讼中的地位。正确的写法是：在原告的基本情况后面加上"系田某故意伤害案中的被害人"，在被告的基本情况后面写"系田某故意伤害案中的被告人"。

2. 诉讼请求中存在的问题

（1）仅仅请求法院依法判处被告赔偿全部医疗费、误工损失费和伤残补助费赔偿的做法不正确。正确的做法是明确请求的数额。

（2）请求法院判处被告拆除影响原告家采光的非法建筑缺乏法律根据，《刑诉解释》第 175 条第 1 款规定，被害人因人身权利受到犯罪侵犯或者财物被犯罪分子毁坏而遭受物质损失的，有权在刑事诉讼过程中提起附带民事诉讼；……房屋采光被挡，不能提起刑事附带民事诉讼。

（3）请求法院判处被告赔偿原告精神损害费 4 万元缺乏法律根据。《刑诉解释》第 175 条第 2 款规定，因受到犯罪侵犯，提起附带民事诉讼或者单独提起民事诉讼要求赔偿精神损失的，人民法院一般不予受理。本案中，对于精神损害是不能提起附带民事诉讼的。

3. 事实与理由部分存在的问题

没有明确犯罪造成的物质损失。起诉人应当说明损失的具体项目和确定数额，并承担相应的举证责任，并在诉状的第四部分详细列明。

4. 起诉状尾部存在的问题

（1）没有写明起诉的法律依据，应当写明：依据《刑事诉讼法》第 × × 条的规定、《民事诉讼法》第 × × 条的规定，向贵院提起附带民事诉讼，请求人民法院依法裁处。

（2）具状人的身份不合格，不应是胡 ×，而应是原告苗 ×。胡某仅是诉讼代理人。

（3）没有写明致送法院的名称，应写明致送法院的名称。

（4）没有附自诉状副本和相关证据目录。正确的写法是，在具状人之后写明：

附：1. 刑事附带民事诉状 × 份

2. 证人 × × 的证言

3. × × 医院的诊断证明书

4. × × 医院的医药费收据 × 张

5. 原告的工资证明 1 份

6. × × 司法鉴定室的鉴定意见 1 份

专题五 民诉法专项突破

第一节 民诉法学科规律分析

一、本科目主观题考查特点剖析

通览司考时代 10 年中 11 道民诉法主观题真题，可以发现如下规律：主要题型囊括案例分析、法律文书写作、论述题等，考查内容主要围绕着《民事诉讼法》《仲裁法》及相关司法解释。案例分析题一般为 4~6 问，主要考查考生的案例剖析能力、法言法语的表达说理能力与学科知识点的综合运用能力；法律文书题考查考生对于民事起诉状和民事判决书等常见法律文书的结构和内容的掌握程度；论述题部分曾对民事审判和调解的关系进行过考查。通过对法考时代中民诉法主观题的考查方式进行梳理，可以发现目前的民诉法多与民法、商法的知识点进行融合考查，通过民事科目融合题的方式展现，并非司考时代单独考查民诉法单科的知识点，2021 年法考主观题考试中，民诉仅与民法融合进行考查，并未融合商法的内容，更体现出目前考查案例类型的多元化，考查模型不仅可以围绕商事主体之间的纠纷展开，也可以围绕自然人之间的侵权纠纷展开。

二、民诉法主观题命题规律

（一）2008~2017 年司考时代考点展示

年 份	考 点	具体内容
2017 年	（1）侵权案件的管辖	因侵权行为提起的诉讼，由侵权行为地或者被告住所地法院管辖。
	（2）侵权纠纷中当事人的确定	建筑物、构筑物或者其他设施及其搁置物、悬挂物发生脱落、坠落造成他人损害，所有人、管理人或者使用人不能证明自己没有过错的，应当承担侵权责任。
	（3）侵权纠纷之搁置物、悬挂物致人损害的举证责任分配	原则上谁主张谁举证，原告对侵权行为、损害结果、两者之间存在因果关系举证；被告对自身无过错及免责事由举证。
	（4）一审审理程序中的要求	遗漏当事人、违法缺席判决、严重限制当事人辩论权的行使，都属于程序上严重违法的行为，故二审法院应当裁定发回重审。
2016 年	（1）当事人的确认	以挂靠形式从事民事活动，当事人请求由挂靠人和被挂靠人依法承担民事责任的，该挂靠人和被挂靠人为共同诉讼人。

续表

年　份	考　　点	具体内容
2016 年	（2）证明责任的分配原则	诉讼中，在通常情况下，谁主张事实支持自己的权利主张，由谁来承担自己所主张事实的证明责任。
	（3）证据的证明力	证据的证明力需要由法院判断后确定。
	（4）当事人申请再审的法院；再审的提起事由	①当事人申请再审，可以向原审法院的上一级法院提出；当事人一方人数众多或者当事人双方为公民的，也可以向原审法院提出。 ②当事人可以法院未依当事人的申请调查收集证据、有新证据足以推翻原判决为由申请再审。
	（5）再审的审理程序；再审范围有限原则	①再审法院是原审法院的上级法院的，属于提审的情形，应当适用二审程序审理； ②再审法院对当事人增加的诉讼请求不予受理。
	（6）律师职业道德	①风险代理收费按照规定不得高于30%； ②在委托关系终止后，同一律师事务所不得在同一案件后续审理或者处理中又接受对方当事人委托； ③对于当事人不符合法律规定的诉讼请求，律师应当指出。
2015 年	（1）执行异议之诉	执行异议与原判决无关时，才能提起执行异议之诉。
	（2）案外人申请再审与第三人撤销之诉的适用条件	案外人认为作为法院执行根据的判决有错，可以提起第三人撤销之诉；或者在执行中提出案外人对执行标的的异议，法院对异议作出裁定后，案外人不服的，可以申请再审。
	（3）案外人申请再审与第三人撤销之诉在适用程序上的特点	①第三人撤销之诉是本应作为案件有独三或者无独三的人，因不能归责于自己的事由，没能参加诉讼，但认为生效裁判侵犯自身合法权益，应自知道或者应当知道权益受损之日起6个月内向作出生效裁判的法院起诉。法院适用一审普通程序审理，所作判决为一审判决，当事人可以上诉。 ②案外人申请再审，适用一审程序再审的，应追加案外人为第三人，一并审理；适用二审程序审理的，可以通知案外人参加调解，调解不成撤销原判，发回一审法院重审。
	（4）案外人申请再审与第三人撤销之诉的关系	案外人申请再审与第三人撤销之诉两种制度不能同时适用。
2014 年	（1）执行和解协议的法律后果	①和解协议达成后，执行程序中止； ②如果和解协议履行完毕，执行程序终结； ③如果被执行人拒不履行和解协议，申请人可以选择申请恢复执行或者就和解协议起诉。
	（2）提出执行异议之诉的条件	①执行过程中，案外人对执行标的提出书面异议的，人民法院应当自收到书面异议之日起15日内审查，理由成立的，裁定中止对该标的的执行；理由不成立的，裁定驳回。

续表

年 份	考　　点	具体内容
2014 年	（2）提出执行异议之诉的条件	②案外人提起执行异议之诉的，以申请执行人为被告；被执行人反对案外人异议的，被执行人为共同被告；被执行人不反对案外人异议的，可以列被执行人为第三人。
	（3）第三人撤销之诉的条件	第三人提起撤销之诉，法院应当将该第三人列为原告，生效裁判的当事人列为被告。第三人应自知道或者应当知道权益受损之日起 6 个月内向作出生效裁判的法院起诉。
	（4）参与分配的条件	①被执行人的财产无法清偿所有债权； ②被执行人为自然人或其他组织； ③有多个申请人对同一被申请人享有债权； ④申请人必须取得生效的执行根据，起诉后尚未获得生效判决的债权人不具备参与分配的资格； ⑤参与分配的债权只限于金钱债权； ⑥参与分配必须发生在执行程序开始后，被执行人的财产清偿完毕之前。
2013 年	（1）民事起诉状与民事一审判决书的格式	民事起诉状包括以下内容： ①当事人的有关情况； ②原告的诉讼请求，以及诉讼请求所依据的事实和理由； ③证据和证据来源、证人的姓名、住所等； ④受诉法院的名称、起诉的时间、起诉人签名或盖章。
		民事一审判决书包括以下内容： ①案由、诉讼请求、争议事实和理由； ②判决认定的事实、理由和法律依据； ③判决结果和诉讼费用的负担； ④上诉期间和上诉法院。
	（2）二审中特殊情况的处理	①二审中对于一审遗漏了必须参加诉讼的当事人，法院可以调解；调解不成，撤销原判发回重审。 ②对于当事人在二审中新增独立的诉讼请求，二审法院可以组织调解，调解不成告知当事人另行起诉，当事人同意由二审法院一并处理的除外。
	（3）二审发回重审	发回重审应当适用一审程序重新审理，所作出的判决、裁定，当事人可以上诉；重审应当另行组成合议庭重新审理，并且不得适用简易程序。
	（4）论述调解与审判的关系	调解和审判均为民事诉讼法所规定的纠纷解决方式，二者对于解决民事纠纷均具有重要意义。一方面要充分发挥调解的积极作用，另一方面对于无法调解的案件，也要及时审判。

续表

年 份	考 点	具体内容
2012 年	(1) 侵权纠纷的管辖	因侵权行为提起的诉讼,由侵权行为地或者被告住所地法院管辖。
	(2) 证据的法定种类和理论分类	①证据的法定种类包括:书证、物证、视听资料、电子数据、证人证言、当事人陈述、鉴定意见、勘验笔录。 ②证据的理论分类包括:原始证据与传来证据;直接证据与间接证据;本证与反证。
	(3) 一审判决	①法院以当事人并未主张的事实作为裁判的依据,违反辩论原则; ②当案件事实处于真伪不明的状态时,法院应当适用证明责任,作出对承担证明责任一方当事人不利的推定。
	(4) 二审中的程序要求	二审法院认定的事实与一审法院认定的事实不同,二审法院应当依法改判。
2011 年	(1) 当事人的判断	无、限制民事行为能力人致人损害的,以其监护人为共同被告。
	(2) 证据的判断;证据的法定种类	不能证明案件真实情况的,不属于证据。物证的照片,是固定、表现该物证的一种方式,仍然是物证。
	(3) 委托代理人的代理权限	授权委托书中仅写明"全权代理"并无具体授权的,视为一般授权。
	(4) 驳回起诉;劳动争议的仲裁前置	①原告不适格,不符合受理条件,法院应当裁定驳回起诉; ②劳动纠纷应当先经过劳动仲裁委员会仲裁,对仲裁裁决不服才能起诉。
	(5) 劳动纠纷的解决方式	劳动纠纷的解决方式包括:和解、调解、劳动仲裁和诉讼。
2010 年	(1) 合同纠纷的管辖;协议管辖	管辖协议约定 2 个以上与争议有实际联系地点的法院管辖,原告可以选择向其中的一个法院起诉。
	(2) 一审的程序要求	①员工行为引发诉讼应当以公司作为被告,不能追加员工为共同被告; ②法院应当针对原告的诉讼请求作出判决。
	(3) 二审当事人的诉讼地位	上诉仅对与对方当事人之间权利义务分担有意见,不涉及其他共同诉讼人利益的,对方当事人为被上诉人,未上诉的同一方当事人依原审诉讼地位列明。
	(4) 二审法院的判决	对于一审法院遗漏的诉讼请求,二审法院可以进行调解,调解不成,撤销原判发回重审,而不能直接判决。
	(5) 当事人申请再审的法院	当事人申请再审,可以向原审法院的上一级法院提出;当事人一方人数众多或者当事人双方为公民的,也可以向原审法院提出。

续表

年 份	考 点	具体内容
2010 年	（6）再审的审理程序	适用二审程序的再审，对于原二审中新增的诉讼请求，可以进行调解，调解不成，撤销原来一审、二审判决，发回一审法院重新审理。
2009 年	（1）仲裁协议的效力	当事人约定争议可以向仲裁机构申请仲裁也可以向法院起诉的，仲裁协议无效；但一方向仲裁机构申请仲裁，另一方未在仲裁庭首次开庭前提出异议的除外。
	（2）仲裁中的回避制度；仲裁庭	①仲裁员的回避由仲裁委员会主任决定； ②重新进行仲裁程序由仲裁庭决定； ③仲裁协议的效力由仲裁委员会决定。
	（3）仲裁程序	①首席仲裁员由当事人共同选定或者共同委托主任指定，其他2名仲裁员由当事人各自选定或者各自委托主任指定； ②当事人在仲裁庭首次开庭后提出仲裁协议无效的，不影响仲裁庭的审理。
	（4）仲裁裁决的撤销与执行	①对仲裁裁决的申请执行，由被执行人住所地或者财产所在地的中级法院管辖；仲裁裁决的撤销由仲裁委员会所在地的中级法院管辖。 ②一方当事人申请执行裁决，另一方当事人申请撤销裁决的，法院应当裁定中止执行。法院裁定撤销裁决的，应当裁定终结执行；撤销裁决的申请被驳回的，法院应当裁定恢复执行。
	（5）仲裁庭重新仲裁	法院通知仲裁庭重新仲裁，且仲裁庭重新仲裁的，法院应裁定中止撤销程序；仲裁庭拒绝仲裁的或仲裁庭未在指定的期间内开始仲裁的，法院应当裁定恢复撤销程序。
	（6）仲裁裁决撤销后的法律效果	仲裁裁决被撤销后，当事人可以向法院起诉解决，也可以重新达成仲裁协议申请仲裁。
2008 年	（1）劳动争议的解决途径	和解；向公司劳动争议调解委员会申请调解；向劳动争议仲裁委员会申请仲裁；向法院起诉。
	（2）举证责任分配	劳动争议案件中，因用人单位作出解除劳动合同、减少劳动报酬等决定发生争议的，由用人单位承担举证责任。
	（3）先予执行	对于追索劳动报酬的案件，法院根据当事人的申请，可以裁定先予执行；先予执行的裁定由一审法院执行。
	（4）执行措施；对妨碍诉讼的强制措施	①对拒不履行法院判决的当事人，法院可以采取查询、冻结、划拨被执行人的存款；强制被执行人加倍支付迟延履行债务的利息等执行措施。 ②单位拒不执行法院判决的，可以对单位进行罚款，对单位主要负责人进行罚款、拘留。

续表

年 份	考 点	具 体 内 容
2008 年	（5）申请再审的事由；申请再审的法院；再审程序	①当事人可以审判组织的组成不合法为由申请再审； ②当事人申请再审，可以向原审法院的上一级法院提出，当事人一方人数众多或者当事人双方为公民的，也可以向原审法院提出； ③按照审判监督程序决定再审的案件，裁定中止原裁判的执行，但追索劳动报酬等案件，可以不中止执行。
	（6）法官职业道德	法官不能向当事人泄露承办人信息；不能向当事人就法院未决案件提供法律咨询；不能对当事人提出法律意见；不能私下会见当事人及其代理人。
2008 年延考	（1）一般地域管辖；起诉与受理	一般地域管辖以"原告就被告"为原则，即案件由被告住所地法院管辖。
	（2）公开审理；离婚案件当事人出庭要求	①对于离婚案件，当事人申请不公开审理时，人民法院可以不公开审理，而当事人未申请则可以公开审理； ②离婚案件的双方当事人无特殊事由，均应亲自到庭。
	（3）自认制度	诉讼过程中，一方当事人对另一方当事人陈述的案件事实明确表示承认的，另一方当事人无需举证。但涉及身份关系的案件除外。
	（4）两审终审制度	一审判决不准离婚的案件，上诉后，二审法院认为应当判决离婚的，可以根据当事人自愿的原则，与子女抚养、财产问题一并调解；调解不成的，发回重审。
	（5）检察院启动的再审	①最高检对各级法院，上级检察院对下级法院已经发生法律效力的裁判有法定情形应当向其同级法院抗诉； ②有关婚姻效力的判决，一经作出即发生法律效力，一审终审。
	（6）律师职业道德	律师不得诋毁其他律师；不得向当事人暗示其与法官的关系。

（二）2018~2021 年法考时代考点展示

年 份	考 点	具 体 内 容
2021 年	（1）房屋租赁合同纠纷的管辖问题	①房屋租赁合同纠纷属于不动产专属管辖的案件范围，应由不动产所在地法院管辖； ②协议管辖的内容违反专属管辖规定的，无效。
	（2）依据判决书申请强制执行的前提	当事人申请人民法院执行的生效法律文书应当具备下列条件： ①权利义务主体明确； ②给付内容明确。 法律文书确定继续履行合同的，应当明确继续履行的具体内容。

续表

年 份	考 点	具体内容
2021 年	（3）反诉与反驳的区分	反诉是一个独立的诉，若本诉没有提出，反诉也可以单独提出。本诉和反诉之间需要存在牵连关系。
	（4）证明责任的承担、法官未形成自由心证的处理	①证明责任的承担遵循"谁主张，谁举证"，主张积极事实的一方应当就主张的事实承担证明责任； ②针对某一事实，承担证明责任的一方提供证据后，若法官未能形成自由心证的，该事实不能被法院认定成立。
2021 年 延考	（1）侵权案件的当事人确定	无民事行为能力人、限制民事行为能力人造成他人损害的，无民事行为能力人、限制民事行为能力人及其监护人为共同被告。
	（2）送达、上诉期的起算点	①法院到受送达人住所直接送达诉讼文书，受送达人不在的，可以交他的同住的成年家属签收； ②当事人不服一审判决的，有权在判决书送达之日起 15 日内向上一级法院提起上诉。
	（3）共同危险案件中证明责任的分配	共同危险案件中，应由被告就"谁是确定的侵权人"的事实承担证明责任，若无法证明谁是真正的加害人，行为人应承担连带责任。
	（4）执行和解	被执行人不履行执行和解协议的，申请执行人可以申请恢复执行原生效法律文书，也可以就履行执行和解协议向执行法院提起诉讼。恢复执行后，对申请执行人就履行执行和解协议提起的诉讼，法院不予受理。
2020 年	（1）房地产合作开发合同纠纷的管辖法院	因合作开发房地产项目而引发的纠纷，不属于不动产专属管辖的纠纷类型。
	（2）连带责任保证中当事人的诉讼地位	连带责任保证中，原告可以单独将债务人列为被告，也可以单独将保证人列为被告，也可以选择将债务人与保证人列为共同被告。
2019 年	（1）撤销权诉讼的当事人	债权人依照《民法典》的规定提起撤销权诉讼时只以债务人为被告，未将受益人或者受让人列为第三人的，人民法院可以追加该受益人或者受让人为第三人。
	（2）重复起诉的判断	是否构成重复起诉，需从当事人是否相同、诉讼标的是否相同及诉讼请求是否相同或者相反三个方面进行判断。
	（3）实现担保物权程序的救济途径	对人民法院准许实现担保物权的裁定，当事人有异议的，应当自收到裁定之日起 15 日内提出；利害关系人有异议的，自知道或者应当知道其民事权益受到侵害之日起 6 个月内提出。

续表

年　份	考　点	具体内容
2019年	（4）执行异议	执行异议包括执行行为异议与执行标的异议： ①当事人、利害关系人认为执行行为违反法律规定的，可以向负责执行的人民法院提出书面异议。 ②执行过程中，案外人对执行标的提出书面异议的，人民法院应当自收到书面异议之日起15天内审查，理由成立的，裁定中止对该标的的执行；理由不成立的，裁定驳回。
2018年	（1）自愿仲裁原则	当事人采用仲裁方式解决纠纷，应当双方自愿达成仲裁协议，否则仲裁协议无效。
	（2）仲裁裁决的撤销	仲裁裁决的撤销由仲裁委员会所在地的中级法院管辖。
	（3）二审中特殊情况的处理	对于二审中当事人要求变更诉讼请求的，可以调解，调解不成，告知另诉；双方当事人同意由二审法院一并审理的，二审法院可以一并判决。
	（4）重复起诉的判断	是否构成重复起诉，需从当事人是否相同、诉讼标的是否相同及诉讼请求是否相同或者相反三个方面进行判断。
	（5）与破产企业有关的民事诉讼管辖	人民法院受理破产申请后，当事人提起的有关债务人的民事诉讼案件，应当由受理破产申请的人民法院管辖。

（三）司考时代及法考时代考查规律

1. 把握重难点、夯实基础

通过以上对于近14年真题内容的研究，我们会发现民诉法的案例分析题多以侵权纠纷、合同纠纷等为背景，结合民诉法中的三大核心制度——当事人制度、证据和证明制度、管辖制度，以及一审、二审、再审和执行程序中的知识点进行考查。适格当事人的确定、案件的管辖法院、举证责任分配、再审的启动和审理、第三人撤销之诉、执行异议与案外人申请再审之间的关系等知识点，作为民诉法中的重要知识点，曾在真题中多次考查；仲裁制度在2008~2017年的考试中只考查了一次，但是在法考元年的学科融合题中，对仲裁协议的效力判断、仲裁裁决的撤销也进行了考查，所以仲裁制度中的相关知识点，也不能忽视，尤其注意仲裁跟民法、商法结合进行考查的出题角度。主观题的考查方式和问法可能多样化，但是万变不离其宗，牢固掌握重难点理论知识，勤加练习，才是突破主观题的必胜法宝。

2. 注重学科融合趋势、综合掌握

法考时代将民法、商法、民诉法的学科进行了融合考查，为了顺应学科融合的考查趋势，对于学科交叉的知识点需要予以重视。2018法考元年对于民诉法、仲裁法和商法学科中的破产法结合进行考查，使得一些对破产法较为陌生的考生有些措手不及。因此，民诉法不能与其他学科孤立起来进行学习，对于民诉法与民法、商法所交叉的知识点，也要进行综合掌握。

第二节 民诉法解题思路与模板

一、民诉法主观题应试技巧

民诉法和仲裁制度的案例分析题主要考查学生对于民诉法和仲裁制度中相关知识点的熟悉程度，以及对案例进行分析，将案例中的内容转化为考点的综合运用能力。法律职业资格考试中主观题阅卷时主要是参考给分点进行的，所以在答题时需要注意揣摩出题人的出题意图，分析出相关考点，才能按点答题，逐个击破。

1. 为了应对主观题考试，我们最需要培养的能力是考点的综合运用和分析能力，学会将案情与考点相联系，从分析考点的角度去阅读案例。这样才不会在阅读案例的时候感觉案情过长、一头雾水，做题时感觉无从下笔。比如说在案例中看到双方当事人签订了仲裁协议，首先要考虑的就是仲裁协议是否有效、案件是否属于法院主管；如果案例是以合同纠纷或者侵权纠纷为载体，并且出现了多个具体的法院地点，那就要考虑有管辖权的法院的问题。这要求考生在精读案例的过程中，尽量思考相关联的考点与考法，勾画出有效信息，这样才能在答题时提高效率，准确对应案情中的相关信息。

2. 提高法条检索能力。司法部在主观题考场中为大家配备了统一的电子版法律法规汇编，该电子版的法律法规汇编的检索功能可以帮助考生通过关键词定位到具体的章节，因此运用好这个素材对于民诉法科目主观题的答题是事半功倍的。考生在平时的练习中可以有意识地锻炼自己在重要考点上的法条检索能力，熟悉相关知识点在对应法条中的章节位置，这对提升做题的效率是很有帮助的，但是这并不代表主观题的备考中我们就不需要对于重要知识点进行理解和记忆了。一定要注意，在时间紧张的情况下，能快速准确地写出相关知识点才是最重要也是最根本的。

3. 提升从问题定位到考点的分析能力。民事诉讼法中，题目中一些常见问法有助于我们迅速地定位知识点，有重点地分析相关案情。如：问本案中当事人的诉讼地位应如何列明，则能分析出本问主要考查当事人的地位；问本案中有管辖权的法院有哪些，则能分析出本问主要考查管辖制度；问本案中案外人应如何救济自己的权利，则能分析出主要考查执行异议的知识点。这样可以帮助我们迅速定位和梳理案情，高效作答。

4. 解决问题时注意结合民法的相关知识。近年法考主观题的考试中，除了在案例本身体现出民诉与民法、商法融合的趋势，在问题的设置和解决上也体现了与实体法结合的特点，这在2021年的主观题考试中也有明显体现，有些问题的解决单独靠民诉法的知识是无法解决的，在解决民诉法的案例题的时候，也需要多注意结合实体法的规定进行分析和梳理。

5. "纸上得来终觉浅"，只有勤练习，把握答题模板和答题技巧，才能真正提升自己主观题答题水平。各种答题技巧和方法都需要自己在实践过程中体会，所以对于以往的司考时代的主观题真题，一定要自己认真地书写一遍，然后将自己的答案与官方的答案进行对比，查漏补缺，方能更上一层楼。

二、民诉法案例分析题模板

民诉法在以往司法考试的考查当中大致可以分为以下几种类型：

（一）一问一答类题型

民诉法的案例分析题最常见的考查方式就是传统的一问一答类题型，一般是通过问题锁定具体案情，通过检索相应的法条或者以民诉法的相关理论为依据进行回答。对于有具体法条依据的问题，最好通过"结论——大前提——小前提"的方式来展示结论，而对于没有相应法条依据作为支撑，只是通过民事诉讼法的具体理论进行解答的问题，通过"结论+理由"的方式进行作答即可。

2012年卷四第五题（第1、2问）

案情： 居住在甲市A区的王某驾车以60公里时速在甲市B区行驶，突遇居住在甲市C区的刘某骑自行车横穿马路，王某紧急刹车，刘某在车前倒地受伤。刘某被送往甲市B区医院治疗，疗效一般，留有一定后遗症。之后，双方就王某开车是否撞倒刘某，以及相关赔偿事宜发生争执，无法达成协议。

刘某诉至法院，主张自己被王某开车撞伤，要求赔偿。刘某提交的证据包括：甲市B区交警大队的交通事故处理认定书（该认定书没有对刘某倒地受伤是否为王某开车所致作出认定）、医院的诊断书（复印件）、处方（复印件）、药费和住院费的发票等。王某提交了自己在事故现场用数码摄像机拍摄的车与刘某倒地后状态的视频资料。图像显示，刘某倒地位置与王某车距离1米左右。王某以该证据证明其车没有撞倒刘某。

一审中，双方争执焦点为：刘某倒地受伤是否为王某驾车撞倒所致；刘某所留后遗症是否因医疗措施不当所致。

法院审理后，无法确定王某的车是否撞倒刘某。一审法院认为，王某的车是否撞倒刘某无法确定，但即使王某的车没有撞倒刘某，由于王某车型较大、车速较快、刹车突然、刹车声音刺耳等原因，足以使刘某受到惊吓而从自行车上摔倒受伤。因此，王某应当对刘某受伤承担相应责任。同时，刘某因违反交通规则，对其受伤也应当承担相应责任。据此，法院判决：王某对刘某的经济损失承担50%的赔偿责任。关于刘某受伤后留下后遗症问题，一审法院没有作出说明。

王某不服一审判决，提起上诉。二审法院审理后认为，综合各种证据，认定王某的车撞倒刘某，致其受伤。同时，二审法院认为，一审法院关于双方当事人就事故的经济责任分担符合法律原则和规定。故此，二审法院驳回王某上诉，维持原判。

问题：

1. 对刘某提起的损害赔偿诉讼，哪个（些）法院有管辖权？为什么？

解题思路：

首先阅读题干，发现本题考查的是管辖制度。于是锁定案情的第一段，根据第一段的描述，发现本案为侵权纠纷，并且案情当中明显给出了原告刘某住所地甲市C区、被告王某住所地甲市A区以及纠纷发生地甲市B区3个地点，相对应检索《民事诉讼法》第29条，因侵权行为提起的诉讼，由侵权行为地或者被告住所地人民法院管辖。即可得出本题答案。

参考答案：

[结论] 对刘某提起的损害赔偿诉讼，甲市 A 区和甲市 B 区人民法院有管辖权。

[大前提]《民事诉讼法》第 29 条规定，因侵权行为提起的诉讼，由侵权行为地或者被告住所地人民法院管辖。

[小前提] 本案中侵权行为地为甲市 B 区，被告王某住所地在甲市 A 区，所以本案中甲市 A 区和甲市 B 区人民法院有权管辖。

2. 本案所列当事人提供的证据，属于法律规定中的哪种证据？属于理论上的哪类证据？

解题思路：

本题考查证据的法定种类和理论分类。案情中第二段对双方当事人提交的证据进行了罗列，主要是对已经罗列的证据进行种类分析，根据《民事诉讼法》第 66 条关于证据的法定种类以及《民诉解释》第 116 条关于视听资料和电子数据的区分的规定，再结合民事诉讼中关于证据的理论分类知识进行判断。

参考答案：

（1）本案中，交通大队的事故认定书、医院的诊断书（复印件）、处方（复印件）、药费和住院费的发票都属于书证，王某在事故现场用数码摄像机拍摄的就他的车与刘某倒地之后的状态的视频资料属于视听资料。

（此处，虽然《民事诉讼法》第 66 条中就证据的八大法定种类进行了明确规定，但是我们在具体分析时仅需要对号入座即可，不需要进行法条大前提的引用和解释）

（2）上述证据都属于间接证据；甲市 B 区交通大队的交通事故处理认定书、药费和住院费的发票，王某自己在事故现场用数码摄像机拍摄的就他的车与刘某倒地之后的状态的视频资料属于原始证据，医院的诊断书（复印件）、处方（复印件）属于传来证据；就证明王某的车撞到刘某并致刘某受伤的事实而言，刘某提供的各类证据均为本证，王某提供的证据为反证。

[理由] 根据民诉法中关于证据的理论分类的相关知识，直接证据和间接证据之间的区分标准在于该证据是否能够单独直接证明待证事实；原始证据和传来证据的区分标准在于是否直接来源于案件事实；本证和反证的区分标准为提出证据的一方是否承担举证责任。因此从证据的理论分类的角度考虑，具体的证据分类如上所述。

（二）程序纠错类题型

2017 年卷四第六题（第 4 问）

案情：2013 年 5 月，居住在 S 市二河县的郝志强、迟丽华夫妻将二人共有的位于 S 市三江区的三层楼房出租给包童新居住，协议是以郝志强的名义签订的。2015 年 3 月，住所地在 S 市四海区的温茂昌从该楼房底下路过，被三层掉下的窗户玻璃砸伤，花费医疗费 8500 元。

就温茂昌受伤赔偿问题，利害关系人有关说法是：包童新承认当时自己开了窗户，但没想到玻璃会掉下，应属窗户质量问题，自己不应承担责任；郝志强认为窗户质量没有问题，如果不是包童新使用不当，窗户玻璃不会掉下；此外，温茂昌受伤是在该楼房院子内，作为路人的温茂昌不应未经楼房主人或使用权人同意擅自进入院子里，也有责任；温茂昌认为自己是为了躲避路上的车辆而走到该楼房旁边的，不知道这个区域已属个人私宅的范围。为此，温茂昌将郝志强和包童新诉至法院，要求他们赔偿医疗费用。

法院受理案件后，向被告郝志强、包童新送达了起诉状副本等文件。在起诉状、答辩状中，原告和被告都坚持协商过程中自己的理由。开庭审理5天前，法院送达人员将郝志强和包童新的传票都交给包童新，告其将传票转交给郝志强。开庭时，温茂昌、包童新按时到庭，郝志强迟迟未到庭。法庭询问包童新是否将出庭传票交给了郝志强，包童新表示4天之前就交了。法院据此在郝志强没有出庭的情况下对案件进行审理并作出了判决，判决郝志强与包童新共同承担赔偿责任：郝志强赔偿4000元，包童新赔偿4500元，两人相互承担连带责任。

一审判决送达后，郝志强不服，在上诉期内提起上诉，认为一审审理程序上存在瑕疵，要求二审法院将案件发回重审。包童新、温茂昌没有提起上诉。

问题：

一审案件的审理在程序上有哪些瑕疵？二审法院对此应当如何处理？

解题思路：

关于一审案件的审理过程，首先定位案情第三段的表述，圈出法院有评价意义的行为：①向被告郝志强、包童新送达起诉状副本等文件；②将郝志强和包童新的传票都交给包童新；③在郝志强没有出庭的情况下对案件进行了判决。针对这些行为进行判断，本案确定的被告是否正确？法院的传票送达行为是否合法？法院的缺席判决行为是否合法？由此检索《民法典》第1253条、《民事诉讼法》第147条以及民诉法中关于送达方式的规定，可以准确地对这三个行为进行分析。根据《民事诉讼法》第177条第1款第4项的规定，对于违法缺席判决这类违反法定程序的行为，二审法院应当裁定撤销原判、发回原审人民法院重审。

参考答案：

（1）［结论］一审案件的审理存在如下瑕疵：第一，遗漏被告迟丽华；第二，一审法院通过包童新向郝志强送达开庭传票没有法律根据，属于违法行为；法院未依法向郝志强送达开庭传票，进而导致案件缺席判决，不符合作出缺席判决的条件。

［大前提］《民法典》第1253条规定，建筑物、构筑物或者其他设施及其搁置物、悬挂物发生脱落、坠落造成他人损害，所有人、管理人或者使用人不能证明自己没有过错的，应当承担侵权责任。所有人、管理人或者使用人赔偿后，有其他责任人的，有权向其他责任人追偿。《民事诉讼法》第147条规定，被告经传票传唤，无正当理由拒不到庭的，或者未经法庭许可中途退庭的，可以缺席判决。

［小前提］迟丽华作为房屋的所有人之一，也应被列为被告，所以一审中遗漏了被告；一审法院通过包童新向郝志强送达开庭传票是没有民诉法的法律依据支持的，所以并未通过合法的途径向被告郝志强送达传票。法院在未依法向郝志强送达开庭传票的情况下，对案件进行缺席判决，不符合作出缺席判决的条件。

（2）［结论］二审法院应当裁定发回重审。

［大前提］《民事诉讼法》第177条第1款第4项规定，第二审人民法院对上诉案件，经过审理，按照下列情形，分别处理：……④原判决遗漏当事人或者违法缺席判决等严重违反法定程序的，裁定撤销原判决，发回原审人民法院重审。

［小前提］本案中遗漏被告迟丽华、在被告郝志强未依法收到传票的情况下违法缺席判决、严重限制当事人辩论权的行使，都属于程序上严重违法、案件应当发回重审的行为，因此，二审法院应当裁定发回重审。

提示: 本案中,若认为因被告之间承担连带责任,原告具有对被告的选择权,则一审法院遗漏迟丽华的行为并不违反法定程序,分析一审法院的程序瑕疵时只需要分析以下内容即可:一审法院通过包童新向郝志强送达开庭传票没有法律根据,属于违法行为;法院未依法向郝志强送达开庭传票,进而导致案件缺席判决,不符合作出缺席判决的条件,并严重限制了郝志强辩论权的行使。

(三) 论述类题型

2013 年的民诉法主观题是以往司法考试时代常见的考查方式,即以一个部门法的案例为依托,前几问考查这个部门法的法律规定和要求,最后一问则要求根据材料,结合该部门法的基本原则和制度背后的原理来进行论述。虽然进入法考时代后,这类题型并未考查,而是转向了科目融合题,但是对于部门法的基本原则和制度还是要予以简要熟悉和了解。

2013 年卷四第七题 (第4问)

案情: 孙某与钱某合伙经营一家五金店,后因经营理念不合,孙某唆使赵龙、赵虎兄弟寻衅将钱某打伤,钱某花费医疗费 2 万元,营养费 3000 元,交通费 2000 元。钱某委托李律师向甲县法院起诉赵家兄弟,要求其赔偿经济损失 2.5 万元,精神损失 5000 元,并提供了医院诊断书、处方、出租车票、发票、目击者周某的书面证言等证据。甲县法院适用简易程序审理本案。二被告没有提供证据,庭审中承认将钱某打伤,但对赔偿金额提出异议。甲县法院最终支持了钱某的所有主张。

二被告不服,向乙市中院提起上诉,并向该法院承认,二人是受孙某唆使。钱某要求追加孙某为共同被告,赔偿损失,并要求退伙析产。乙市中院经过审查,认定孙某是必须参加诉讼的当事人,遂通知孙某参加调解。后各方达成调解协议,钱某放弃精神损害赔偿,孙某即时向钱某支付赔偿金 1.5 万元,赵家兄弟在 7 日内向钱某支付赔偿金 1 万元,孙某和钱某同意继续合伙经营。乙市中院制作调解书送达各方后结案。

问题:

近年来,随着社会转型的深入,社会管理领域面临许多挑战,通过人民调解、行政调解、司法调解和民事诉讼等多种渠道化解社会矛盾纠纷成为社会治理的必然选择;同时,司法改革以满足人民群众的司法需求为根本出发点,让有理有据的人打得赢官司,让公平正义通过司法渠道得到彰显。请结合本案和社会发展情况,试述调解和审判在转型时期的关系。

解题思路及参考答案:

[首先,结合材料,明确观点]

材料中,孙某和钱某作为合伙人,由于经营理念不合而发生民事纠纷,最后在法院调解中达成一致意见,继续合伙经营,这体现了调解制度是民事纠纷解决机制的重要组成部分。

审判和调解都是民事诉讼法规定的纠纷解决方式,二者对于解决民事纠纷、化解民事矛盾都具有重要意义。

[其次,阐述观点,说明理由]

一方面,调解的优点在于程序简单,能节约司法成本,弥补审判的不足。同时,由于是双方自愿达成,有利于诉讼的顺利解决,从而保障诉讼效率的价值。在本案中,如果在二审时不能及时达成调解协议，则按照法律只能发回重审，从而浪费了司法资源，不能体现司法效率的价值。

另一方面，审判的优势在于明确事实、树立权威，但是，却和中国传统文化中"以和为贵"有一定的冲突。同时，如果坚持"调解为王""久调不判"，诉讼的拖延也会损害当事人按照法律的规定所享有的"诉权"和"公正审判"的权利。结合本案，如果本案中没有经过审判来查明事实，则当事人各方的权益就没有办法明确，也违反了公平正义的原则。

[最后，总结提炼，重申观点]

综上所述，在实践中应当"调解优先"，注重调解、能调则调。但也要注意，调解并非审理案件的必经程序，对于一些不能或不宜调解的案件要及时判决，从而达到"公正优先，兼顾效率"的目的，实现"定纷止争"，达到纠纷顺利解决和案结事了的法律效果。

（四）文书类题型

民事诉讼的法律文书类题型只在2013年卷四考查过，但是也并没有要求考生写出完整的民事起诉状或者民事判决书，仅仅要求写出相应文书的结构和内容，所以这类题型的难度并不大，只要掌握好结构，套用具体的案情即可。法律文书题作为法考大纲中规定的题型之一，虽然整体来说考查的概率不大，但是从综合备考的角度来讲，还是要掌握民事诉讼中起诉状和判决书的格式和结构，避免考查时措手不及。

2013年卷四第七题（第1问）

案情： 孙某与钱某合伙经营一家五金店，后因经营理念不合，孙某唆使赵龙、赵虎兄弟寻衅将钱某打伤，钱某花费医疗费2万元，营养费3000元，交通费2000元。钱某委托李律师向甲县法院起诉赵家兄弟，要求其赔偿经济损失2.5万元，精神损失5000元，并提供了医院诊断书、处方、出租车票、发票、目击者周某的书面证言等证据。甲县法院适用简易程序审理本案。二被告没有提供证据，庭审中承认将钱某打伤，但对赔偿金额提出异议。甲县法院最终支持了钱某的所有主张。

二被告不服，向乙市中院提起上诉，并向该法院承认，二人是受孙某唆使。钱某要求追加孙某为共同被告，赔偿损失，并要求退伙析产。乙市中院经过审查，认定孙某是必须参加诉讼的当事人，遂通知孙某参加调解。后各方达成调解协议，钱某放弃精神损害赔偿，孙某即时向钱某支付赔偿金1.5万元，赵家兄弟在7日内向钱某支付赔偿金1万元，孙某和钱某同意继续合伙经营。乙市中院制作调解书送达各方后结案。

问题：

请结合本案，简要概括钱某的起诉状或法院的一审判决书的结构和内容。（起诉状或一审判决书择一作答；二者均答时，评判排列在先者）

解题思路：

本题主要考查民事起诉状和一审民事判决书的结构和内容。参考的法条为《民事诉讼法》第124条，起诉状应当记明下列事项：①原告的姓名、性别、年龄、民族、职业、工作单位、住所、联系方式，法人或者其他组织的名称、住所和法定代表人或者主要负责人的姓名、职务、联系方式；②被告的姓名、性别、工作单位、住所等信息，法人或者其他组织的名称、住所等信息；③诉讼请求和所根据的事实与理由；④证据和证据来源，证人姓名和住所。以及参考《民事诉讼法》第155条，判决书应当写明判决结果和作出该判决的理由。判决书内容包括：①案由、诉讼请求、争议的事实和理由；②判决认定的事实和理由、适用的法律和理由；③判决结果和诉讼费用的负担；④上诉期间和上诉的法院。判决书由审判人员、书记员署名，加盖人民法院印章。本题结合本案具体案情以及上述法条对两种文书的内容进行补充即可。

参考答案：

1. 起诉状的结构与内容

（1）原告（钱某）的姓名、性别、年龄、民族、职业、工作单位、住所、联系方式。

委托代理人（李律师）姓名、性别、年龄、工作单位、联系方式等信息。

（2）被告（赵龙、赵虎）的姓名、性别、工作单位、住所等信息。

（3）诉讼请求

❶请求被告承担经济损失 2.5 万元；

❷请求被告承担精神损失 5000 元；

❸诉讼费用由被告承担。

（4）事实与理由

孙某与钱某因合伙经营五金店理念不合，孙某唆使赵龙、赵虎兄弟将原告打伤，致使原告花费医疗费 2 万元，营养费 3000 元，交通费 2000 元，并且造成了精神损害。

（5）证据和证据来源（包括证人姓名和住所）

医院诊断书、处方、出租车票、发票、目击者周某的书面证言。

2. 一审判决书的结构与内容

（1）案由、诉讼请求、争议的事实和理由；

（2）判决认定的事实和理由、适用的法律和理由；

（3）判决结果和诉讼费用的负担；

（4）上诉期间和上诉的法院。

判决书由审判人员、书记员署名，加盖人民法院印章。

评析：本题主要考查的是民事起诉状和判决书的基本结构和内容，没有要求考生写出完整的民事诉讼文书，为了帮助考生理解民事起诉状和判决书的完整内容，现将具体的内容列出，大家可以作为法律文书写作的模板参考。

民事起诉状

原告：钱某，男，×岁，汉族，××××年××月××日生，居民身份证号码×××××××××××，住××市××区××街道××号。

委托代理人：李某，××律师事务所律师。

被告：赵龙，男，×岁，汉族，××××年××月××日生，居民身份证号码×××××××××××，住××市××区××街道××号。

被告：赵虎，男，×岁，汉族，××××年××月××日生，居民身份证号码×××××××××××，住××市××区××街道××号。

诉讼请求

1. 请求判令二被告共同向原告赔偿经济损失 2.5 万元，精神损失 5000 元。

2. 请求判令二被告承担本案诉讼费用。

事实和理由

二被告于××××年××月××日在×处寻衅，将原告打伤，原告为此花费医疗费2万元，营养费3000元，交通费2000元。因为给原告的生活和精神造成一定影响，所以依法向法院提起诉讼，请求法院支持原告的诉讼请求。

证据和证据来源（包括证人姓名、住所）

1. 书证：医院诊断书、处方，由××医院出具；出租车票、发票，由××出租车公司出具。
2. 证人周某的书面证言。

此致
甲县人民法院

起诉人：钱某

××××年××月××日

甲县人民法院
民事判决书

（2013）甲法民初字第×××号

原告：钱某，男，×岁，汉族，××××年××月××日生，居民身份证号码×××××××××××××，住××市××区××街道××号。

委托代理人：李某，××律师事务所律师。

被告：赵龙，男，×岁，汉族，××××年××月××日生，居民身份证号码×××××××××××××，住××市××区××街道××号。

被告：赵虎，男，×岁，汉族，××××年××月××日生，居民身份证号码×××××××××××××，住××市××区××街道××号。

原告钱某与被告赵龙、赵虎人身损害赔偿纠纷一案，本院于××××年××月××日立案受理后，依法适用简易程序，由审判员×××独任审判，公开审理了本案。原告、被告均到庭参加诉讼，本案现已审理终结。

原告诉称二被告于××××年××月××日在×处寻衅，将原告打伤，原告为此花费医疗费2万元，营养费3000元，交通费2000元。因为给原告的生活和精神造成一定影响，请求法院判令被告支付医疗费、营养费、交通费共计2.5万元，并赔偿精神抚慰金5000元。

二被告当庭承认了对原告的侵权行为，但是对原告主张的赔偿金额提出异议。

经审理查明，被告于××××年××月××日在×处寻衅，将原告打伤。以上事实，二被告当庭表示承认，本院依法予以采信。原告为此花费医疗费2万元，营养费3000元，交通费2000元，以上事实，有医院诊断书、处方、出租车票、发票、目击者周某的书面证言进行证实，本院依法予以采信。

本院认为，二被告寻衅并打伤原告，侵害原告的人身权利，依法应当承担相应的赔偿责任。根据《中华人民共和国侵权责任法》第××条，判决如下：

二被告赵龙、赵虎于本判决生效十日内向原告钱某支付医疗费、营养费、交通费等共××元。

如果未按照本判决指定的期间履行给付金钱义务，应当按照《中华人民共和国民事诉讼法》第二百五十三条（现为第二百六十条）之规定，加倍支付迟延履行期间的债务利息。

案件受理费××元，由被告赵龙承担××元、被告赵虎承担××元。

如不服本判决，可在收到判决书之日起十五日内向本院递交上诉状，并按对方当事人的人数提交副本，上诉于×市中级人民法院。

审判员×××

（甲县人民法院印章）

××××年××月××日

书记员×××

[注意] 本题为 2013 年的真题，所以判决书的案号不是按照最高人民法院关于印发《人民法院民事裁判文书制作规范》《民事诉讼文书样式》的通知中的要求来书写的，最新的案号标准应为（收案年度）+法院代字+类型代字+案件编号+"号"，如"（2018）浙0381 民初 1539 号"，这个仅作了解即可。

三、真题模板套用示例

（注：2018~2021 年民事融合题目真题模板及套用示例见民法专题）

2017 年卷四第六题 （本题 19 分）（仅列举第 1~3 问）

案情： 2013 年 5 月，居住在 S 市二河县的郝志强、迟丽华夫妻将二人共有的位于 S 市三江区的三层楼房出租给包童新居住，协议是以郝志强的名义签订的。2015 年 3 月，住所地在 S 市四海区的温茂昌从该楼房底下路过，被三层掉下的窗户玻璃砸伤，花费医疗费8500 元。

就温茂昌受伤赔偿问题，利害关系人有关说法是：包童新承认当时自己开了窗户，但没想到玻璃会掉下，应属窗户质量问题，自己不应承担责任；郝志强认为窗户质量没有问题，如果不是包童新使用不当，窗户玻璃不会掉下；此外，温茂昌受伤是在该楼房院子内，作为路人的温茂昌不应未经楼房主人或使用权人同意擅自进入院子里，也有责任；温茂昌认为自己是为了躲避路上的车辆而走到该楼房旁边的，不知道这个区域已属个人私宅的范围。为此，温茂昌将郝志强和包童新诉至法院，要求他们赔偿医疗费用。

法院受理案件后，向被告郝志强、包童新送达了起诉状副本等文件。在起诉状、答辩状中，原告和被告都坚持协商过程中自己的理由。开庭审理 5 天前，法院送达人员将郝志强和包童新的传票都交给包童新，告其将传票转交给郝志强。开庭时，温茂昌、包童新按时到庭，郝志强迟迟未到庭。法庭询问包童新是否将出庭传票交给了郝志强，包童新表示4 天之前就交了。法院据此在郝志强没有出庭的情况下对案件进行审理并作出了判决，判决郝志强与包童新共同承担赔偿责任：郝志强赔偿 4000 元，包童新赔偿 4500 元，两人相互承担连带责任。

一审判决送达后，郝志强不服，在上诉期内提起上诉，认为一审审理程序上存在瑕疵，要求二审法院将案件发回重审。包童新、温茂昌没有提起上诉。

问题：

1. 哪些（个）法院对本案享有管辖权？为什么？

参考答案：

[结论] S市三江区法院和S市二河县法院对本案有管辖权。

[大前提]《民事诉讼法》第29条规定，因侵权行为提起的诉讼，由侵权行为地或者被告住所地法院管辖。

[小前提] S市三江区为被告郝志强住所地，S市二河县为侵权行为地和被告包童新住所地。故两地法院有管辖权。

2. 本案的当事人确定是否正确？为什么？

参考答案：

[结论] 本案一审当事人的确定不完全正确（或部分正确或部分错误）。

[分析1：说理分析] 郝志强、包童新作为被告正确，遗漏迟丽华为被告错误。温茂昌是受害人，与案件的处理结果有直接的利害关系，作为原告，正确。

[分析2：大前提+小前提] 根据《民法典》第1253条的规定，建筑物、构筑物或者其他设施及其搁置物、悬挂物发生脱落、坠落造成他人损害，所有人、管理人或者使用人不能证明自己没有过错的，应当承担侵权责任。郝志强为楼房所有人，包童新为楼房使用人，作为被告，正确。

[分析3：说理分析] 迟丽华作为楼房的所有人之一，没有被列为被告，错误。

3. 本案涉及的相关案件事实应由谁承担证明责任？

参考答案：

[结论+结合具体案情分析]（1）郝志强为该楼所有人、包童新为该楼使用人的事实、该楼三层掉下的窗户玻璃砸伤温茂昌的事实、温茂昌受伤状况的事实、温茂昌治伤花费医疗费8500元的事实等，由温茂昌承担证明责任；

（2）包童新认为窗户质量存在问题的事实，由包童新承担证明责任；

（3）包童新使用窗户不当的事实、温茂昌未经楼房的主人或使用权人的同意擅自进到楼房的院子里的事实，由郝志强承担证明责任。

提示：本问注意题目中的问法，其提到本案中涉及的相关事实由谁承担证明责任，那么应该以案件中所提及的具体事实为主线来进行分析。

2016年卷四第六题（本题22分）

案情：陈某转让一辆中巴车给王某但未办过户。王某为了运营，与明星汽运公司签订合同，明确挂靠该公司，王某每月向该公司交纳500元，该公司为王某代交规费、代办各种运营手续、保险等。明星汽运公司依约代王某向鸿运保险公司支付了该车的交强险费用。

2015年5月，王某所雇司机华某驾驶该中巴车致行人李某受伤，交警大队认定中巴车一方负全责，并出具事故认定书。但华某认为该事故认定书有问题，提出虽肇事车辆车速过快，但李某横穿马路没有走人行横道，对事故发生也负有责任。因赔偿问题协商无果，李某将王某和其他相关利害关系人诉至 F 省 N 市 J 县法院，要求王某、相关利害关系人向其赔付治疗费、误工费、交通费、护理费等费用。被告王某委托 N 市甲律师事务所刘律师担任诉讼代理人。

案件审理中，王某提出其与明星汽运公司存在挂靠关系、明星汽运公司代王某向保险公司交纳了该车的交强险费用、交通事故发生时李某横穿马路没走人行横道等事实；李某陈述了自己受伤、治疗、误工、请他人护理等事实。诉讼中，各利害关系人对上述事实看法不一。李某为支持自己的主张，向法院提交了因误工被扣误工费、为就医而支付交通费、请他人护理而支付护理费的书面证据。但李某声称治疗的相关诊断书、处方、药费和治疗费的发票等不慎丢失，其向医院收集这些证据遭拒绝。李某向法院提出书面申请，请求法院调查收集该证据，J 县法院拒绝。

在诉讼中，李某向 J 县法院主张自己共花治疗费 36 650 元，误工费、交通费、护理费共计 12 000 元。被告方仅认可治疗费 15 000 元。J 县法院对案件作出判决，在治疗费方面支持了 15 000 元。双方当事人都未上诉。

一审判决生效 1 个月后，李某聘请 N 市甲律师事务所张律师收集证据、代理本案的再审，并商定实行风险代理收费，约定按协议标的额的 35% 收取律师费。经律师说服，医院就李某治伤的相关诊断书、处方、药费和治疗费的支付情况出具了证明，李某据此向法院申请再审，法院受理了李某的再审申请并裁定再审。

再审中，李某提出增加赔付精神损失费的诉讼请求，并要求张律师一定坚持该意见，律师将其写入诉状。

问题：

1. 本案的被告是谁？简要说明理由。

参考答案：

[结论] 本案被告得以原告的主张来加以确定：原告主张挂靠单位和被挂靠单位承担责任的，王某、明星汽运公司、鸿运保险公司为共同被告。原告不主张挂靠单位承担责任的，王某、鸿运保险公司为共同被告。

[大前提] 根据《民法典》第 1210、1213 条的规定，转让机动车未办理手续的，由保险公司在强制保险责任范围内予以赔偿，不足部分由受让人承担侵权责任。明星汽运公司为王某从事中巴车运营的被挂靠单位，根据《民诉解释》第 54 条的规定，以挂靠形式从事民事活动，当事人请求由挂靠人和被挂靠人依法承担民事责任的，该挂靠人和被挂靠人为共同诉讼人。

[小前提] 本案中陈某转让一辆中巴车给王某但未办过户，所以保险公司需要在强制保险责任范围内赔偿，保险公司应该为被告；王某为了运营，与明星汽运公司签订合同，明确挂靠该公司，属于司法解释中规定的以挂靠形式从事民事活动，王某和明星汽运公司是否作为共同被告关键看原告是否主张挂靠单位承担责任。

2. 就本案相关事实，由谁承担证明责任？简要说明理由。

参考答案：

[结论] 王某与明星汽运公司存在挂靠关系的事实由王某承担证明责任；明星汽运公司依约代王某向鸿运保险公司交纳了该车的强制保险费用的事实由王某承担证明责任；交通事故发

生时李某横穿马路没走人行通道的事实，由王某承担证明责任；李某受伤状况、治疗状况、误工状况、请他人护理状况等事实，由李某承担证明责任。

[大前提] 根据《民诉解释》第90条第1款的规定，当事人对自己提出的诉讼请求所依据的事实或者反驳对方诉讼请求所依据的事实，应当提供证据加以证明，但法律另有规定的除外。

[小前提] 本案上述事实，不存在特殊情况的情形，因此由相对应的事实主张者承担证明责任。

3. 交警大队出具的事故认定书，是否当然就具有证明力？简要说明理由。

参考答案：

[结论] 交警大队出具的事故认定书，不当然具有证明力。

[大前提] 根据《民诉解释》第104条的规定，人民法院应当组织当事人围绕证据的真实性、合法性以及与待证事实的关联性进行质证，并针对证据有无证明力和证明力大小进行说明和辩论。能够反映案件真实情况、与待证事实相关联、来源和形式符合法律规定的证据，应当作为认定案件事实的根据。

[小前提] 在本案中，交警大队出具的事故认定书只是证据的一种，其所证明的事实与案件其他证据所证明的事实是否一致，以及法院是否确信该事故认定书所确认的事实，法院有权根据案件的综合情况予以判断，即该事故认定书的证明力由法院判断后确定。

4. 李某可以向哪个（些）法院申请再审？其申请再审所依据的理由应当是什么？

参考答案：

[结论1] 李某可以向F省N市中级法院申请再审。

[大前提] 根据《民事诉讼法》第206条的规定，当事人对已经发生法律效力的判决、裁定，认为有错误的，可以向上一级人民法院申请再审；当事人一方人数众多或者当事人双方为公民的案件，也可以向原审人民法院申请再审。

[小前提] 因为本案不存在向原审法院申请再审的法定事由。所以李某可以向上一级人民法院F省N市中级法院申请再审。

[结论2] 再审的理由为：对审理案件需要的主要证据，当事人因客观原因不能自行收集，书面申请人民法院调查收集，人民法院未调查收集；有新的证据，足以推翻原判决。

[大前提] 根据《民事诉讼法》第207条第1、5项的规定，当事人的申请符合下列情形之一的，人民法院应当再审：①有新的证据，足以推翻原判决、裁定的；……⑤对审理案件需要的主要证据，当事人因客观原因不能自行收集，书面申请人民法院调查收集，人民法院未调查收集的；……

[小前提] 本案中，李某向医院收集证据遭拒绝，又向法院提出书面申请，请求法院调查收集该证据，J县法院拒绝，属于当事人因客观原因不能自行收集，书面申请人民法院调查收集，人民法院未调查收集的情形，可以以此为由申请再审；医院就李某治伤的相关诊断书、处方、药费和治疗费的支付情况出具了证明，因此李某有新证据，足以推翻原判决，可以以此为由申请再审。

5. 再审法院应当按照什么程序对案件进行再审？再审法院对李某增加的再审请求，应当如何处理？简要说明理由。

参考答案：

[结论1] 再审法院应当按照第二审程序对案件进行再审。

[大前提] 根据《民事诉讼法》第214条第1款的规定，上级人民法院按照审判监督程序提审的，按照第二审程序审理，所作的判决、裁定是发生法律效力的判决、裁定。

[小前提] 本案中，因为受理并裁定对案件进行再审的，是原审法院的上级法院，所以应当适用第二审程序对案件进行再审。

[结论2] 再审法院对李某增加的要求被告支付精神损失费的再审请求不予受理；且该请求也不属于可以另行起诉的情形，再审法院也不可告知另行起诉。

[大前提] 当事人在侵权诉讼中没有提出赔偿精神损害的诉讼请求，诉讼终结后又基于同一侵权事实另行起诉请求赔偿精神损害的，人民法院不予受理。

[小前提] 本案中，李某在侵权诉讼中没有提出赔偿精神损害的诉讼请求，再审中，李某提出增加赔付精神损失费的诉讼请求，人民法院对此请求不予受理。

6. 根据律师执业规范，评价甲律师事务所及律师的执业行为，并简要说明理由。

参考答案：

[结论] ①约定按协议标的额的35%收取律师费违反风险代理的规定；②甲律所张律师担任李某申诉代理人，不符合规定；③李某增加诉讼请求不符合有关规定，律师应指出未能指出，有违"以事实为根据、以法律为准绳"的执业原则及勤勉尽责的要求。

[大前提] 根据《律师服务收费管理办法》第13条第2款的规定，实行风险代理收费，最高收费金额不得高于收费合同约定标的额的30%。根据《律师执业行为规范（试行）》第51条第7项的规定，有下列情形之一的，律师及律师事务所不得与当事人建立或维持委托关系：……⑦在委托关系终止后，同一律师事务所或同一律师在同一案件后续审理或者处理中又接受对方当事人委托的；……

[小前提] 本案中李某与张律师约定按协议标的额的35%收取律师费，超出了合同标的额的30%，因此不符合规定。原审案件中，被告王某委托N市甲律师事务所刘律师担任诉讼代理人，后原告李某又聘请N市甲律师事务所张律师收集证据、代理本案的再审，不符合《律师执业行为规范（试行）》的相关规定。对于当事人不符合法律规定的诉讼请求，代理律师应该及时指出。

专题六 商法专项突破

第一节 商法学科规律分析

一、商法主观题考查特点剖析

1. 设置选做题

从 2018 年法考元年至 2021 年，独立的商法案例与行政法案例为选做题，也就是商法和行政法选择一题作答。从考试的稳定性与可预期性来看，2022 年依旧设置选做题，高概率依旧是商法和行政法选做。一般设计 5~6 个问题，自 2013 年开始，稳定在 6 个问题，以"一问一答"方式进行。

2. 民商融合趋势

商法与民法、民诉法以综合题的形式出现，呈现出民商融合的考查趋势，相对于独立的商法案例分析，综合题难度加大。在民商综合题中，商法一般设置 1~2 个问题，基本考查的都是破产法的知识点，但 2021 年的民商综合案例中，没有考查破产法，仅涉及了民法和公司法交叉的部分。

3. 考查科目、范围以及特点

以考查有限责任公司为主，破产法为辅，偶尔涉及票据法。个别考点会重复考查，体现重者恒重的特点。但是，商法案例会涉及 1~2 问灵活性、开放性的题目，这些题目基本来源于实务中的案例，比如 2018 年的关联企业破产，2019、2020 年的股东优先认购权，很难依据明确的法条作答，需要依靠商法基本原则回答，形成比较规范性的答案比较难，需要考生多关注典型的实务案例以及老师根据案例改编的案例练习。

4. 2021 年商法案例的特点

2021 年法考受到疫情影响，共有 3 批次的考试。

第 1 批次的考试，商法案例整体较为简单，体现在如下几点：①案情设置不复杂，相对于以前考试，案例字数较短；②考点常规，涉及的知识点比较符合预期，常规考点结合新增考点；③考点熟悉，考试中涉及的考点，老师在上课过程中以及平常的模拟案例练习中均有涉及。

第 2 批次考试的商法案例，难度较高，体现在：①案情字数较长；②案情比较开放，设问比较灵活；③考点不易把握，定性不准。

第 3 批次的考试，由于考试人数较少，收集到的信息不完整，在此不做分析。

二、商法主观题命题规律

（一）2010~2017 年司考时代考点展示*

年 份	考 点	具体内容
2017 年	（1）公司治理结构	①股东人数较少或者规模较小的有限责任公司，可以设 1 名执行董事，不设董事会。 ②股东人数较少或者规模较小的有限责任公司，可以设 1~2 名监事，不设监事会。董事、高级管理人员不得兼任监事。
	（2）减少注册资本	①股东会会议作出减少注册资本的决议，必须经代表 2/3 以上表决权的股东通过； ②公司需要减少注册资本时，必须编制资产负债表及财产清单； ③公司应当自作出减少注册资本决议之日起 10 日内通知债权人，并于 30 日内在报纸上公告； ④公司增加或者减少注册资本，应当依法向公司登记机关办理变更登记。
	（3）经理任免、监事职权	有限责任公司可以设经理，由董事会决定聘任或者解聘。监事会、不设监事会的公司的监事行使对违反法律、行政法规、公司章程或者股东会决议的董事、高级管理人员提出罢免的建议权。
	（4）股东回购请求权	有下列情形之一的，对股东会该项决议投反对票的股东可以请求公司按照合理的价格收购其股权： ①公司连续 5 年不向股东分配利润，而公司该 5 年连续盈利，并且符合《公司法》规定的分配利润条件的； ②公司合并、分立、转让主要财产的； ③公司章程规定的营业期限届满或者章程规定的其他解散事由出现，股东会会议通过决议修改章程使公司存续的。
	（5）公司僵局	①公司经营管理发生严重困难，继续存续会使股东利益受到重大损失，通过其他途径不能解决的，持有公司全部股东表决权 10%以上的股东，可以请求人民法院解散公司； ②因公司持续 2 年以上无法召开股东会或者股东大会，公司经营管理发生严重困难的，可提起解散公司诉讼。
	（6）公司清算	公司清算程序： ①依《公司法》第 183 条及时成立清算组； ②清算组按照法律规定的期限，按《公司法》第 184~187 条进行各项清算工作； ③清算结束后，根据《公司法》第 188 条的规定，清算组应当制作清算报告，报股东（大）会或者人民法院确认，并报送公司登记机关，申请注销公司登记，公告公司终止。

---

* 近 10 年的商法主观题参考价值较大，因此本专题的考点从 2010 年开始展现。

续表

年 份	考 点	具体内容
2016年	（1）股东出资	①股东可以用货币出资，也可以用实物、知识产权、土地使用权等可以用货币估价并可以依法转让的非货币财产作价出资。 ②对作为出资的非货币财产应当评估作价，核实财产，不得高估或者低估作价。法律、行政法规对评估作价有规定的，从其规定。
	（2）股东资格	当事人依法履行出资义务或者依法继受取得股权后，公司未根据《公司法》第31、32条的规定签发出资证明书、记载于股东名册并办理公司登记机关登记，当事人请求公司履行上述义务的，人民法院应予支持。区分公司债权人与公司股东，参与分红与公司经营是股东的权利。
	（3）瑕疵股权转让	有限责任公司的股东未履行或者未全面履行出资义务即转让股权，受让人对此知道或者应当知道，公司请求该股东履行出资义务，受让人对此承担连带责任。
	（4）公司独立人格	公司是企业法人，有独立的法人财产，享有法人财产权。
	（5）债权受偿顺序	深石原则和公平原则。
	（6）股东、高级管理人员义务	①公司资本维持原则； ②公司股东滥用股东权利给公司或者其他股东造成损失的，应当依法承担赔偿责任； ③董事、监事、高级管理人员应当遵守法律、行政法规和公司章程，对公司负有忠实义务和勤勉义务。
2015年	（1）股东会决议效力	公司股东会或者股东大会、董事会的决议内容违反法律、行政法规的无效。股东会或者股东大会、董事会的会议召集程序、表决方式违反法律、行政法规或者公司章程，或者决议内容违反公司章程的，股东可以自决议作出之日起60日内，请求人民法院撤销。
	（2）出资协议的履行	新股出资认缴协议的性质，违约责任的承担方式，有限责任公司的人合性。
	（3）新股优先认购权	公司新增资本时，股东有权优先按照实缴的出资比例认缴出资。但是，全体股东约定不按照出资比例分取红利或者不按照出资比例优先认缴出资的除外。
	（4）重大事项绝对多数决	股东会会议作出修改公司章程、增加或者减少注册资本的决议，以及公司合并、分立、解散或者变更公司形式的决议，必须经代表2/3以上表决权的股东通过。
	（5）工商登记的法律效力	①公司营业执照记载的事项发生变更的，公司应当依法办理变更登记，由公司登记机关换发营业执照； ②公司增加或者减少注册资本，应当依法向公司登记机关办理变更登记。

续表

年 份	考 点	具体内容
2015 年	（6）出资瑕疵的法律责任	公司债权人请求未履行或者未全面履行出资义务的股东在未出资本息范围内对公司债务不能清偿的部分承担补充赔偿责任的，人民法院应予支持。
2014 年	（1）股东资格认定	①股东以货币出资的，应当将货币出资足额存入有限责任公司在银行开设的账户； ②股东资格记载于股东名册的股东，可以依股东名册主张行使股东权利。
	（2）破产债权申报	破产债权申报人民法院受理破产申请时，对债务人享有债权的债权人，依照破产法规定的程序行使权利。
	（3）名义股东的处分股权	名义股东将登于其名下的股权转让、质押或者以其他方式处分，实际出资人以其对于股权享有实际权利为由，请求认定处分股权行为无效的，人民法院可以参照《民法典》第 311 条的规定处理。
	（4）实际股东权利	名义股东处分股权造成实际出资人损失，实际出资人可请求名义股东承担赔偿责任。
	（5）股东出资义务不受诉讼时效限制	公司股东未履行或者未全面履行出资义务或者抽逃出资，公司或者其他股东请求其向公司全面履行出资义务或者返还出资，被告股东以诉讼时效为由进行抗辩的，人民法院不予支持。
	（6）非正常收入追回权	债务人的董事、监事和高级管理人员利用职权从企业获取的非正常收入和侵占的企业财产，管理人应当追回。董事、监事、高级管理人员所获取的绩效奖金属于非正常收入范围。
2013 年	（1）设立中的公司	发起人以设立中的公司名义对外签订合同，公司成立后合同相对人请求公司承担合同责任的，人民法院应予支持。
	（2）出资义务的履行	①以非货币财产出资的，应当依法作价评估，依法办理其财产权的转移手续。评估确定的价额显著低于公司章程所定价额的，人民法院应当认定出资人未依法全面履行出资义务。 ②非货币出资后，因市场变化或者其他客观因素导致出资财产贬值，出资人不承担责任。
	（3）无权处分的财产出资	出资人以不享有处分权的财产出资，当事人之间对于出资行为效力产生争议的，人民法院可以参照《民法典》第 311 条的规定予以认定。
	（4）股权的善意取得	名义股东将登于其名下的股权转让，实际出资人以其对于股权享有实际权利为由，请求认定处分股权行为无效的，人民法院可以参照《民法典》第 311 条的规定处理。

续表

年　份	考　点	具体内容
2013 年	（5）名义股东的处分股权	①名义股东将登记于其名下的股权转让，实际出资人以其对于股权享有实际权利为由，请求认定处分股权行为无效的，人民法院可以参照《民法典》第 311 条的规定处理。 ②股权转让后尚未向公司登记机关办理变更登记，原股东处分股权，参照《民法典》第 311 条的规定处理。造成受让股东损失，受让股东可请求原股东承担赔偿责任。
2012 年	（1）股东会决议效力	①股东会有权限制董事长职权的行使； ②股东会决议，章程无规定时，股东按照出资比例行使表决权，按照一般资本多数决，代表 1/2 以上表决权的股东通过即可； ③重大事项，绝对资本多数决，修改章程，增加或减少注册资本，合并、分立、解散或者变更公司形式，必须经 2/3 以上表决权的股东通过。
	（2）法定代表人超越权限订立合同	法人或者其他组织的法定代表人、负责人超越权限订立的合同，除相对人知道或者应当知道其超越权限的以外，该代表行为有效。
	（3）股权质押	以基金份额、股权出质的，当事人应当订立书面合同。以股权出质的，质权自工商行政管理部门办理出质登记时设立。
	（4）股权出资	①出资人以其他公司股权出资，符合下列条件的，人民法院应当认定出资人已履行出资义务：a. 出资的股权由出资人合法持有并依法可以转让；b. 出资的股权无权利瑕疵或者权利负担；c. 出资人已履行关于股权转让的法定手续；d. 出资的股权已依法进行了价值评估。 ②以非货币财产出资后，因市场变化或者其他客观因素导致出资财产贬值，出资人不承担责任。
	（5）股东退出公司的方式	股东可通过向第三人转让股权、请求法院解散公司的方式退出公司。
2011 年	（无）	
2010 年	（1）股东利润分配	股东按照实缴的出资比例分取红利；公司新增资本时，股东有权优先按照实缴的出资比例认缴出资。但是，全体股东可约定不按照出资比例分取红利。
	（2）交付与过户分离	未办理权属变更手续不影响公司设立。 ①设立公司，应当依法向公司登记机关申请设立登记。符合《公司法》规定的设立条件的，由公司登记机关分别登记为有限责任公司或者股份有限公司。 ②出资人以房屋等财产出资，已经交付公司使用但未办理权属变更手续，公司、其他股东或者公司债权人主张认定出资人未履行出资义务的，人民法院应当责令当事人在指定的合理期间内办理权属变更手续；在前述期间内办理了权属变更手续的，人民法院

续表

年　份	考　点	具体内容
2010 年	（2）交付与过户分离	应当认定其已经履行了出资义务；出资人主张自其实际交付财产给公司使用时享有相应股东权利的，人民法院应予支持。
	（3）股东会决议；债权关系与抽逃出资	①股东会决议。 ②公司成立后，公司、股东或者公司债权人以相关股东的行为符合下列情形之一且损害公司权益为由，请求认定该股东抽逃出资的，人民法院应予支持：a. 制作虚假财务会计报表虚增利润进行分配；b. 通过虚构债权债务关系将其出资转出；c. 利用关联交易将出资转出；d. 其他未经法定程序将出资抽回的行为。
	（4）诉讼时效	债务人的每月还息行为视为债务人同意，本质在于对债务的重申，可引起诉讼时效的中断。
	（5）合同的相对性	依法成立的合同，对当事人具有法律约束力。
	（6）股东资格	自然人股东死亡后，其合法继承人可以继承股东资格，但是，公司章程另有规定的除外。公司法并未要求股东为完全行为能力人。
	（7）动产抵押	动产抵押的，应当向抵押人住所地的工商行政管理部门办理登记；抵押权自抵押合同生效时设立；未经登记，不得对抗善意第三人。
	（8）股权内部转让	有限责任公司的股东之间可以相互转让其全部或者部分股权。股东内部转让股权，其他股东不享有优先购买权。
	（9）合同效力；债权人撤销权	①行为人具有相应的行为能力，意思表示真实，不违反法律和行政法规的强制性规定，不违背公序良俗，则该民事法律行为有效。依法成立的合同，自成立时生效。 ②合同无效事由。 ③债权人撤销权。债务人向第三人不当处分财产，导致其责任财产减少，有损于债权人债权时，债权人有撤销债务人与第三人的不当处分行为的权利。

（二）2018~2021 年法考时代考点展示

年　份	考　点	具体内容
2021 年 商法案例	（1）无权处分财产出资	出资人以不享有处分权的财产出资，当事人之间对于出资行为效力产生争议的，人民法院可以参照《民法典》第 311 条的规定予以认定。
	（2）股权让与担保协议效力认定	①股权让与担保，协议有效； ②债务人不履行到期债务，财产归债权人所有的，人民法院应当认定该约定无效，但是不影响当事人有关提供担保的意思表示的效力。

年　份	考　点	具体内容
2021年 商法案例	（3）股权让与担保非股权转让	股权让与担保，公司内部股东是否享有优先购买权。股权让与担保关系非股权转让，债权人（受让人）不是股东，不适用股权转让的相关规定。
	（4）法定代表人变更（依照公司章程的规定）	《公司法》 第13条　公司法定代表人依照公司章程的规定，由董事长、执行董事或者经理担任，并依法登记。公司法定代表人变更，应当办理变更登记。 第25条　有限责任公司章程应当载明下列事项：……⑦公司法定代表人；…… 第43条　股东会的议事方式和表决程序，除本法有规定的外，由公司章程规定。 　　股东会会议作出修改公司章程、增加或者减少注册资本的决议，以及公司合并、分立、解散或者变更公司形式的决议，必须经代表2/3以上表决权的股东通过。
	（5）决议效力（解聘总经理）	①董事会职权：决定聘任或者解聘公司经理及其报酬事项，并根据经理的提名决定聘任或者解聘公司副经理、财务负责人及其报酬事项； ②总经理无因解除。
	（6）股东表决权的行使（认缴出资比例）	股东会会议由股东按照出资比例行使表决权；但是，公司章程另有规定的除外。公司章程没有规定的，应当按照认缴出资的比例确定。
2020年 单独案例	（1）股权转让合同效力	判断合同效力，双方真实意思表示一致，没有无效事由，合同有效。 实际出资人转让股权。
	（2）解除职工代表董事	①股东会职权：选举和更换非由职工代表担任的董事、监事，决定有关董事、监事的报酬事项； ②职工代表担任董事，由公司职工通过职工代表大会、职工大会或者其他形式民主选举产生。
	（3）增资决议效力	①股东会职权； ②股东会2/3以上表决权事项。
	（4）股东优先认购权	①公司新增资本时，股东有权优先按照实缴的出资比例认缴出资。但是，全体股东约定不按照出资比例分取红利或者不按照出资比例优先认缴出资的除外。 ②对其他股东放弃优先认购的比例，不享有优先认购权。
	（5）抽逃出资、合同效力	以借款合同的名义抽逃出资。

续表

年　份	考　点	具体内容
2020 年单独案例	(6) 解除股东资格	①未履行出资义务或抽逃全部出资; ②催告,股东会决议解除。
2020 年民法、民诉法、商法综合题	(1) 法人人格否认	股东滥用股东权利,承担连带责任。
	(2) 公司破产,财产权利人取回权	财产权利人享有取回权。
2019 年单独案例	(1) 股东优先认购权	①公司新增资本时,股东有权优先按照实缴的出资比例认缴出资。但是,全体股东约定不按照出资比例分取红利或者不按照出资比例优先认缴出资的除外。 ②公司新增资本时,股东有权优先按照实缴的出资比例认缴出资。对其他股东放弃优先认购的比例,是否享有优先认购权?即股东主张优先认购权的限度。
	(2) 股权出质	①股权质权的设立; ②名义股东出质股权。
	(3) 实际出资人	名义股东将股权出质,名义股东的债权人实现质权时,实际出资人如何救济?
		实际出资人的债权人申请强制执行实际出资人由名义股东代持的股权,谁可以提执行异议?
2019 年民法、民诉法、商法综合题	(1) 票据质权	票据背书有“禁止转让”字样,能否设立质权?
	(2) 破产重整	①合并重整的条件; ②合并重整,债权人的权利。
2018 年单独案例	(1) 股东出资义务履行	股东应当按期足额缴纳公司章程中规定的各自所认缴的出资额。股东以货币出资的,应当将货币出资足额存入有限责任公司在银行开设的账户。
	(2) 分期缴纳出资中股权转让之后续出资义务的承担	股权转让的概括转让原则,股权转让后,股东基于股东地位对公司所发生的全部权利义务关系均一体移转给受让人,股权转让协议未明确该股权后续的出资义务由谁承担的,应确定由受让股东按照公司章程的规定继续履行出资义务。
	(3) 无权处分股权之善意取得制度	根据《民法典》第 311 条第 1 款的规定,无处分权人将不动产或者动产转让给受让人的,所有权人有权追回;除法律另有规定外,符合下列情形的,受让人取得该不动产或者动产的所有权:①受让人受让该不动产或者动产时是善意;②以合理的价格转让;③转让的不动产或者动产依照法律规定应当登记的已经登记,不需要登记的已经交付给受让人。
	(4) 隐名股东能否提案外人异议	股权代持协议仅具有内部效力,对于外部第三人而言,股权登记具有公信力,隐名股东对外不具有公示股东的法律地位,

续表

年 份	考 点	具体内容
2018年 单独案例	（4）隐名股东能否提案外人异议	不得以内部股权代持协议有效为由对抗外部债权人对显名股东的正当权利，根据商事外观主义原则，基于对工商登记股权的情况信赖，第三人的民事法律行为效力应受到法律的优先保护。（具体解析参见真题模板套用示例）
	（5）股东未足额缴纳出资对债权人的补充赔偿责任	出资期限尚未到期的股东出资加速到期。公司债权人请求未履行或者未全面履行出资义务的股东在未出资本息范围内对公司债务不能清偿的部分承担补充赔偿责任的，人民法院应予支持；未履行或者未全面履行出资义务的股东已经承担上述责任，其他债权人提出相同请求的，人民法院不予支持。
2018年 民法、民诉法、商法综合题	破产案件管辖	（具体考点参见民法专题）

（三）司考时代及法考时代考查规律

1. 重点集中，重复率较高

基于对商法主观题命题规律的研究，不难发现，商法命题考点较为集中，个别知识点的考频极高，对于这些常考知识点，考生必须掌握。

明确商法考查范围以及重点，以考查有限责任公司为主，破产法为辅。商法主观题主要围绕公司从设立到解散展开，总体而言，主要考查商事法律关系，即商事组织关系和商事行为关系：①公司与股东之间的法律关系；②公司与债权人之间的法律关系；③公司股东与公司债权人之间的法律关系；④公司的商事组织关系。具体而言，以考查"人""财""权""责"四个方面为主。其中，"人"主要考查新股东加入、董监高的任职、董高的忠实义务、股东资格确认等；"财"主要考查公司资本、公司法人财产独立性、股权转让等；"权"主要考查股东会、董事会、监事会的职权，股东的权利；"责"主要包括股东滥用股东权利、股东出资瑕疵的法律责任等。司考时代，破产法主要结合公司法考查，6个问题中，一般涉及一道破产法的题目，比如2012年的非正常收入追回权、2014年的破产债权申报，出现频率不高。法考元年，破产法则是结合民法、民诉法出题。

2. 民商结合，综合性提高

民商结合，考查的开放性、实务性、综合性提高，对考生分析问题、运用法条解决实务问题的能力提出了更高的要求。

（1）开放性。以2016年商法案例第5问为例，考查了债权受偿顺序，对于这个问题，基于不同的理论，可有不同的观点，体现了考查的开放性。

（2）实务性。法考元年，认缴期限未届满的股东转让股权后对公司后续出资责任承担，实际出资人能否提案外人异议、关联企业实质合并破产的考查，都是近几年的实务案例，相对于往年的考查角度，实务性有所提高，考生在准备主观题的考试中，要关注实务案例。

（3）综合性。2018 年破产法结合民法、民诉法综合出题，体现了考查的综合性。因此，破产法中容易与公司法、民法、民诉法结合的知识点要重点掌握。此外，2021 年法考主观题的案例，对注册资本的考查，还略微涉及财务的部分基础知识，以及对民事责任、解除协议等内容的考查，都需要有较强的民法功底，在此基础上，分析商法案例。故在建立公司法考点体系的基础上，需串联商法与民法、民诉法的知识点，切勿混淆考点，用错考点。

第二节　商法解题思路与模板

商法的案例分析题主要考查考生的搜索与整理信息能力、逻辑分析与说理能力等。试题主要是"一问一答"类型，案例材料长（法考改革后），涉及法律主体较多，法律关系难以梳理。但是案例材料的段落设计、段落顺序通常与题目对应，一个段落考查一个问题。以公司法为例，案例涉及的法律关系，一般包括公司与股东、股东之间、公司债权人与公司、公司债权人与股东。针对商法主观题的案例形式、设问特点，应掌握商法案例分析技巧以及作答技巧。

考生在复习过程中，应注意以下事项：①掌握高频考点，熟悉一般考点；②熟悉法条，培养快速查找法条的能力；③提高分析材料、分析问题、定位考点的能力；④关注实务案例；⑤勤写多练，把每一次练习都当作考试。

一、商法解题思路

正式答题前，严谨审题，找出案例中的主体（公司、股东、董监高、债权人等）、主体行为（出资、股权转让、股东会决议等）、主体之间的法律关系（公司与股东、股东与第三人、股东与债权人等）。如何快速定位考点？如何快速理清案例中的主体、法律行为以及法律关系？为了避免主体以及法律关系混乱，考生可采取如下分析步骤：

1. 理解设问的含义，初步明确出题人考查的知识点。例如，2019 年"C 公司主张按实缴比例行使优先认购权是否成立？为什么？"考查公司增资时，股东优先认购新增资本的范围。2020 年"甲公司解除乙公司股东资格的股东会决议效力如何？为什么？"考查股东资格的解除。类似于这些设问，基本每年的案例中都会出现，在初步定位考点后，有针对性的阅读材料，根据材料分析具体考点。

2. 简单画出案例法律关系图。阅读案例材料，找主体，明确主体的行为，理清主体间的法律关系。审题时要注意案情的段落结构，通常案例材料主要包括公司基本情况（股东出资、治理结构）＋主体（公司、股东、债权人）的法律行为。由于近几年相对于行政法的案例，商法的案例材料比较长，在考场上比较紧张的状态下，很难静心审完材料或者看完材料，得出有用的信息。所以，画出法律关系图，明确案例中涉及的主体身份、主体行为，有助于理清法律关系。

3. 回归题目，认真审题，准确作答。根据第二步和第三步的分析，认真审题，分析设问考点，分析对应材料，根据设问对材料定性，再根据答题模板作答。

二、商法解题模板

考生在作答过程中，可采取"设问——知识点——题眼事实（主体、法律行为、法律关系）——设问+题眼事实"的分析思路，按照"结论——大前提——小前提"的结构作答。本书为考生提供的解题思路与作答模板，能够适用商法大部分题目设问，在具体答题过程中，考生应遵循"采分点明确"原则，灵活运用模板，切忌生搬硬套，不能为了套用模板而套用模板。

具体来说，答案应该包括以下内容：

[第1步] 亮观点，采分点明确。针对"是否""能否""法律效力如何"等类似设问，考生首先应摆明观点，对问题进行定性。"甲以设立中公司的名义与戊签订的房屋租赁合同，其效力如何？为什么？"，首先应该回答"有效"或者"无效"；"法院作出解散公司的判决是否合理？为什么？"首先应该回答"合理"或者"不合理"；"丁可否主张860万元新股的优先认购权？为什么？"首先应该回答"可以"或者"不可以"。让阅卷人第一时间看到你对问题的定性、观点，接着再按照大前提+小前提的结构回答"为什么"。

[第2步] 阐明大前提，进行法条或者理论分析。根据问题准确选择大前提，大前提即法条，也就是和案件事实相符合的法律规范。很多考生比较疑惑要不要答完整的法条，对于这个问题，改革后提供法条汇编（电子版），就商法的考查范围及法条数量，在时间允许或者对法条非常熟悉的情况下，建议考生引用法条。如果时间紧张，所涉法条较多，考生写出法条出处和主要内容（采分点）即可。根据商法科目的特点，为了保证商法拿到高分，考生必须非常熟悉法条，能够迅速翻阅查找法条。

[第3步] 阐述小前提，进行材料分析。小前提也即案例事实，根据案例事实适用法条，考查考生具体运用法条、分析实务案例的能力。简单描述案例中的事实，案例事实符合法条或者不符合法条，推出相应的结论，此步骤注意答案书写的法言法语化，在小前提和大前提有较多重合时，可适当融合写。

[第4步] 再次阐明结论。"结论+大前提+小前提"的答案结构中，在阐述过大前提与小前提后，再次得出结论，也即根据大前提、小前提推导出的法律决定。

接下来本书以2016年，2018年（回忆版），2020年（回忆版），2021年（回忆版，11月21日第一批次考题）商法真题案例为模型，为考生展示商法案例分析题的解题思路与答题三段论的具体适用，2016年的案例具有一定的开放性，符合法考主观题考试趋势，所设计的6个小问，环环相扣，前问答题的正确性与后问答题息息相关，能够提高考生分析问题的能力。此外，根据2018、2020、2021年法考考生的回忆，整理了商法主观题，作为法考改革后的考试题目，具有较大的研究价值。

关于参考答案，对部分设问的答案，另编写了简略版本，其包含核心采分点，不会对考生成绩产生太大影响，并且考试时还可以帮考生节约时间。

三、商法案例考点要素及常见考点问题

(一) 商法案例考点要素

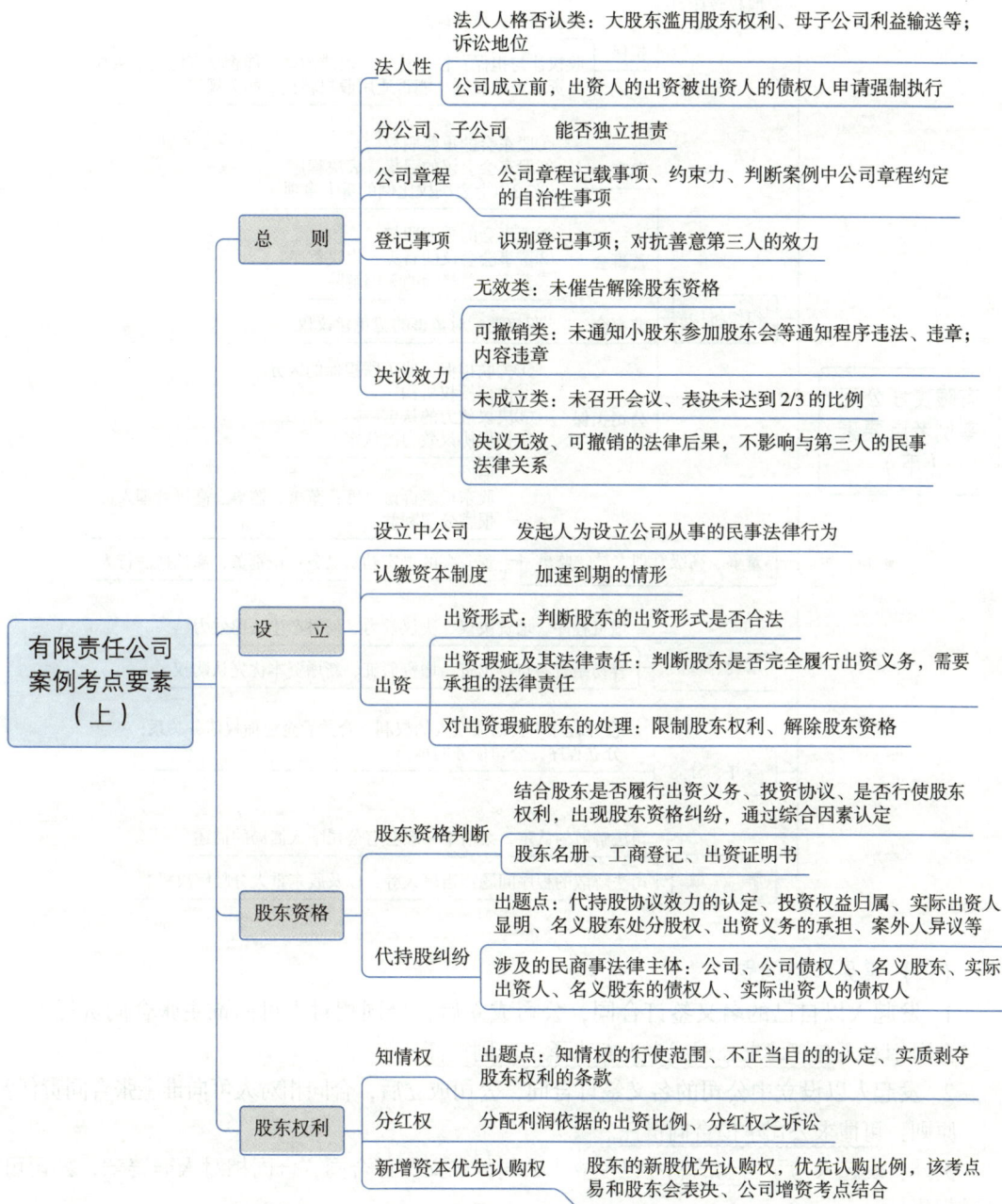

有限责任公司案例考点要素（上）

- 总则
  - 法人性
    - 法人人格否认类：大股东滥用股东权利、母子公司利益输送等；诉讼地位
    - 公司成立前，出资人的出资被出资人的债权人申请强制执行
  - 分公司、子公司　　能否独立担责
  - 公司章程　　公司章程记载事项、约束力、判断案例中公司章程约定的自治性事项
  - 登记事项　　识别登记事项；对抗善意第三人的效力
  - 决议效力
    - 无效类：未催告解除股东资格
    - 可撤销类：未通知小股东参加股东会等通知程序违法、违章；内容违章
    - 未成立类：未召开会议、表决未达到2/3的比例
    - 决议无效、可撤销的法律后果，不影响与第三人的民事法律关系

- 设立
  - 设立中公司　　发起人为设立公司从事的民事法律行为
  - 认缴资本制度　　加速到期的情形
  - 出资
    - 出资形式：判断股东的出资形式是否合法
    - 出资瑕疵及其法律责任：判断股东是否完全履行出资义务，需要承担的法律责任
    - 对出资瑕疵股东的处理：限制股东权利、解除股东资格

- 股东资格
  - 股东资格判断
    - 结合股东是否履行出资义务、投资协议、是否行使股东权利，出现股东资格纠纷，通过综合因素认定
    - 股东名册、工商登记、出资证明书
  - 代持股纠纷
    - 出题点：代持股协议效力的认定、投资权益归属、实际出资人显明、名义股东处分股权、出资义务的承担、案外人异议等
    - 涉及的民商事法律主体：公司、公司债权人、名义股东、实际出资人、名义股东的债权人、实际出资人的债权人

- 股东权利
  - 知情权　　出题点：知情权的行使范围、不正当目的的认定、实质剥夺股东权利的条款
  - 分红权　　分配利润依据的出资比例、分红权之诉讼
  - 新增资本优先认购权　　股东的新股优先认购权，优先认购比例，该考点易和股东会表决、公司增资考点结合

一股二卖：能够识别案例中的二卖情形，并能够认定谁能够取得股权

转让 ── 对外转让股权程序，损害股东优先购买权的认定、救济（未征求其他股东意见即转让股权的案情等）

认缴出资期限内转让股权、瑕疵股权转让：后续出资义务由谁履行

股权转让

股权质押：质权设立

担保 ── 股权让与担保：性质认定、流质约款、能否享有优先购买权、出资义务的履行、能否适用股权转让的相关规定

股东会 ── ①股东会的重要职权 ②股东会会议的召集、表决程序 ③2/3以上表决权比例的重大事项

董事会 ── ①董事会的重要职权 ②董事会会议的召集、表决程序 ③董事、总经理的无因解除

组织机构

监事会 ── 职权类：对董事的罢免建议权

公司担保 ── ①关联担保、非关联担保的区分 ②内部授权机构 ③决议效力的认定 ④担保协议效力的认定

有限责任公司案例考点要素（下）

股东代表诉讼制度：董事、监事、高级管理人员损害公司利益

董事、高级管理人员、监事

董、高的忠实勤勉义务：识别董、高的违法行为

增资程序、增资决议、决议效力、何时产生法律效力

增资、减资

容易结合考点：出资、增资瑕疵、新增资本优先认购权

合并程序中公司债权人的权利、合并后企业债权债务关系；分立程序，公司债务的承担

合并、分立

司法解散的认定，案情中一般会有公司陷入僵局的描述

解散

司法解散的程序问题：当事人等，以及股东重大分歧解决机制

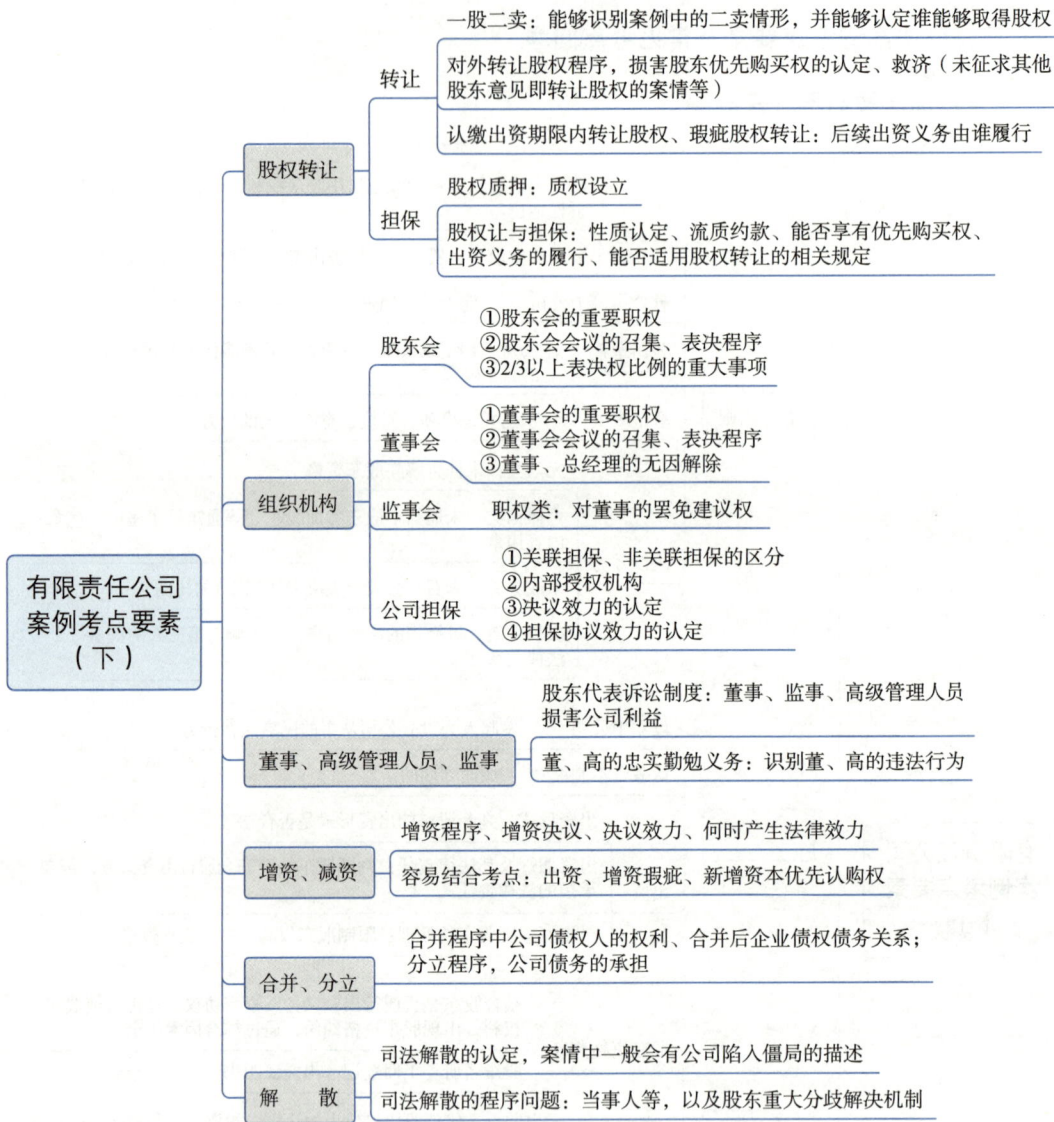

（二）常见考点问题

1. 发起人以自己的名义签订合同，公司成立后，合同相对人可向谁主张合同责任？

合同相对人有权请求公司或者发起人承担合同责任。

2. 发起人以设立中公司的名义签订合同，公司成立后，合同相对人可向谁主张合同责任？

原则：可请求公司承担合同责任。

例外：发起人为了自己的利益以设立中公司的名义签订合同，合同相对人非善意，公司可不承担责任。

3. 公司未成立，如何承担责任？

全体或者部分发起人对设立公司行为所产生的费用和债务承担连带清偿责任。

4. 股东在公司设立时未完全履行出资义务，对其他发起人、公司应承担什么责任？债权人可请求出资瑕疵股东承担什么责任？

（1）对已按期足额缴纳出资的其他发起人承担违约责任；

（2）对公司在未出资本息范围内承担补足责任，其他发起人对此承担连带责任；

（3）公司债权人可请求未履行或者未全面履行出资义务的股东在未出资本息范围内对公司债务不能清偿的部分承担补充赔偿责任，发起人与被告股东承担连带责任。

5. 以贪污受贿所得的货币出资是否有效？

有效。在被追究刑事责任时，以拍卖、变卖方式处置股权。

6. 股东用房屋出资，应该如何履行出资义务？先向公司交付后办理过户登记，可主张何时实际享有股东权利？

（1）依法作价评估，办理财产权的转移手续，向公司交付房屋并办理过户登记；

（2）实际交付享有股东权利。

7. 以非货币财产出资，未依法作价评估，如何处理？

（1）委托具有合法资格的评估机构对该财产评估作价；

（2）评估确定的价格显著低于公司章程所定价额，应当认定出资人未依法全面履行出资义务。

8. 股东以合法的非货币财产出资后，因市场变化或者客观因素导致贬值，是否需要承担责任？

不需要。

9. 股东出资不实，中介机构是否需要承担责任？承担何种责任？

（1）给公司债权人造成损失的，在评估或者证明不实的金额范围内承担赔偿责任；

（2）中介机构能够证明自己没有过错的，无责。

10. 股东以专利使用权出资是否合法？

不合法。作为出资的非货币财产必须转移完整的财产权利到公司。以专利权出资应当转移完整权利给公司。

11. 出资人以贪污的不动产出资是否产生法律效力？

房产作为赃物，不能适用《民法典》第311条善意取得的规定，公司无法获得该房产对应部分的股权价值，对应的股权也不产生股东资格的法律效力。根据《公司法解释（三）》第7条第1款的规定，出资人以不享有处分权的财产出资，当事人之间对于出资行为效力产生争议的，人民法院可以参照《民法典》第311条的规定予以认定。

12. 认缴出资期限内的股权是否属于瑕疵股权？

不属于。实行认缴资本制度，股东依法享有期限利益。

13. 股东签订虚假合同，将出资以支付合同款项的形式转出，如何认定该行为？

属于抽逃出资行为。通过虚构债权债务关系将其出资转出属于抽逃出资。

14. 股东抽逃出资，需要对公司、债权人承担什么责任？发起人是否需要承担责任？

（1）向公司返还抽逃出资本息，协助抽逃者承担连带责任；

（2）向债权人在公司不能清偿债务时在抽逃出资本息范围内承担补充赔偿责任，协助抽逃者承担连带责任；

（3）发起人无需承担责任。

15. 股东抽逃部分出资，公司能否解除股东资格？

不能。未履行出资义务或者抽逃全部出资，经催告，合理期间不履行出资义务，股东会作出决议可解除股东资格。部分抽逃出资不可解除股东资格。

16. 公司不能清偿债务时，公司债权人能否要求尚在认缴出资期限内的股东承担补充赔偿责任？

不能。股东依法享有期限利益。（出现加速到期的情形除外）

17. 法人人格否认有哪些常见表现？

股东滥用股东权利、人格混同、过度支配与控制、资本显著不足。

18. 滥用权利的股东，公司法人人格否认，应承担什么责任？

承担连带责任。

19. 债权人与公司之间的债权债务关系未经过生效裁判确认，债权人同时提起法人人格否认之诉，诉讼地位如何列明？

公司与股东为共同被告。

20. 股东之间转让股权，是否有程序要求？

没有。内部自由转让。

21. 股东对外转让股权，是否有程序要求？其他股东享有何种权利？

需要经过其他股东过半数同意。其他股东享有优先购买权。

22. 股东未征求其他股东同意即将股权转让，其他股东主张优先购买权能否得到支持？有无时间限制？第一次与受让人签订的股权转让合同是否有效？

（1）能够得到支持。知道或应当知道行使优先购买权的同等条件之日起30日内及股权变更登记之日起1年内。

（2）第一次股权转让合同如没有无效事由，合同有效。

23. 损害股东优先购买权，股东只提出确认股权转让效力，未同时主张优先购买权能否得到支持？

不能。除非因自身原因不能行使外，必须同时主张优先购买权。

24. 公司章程能否对股东转让股权作出限制性规定？比如"人走股留"条款是否有效？

能。有效。

25. 公司章程规定自然人股东死亡后，因为继承发生股东变化，其他股东享有优先购买权，是否合法？

合法。公司章程可以另有约定。

26. 公司作出转让主要财产的决议，股东对此投反对票，股东可采取何种措施？

股东可请求公司回购股权。

27. 实际出资人与名义股东签订的代持股协议是否有效力？

没有无效事由则有效。

28. 实际出资人显名，需要什么内部程序？有没有例外情况？

经过其他股东过半数同意。例外：其他股东过半数知情+实际行使股东权利+未提出异议。

29. 未完全/未履行出资义务，公司不能清偿债务，公司债权人应向谁主张补充赔偿责任？

名义股东。

30. 名义股东处分股权行为如何定性？受让人能否取得股权？实际出资人如何救济？

（1）定性为有权处分；（有争议，司考时代参考答案）

（2）受让人可善意取得股权；

（3）实际出资人可依据代持股协议向名义股东主张赔偿责任。

31. 登记在名义股东名下的股权被名义股东的债权人申请强制执行，实际出资人提案外人异议能否得到支持？

[新] 关于实际出资人提执行异议的处理

（1）注意处理好民商事审判与行政监管的关系，通过穿透式审判思维，查明当事人的真实意思，探求真实法律关系；

（2）从现行法律规则看，外观主义是为保护交易安全设置的例外规定，一般适用于因合理信赖权利外观或意思表示外观的交易行为；

（3）特别注意外观主义系民商法上的学理概括，并非现行法律规定的原则，现行法律只是规定了体现外观主义的具体规则，如《民法典》第 311 条规定的善意取得，《民法典》第 172 条规定的表见代理，《民法典》第 504 条规定的越权代表，审判实务中应当依据有关具体法律规则进行判断，类推适用亦应当以法律规则设定的情形、条件为基础；

（4）实际权利人与名义权利人的关系，应注重财产的实质归属，而不单纯地取决于公示外观。

总之，审判实务中要准确把握外观主义的适用边界，避免泛化和滥用。

[裁判观点 1][1]

（1）[商事外观主义的性质] 商事外观主义作为商法的基本原则之一，其实际上是一项在特定场合下权衡实际权利人与外部第三人之间利益冲突所应遵循的法律选择适用准则，通常不能直接作为案件处理依据。

（2）[商事外观主义的适用范围] 外观主义原则的目的在于降低成本，维护交易安全，但其适用也可能会损害实际权利人的利益。根据《公司法解释（三）》第 25 条第 1 款的规定，股权善意取得制度的适用主体仅限于与名义股东存在股权交易的第三人。据此，商事外观主义原则的适用范围不包括非交易第三人。

（3）[保护实际出资人] 申请执行人并非针对名义股东名下的股权从事交易，仅仅因为债务纠纷而寻查名义股东的财产还债，并无信赖利益保护的需要。若适用商事外观主义原则，将实质权利属于实际出资人的股权用以清偿名义股东的债务，将严重侵犯实际出资人的合法权利。

[裁判观点 2][2]

（1）[未经登记不得对抗善意第三人] 关于《公司法》第 32 条第 3 款规定的理解与适用问题，该条款规定，公司应当将股东的姓名或者名称向公司登记机关登记；登记事项发生变更的，应当办理变更登记。未经登记或者变更登记的，不得对抗（善意）第三人。

（2）[工商登记的信赖利益] 工商登记是对股权情况的公示，与公司交易的善意第三人及登记股东之债权人有权信赖工商机关登记的股权情况并据此作出判断。

（3）[商事外观主义] 实际出资人与名义股东之间的《委托持股协议》真实有效，但其股

---

[1] 最高人民法院民事裁定书（2015）民申字第 2381 号。

[2] 最高人民法院（2016）最高法民申 3132 号；最高人民法院黄德鸣与皮涛案外人执行异议之诉一案再审民事判决书 [（2019）最高法民再 45 号]。

权代持协议仅具有内部效力，对于外部第三人而言，股权登记具有公信力，隐名股东对外不具有公示股东的法律地位，不得以内部股权代持协议有效为由对抗外部债权人对显名股东的正当权利。

（4）［第三人的范畴—保护第三人］《公司法》第32条第3款所称的第三人，并不限缩于与显名股东存在股权交易关系的债权人。根据商事外观主义原则，有关公示体现出来的权利外观，导致第三人对该权利外观产生信赖，即使真实状况与第三人的信赖不符，只要第三人的信赖合理，第三人的民事法律行为效力即应受到法律的优先保护。基于上述原则，名义股东的非基于股权处分的债权人亦应属于法律保护的"第三人"范畴。因此，名义股东因其未能清偿到期债务而成为被执行人时，第三人作为债权人依据工商登记中记载的股权归属，有权向人民法院申请对该股权强制执行。

32. 甲将其股权卖给乙，乙记载在股东名册，未办理变更登记。甲又与丙签订股权买卖合同，如何处理？

（1）第一次和第二次股权转让合同没有无效事由，均有效；

（2）丙能否取得股权，参照善意取得制度处理。

33. 瑕疵股权如何认定？瑕疵股权能否转让？

（1）出资期限届满未履行出资义务为瑕疵股权；

（2）能够转让。

34. 瑕疵股权转让后，由原股东还是受让人继续承担出资责任？

（1）原股东。

（2）受让人知情，承担连带责任。不知情，不承担连带责任。

35. 股权出质，何时设立质权？

办理出质登记时。

36. 区分案例中的行为是股权转让还是股权让与担保。

提示词：债权债务关系；担保目的；到期不能清偿债务，拍卖等；到期清偿债务，转回。

37. 股权转让合同是否有效？"流质约款"是否有效？

股权让与担保约定有效，流质约款无效。

38. 债务人到期不能清偿债务，债权人能否就该股权主张优先受偿权？为什么？

若完成公示，享有优先受偿权。

39. 股东出资瑕疵，公司或债权人能否要求担保权人对此承担连带责任？

不能。

40. 股东有权按照实缴出资比例分红，全体股东约定公司成立3年内不分红是否合法？公司能否决议将全部利润分配给部分股东？是否有效？

合法有效，关于分红，全体股东另有约定的除外。（但不能实质剥夺股东的分红权）

41. 股东能否直接向法院起诉请求公司分红？

不能，必须提交载明具体分配方案的股东会或者股东大会决议，否则驳回诉讼请求；但违反法律规定滥用股东权利导致公司不分配利润，给其他股东造成损失的除外。

42. 公司新增资本时，股东对其他股东放弃行使优先认购权的份额，能否主张优先认购权？（一般和增资决议结合考查）

公司新增资本时，股东有权优先按照实缴的出资比例认缴出资。但是，全体股东约定不按照出资比例优先认缴出资的除外。优先权对其相对人权利有很大影响，必须基于法律明确规定。《公司法》第 34 条明确规定了股东行使增资优先认购权范围为实缴的出资比例，但并未明确规定股东对其他股东放弃的认缴出资比例有优先认缴的权利。在没有全体股东约定的情况下，股东对其他股东放弃的部分不能主张优先认购权。

43. 公司章程规定，股东查阅会计账簿，必须经全体股东一致同意。公司能否以此为由拒绝股东查阅会计账簿？

不能。股东有权查阅公司会计账簿，法律并未规定该项权利的行使需要任何前置性要求或者条件。公司章程、股东之间的协议等实质性剥夺股东依据《公司法》第 33、97 条规定查阅或者复制公司文件材料的权利，公司以此为由拒绝股东查阅或者复制的，人民法院不予支持。公司章程规定"查阅公司的财务会计账簿需要全体股东一致同意"的规定，实质上属于变相剥夺股东知情权的无效条款。

44. 公司连续 3 年无法作出有效股东会决议，但是公司也有盈利，持有 10% 股权的股东能否要求解散公司？

能。公司持续 2 年无法作出有效股东会决议，单独或者合计持有公司全部股东表决权 10% 以上的股东可提出解散公司。公司陷入僵局，与公司是否盈利无关，但是法院在审理时，可通过调解解决股东之间的重大分歧。

45. 董事损害公司利益，股东能否直接以自己的名义起诉？（首先判断案例中是否有损害公司利益的情形）

不能。股东应先书面请求监事会、不设监事会的有限责任公司的监事起诉，监事会或监事拒绝提起诉讼，或者自收到请求之日起 30 日内未提起诉讼，或者情况紧急、不立即提起诉讼将会使公司利益受到难以弥补的损害的，股东有权为了公司的利益以自己的名义直接向人民法院提起诉讼。

46. 董事、监事联合损害公司利益，法院能否以未履行前置程序为由驳回股东的起诉？

不能。董事、监事联合损害公司利益，根本不存在公司有关机关提起诉讼的可能性，人民法院不应当以原告未履行前置程序为由驳回起诉。

47. 损害公司利益行为发生时，尚未成为公司股东的，是否有资格提起股东代表诉讼？

有资格。股东提起股东代表诉讼，被告以行为发生时原告尚未成为公司股东为由抗辩该股东不是适格原告的，人民法院不予支持。

48. 股东丧失股东资格，还能否继续股东代表诉讼？

不能。根据《公司法》第 151 条的规定，对于有限责任公司股东提起股东代表诉讼的持股时间并未作出规定，但必须具有股东资格。我国股东代表诉讼（派生诉讼）对起诉股东不要求满足"同时持股原则"，即不要求从侵权行为发生时起到派生诉讼结束时止必须持有公司股份，但在起诉至诉讼结束时应具有股东资格。

49. 股东提起股东代表诉讼，诉讼地位如何列明？

股东为原告，侵权人为被告，公司为第三人。

50. 股东提起股东代表诉讼，能否主张侵权人赔偿自己损失？

不能。胜诉利益归公司。

51. 股东代表诉讼中，被告能否提反诉？

原则上不能。被告以原告股东恶意起诉侵犯其合法权益为由提起反诉的，人民法院应予受理。

52. 股东提起股东代表诉讼，原告股东与被告达成调解协议，法院能否直接根据调解协议出具调解书确认？

不能。公司是股东代表诉讼的最终受益人，为避免因原告股东与被告通过调解损害公司利益，人民法院应当审查调解协议是否为公司的意思。只有在调解协议经公司股东（大）会、董事会决议通过后，人民法院才能出具调解书予以确认。至于具体决议机关，取决于公司章程的规定。公司章程没有规定的，人民法院应当认定公司股东（大）会为决议机关。

53. 对赌协议的效力是否有效？（识别案例中的"对赌协议"的类型）

没有无效事由的则有效。

54. 投资方要求实际履行"对赌协议"，能否得到支持？（识别案例中的"对赌协议"的类型）

根据订立"对赌协议"的主体，答案不同。

55. 决议无效或被撤销，依据该决议签订的合同是否有效？

有效。没有无效事由，合同有效。决议无效或者被撤销，依据该决议与第三人形成民事法律关系不受影响。

56. 决议作出超过60日，股东提起撤销决议，能否得到支持？

不能。（60日是除斥期间，超过则撤销权利消灭）

57. 股东认缴的出资未届履行期限，对未缴纳部分的出资是否享有以及如何行使表决权？

应当根据公司章程来确定。公司章程没有规定的，应当按照认缴出资的比例确定。

58. 公司给其他企业投资或者为他人提供担保，如何决议？

依照公司章程的规定，由董事会或者股东会、股东大会决议。

59. 公司章程规定，公司给其他企业投资或者为他人提供担保，应由股东会决议，公司法定代表人伪造董事会决议签订的担保合同对公司是否发生效力？

发生效力。构成越权担保，但是不得对抗善意第三人。

60. 公司为股东或者实际控制人提供担保，如何决议？

（1）必须经股东会或者股东大会决议。

（2）请求提供担保的股东或者受请求提供担保的实际控制人支配的股东，不得参加该担保事项的表决。该项表决由出席会议的其他股东所持表决权的过半数通过。

61. 越权担保的认定，法定代表人越权担保，签订的担保合同是否有效？（区分关联担保与非关联担保）

（1）债权人善意，对公司发生效力；债权人非善意，对公司不发生效力。

（2）债权人善意的认定：尽到合理审查义务（形式审查）。

62. 非由职工代表担任的董事、监事由哪个组织机构选举和更换？

股东会。

63. 董事、高级管理人员兼任监事是否合法？

不合法。董事、高级管理人员不得兼任监事。

64. 监事会罢免董事、高级管理人员是否合法？

不合法。只能提出罢免董事、高级管理人员的建议。

四、真题模板套用示例

2021 年主观卷（回忆版）（本题 28 分）（选做题）

案情： 2018 年，甲公司由自然人股东 A、B、C、D 和法人股东 E 公司共同出资设立，注册资本 1000 万元，股东 A 缴纳了认缴的全部出资，股东 B、C、D 均实缴了一半出资，并承诺剩余出资在公司成立 5 年内缴足。

E 公司以一处房产出资，作价 300 万元，剩余出资在公司成立后第 8 年缴完，并派张三到甲公司担任董事。公司章程规定，张三担任公司的法定代表人。后经查，E 公司用于出资的房产实际上是李四所有，错误登记到了 E 公司名下，张三对此知情。

股东 B 向赵六借款，为了担保与债权人赵六的债务，把股权转让给了赵六，赵六被记载到股东名册，并且变更了工商登记。股东 B 和赵六约定债务到期后若股东 B 按期还款，则赵六归还股权；若 B 到期不还款，则股权归赵六所有。

2018 年年底，公司经营效益不错，甲公司召开股东会决定分红时，一部分股东主张按照认缴出资比例行使表决权，另一部分股东主张按照实缴出资比例行使表决权，对此出现分歧，分红决议计划搁置。

2020 年 7 月，甲公司召开股东会，决议由巫旺担任公司总经理，并担任法定代表人。对此，股东会过半数表决通过。之后由于种种原因，董事会决议一致通过解聘该总经理。

根据上述案情，回答下列问题：

1. 对于 E 公司用于出资的房产，甲公司能否善意取得？为什么？

解题思路：

[第 1 步] 读问题。"出资""善意取得"，可定位无权处分财产出资考点。

[第 2 步] 带着问题，分析案情，找主体"E 公司"的身份。

[第 3 步] 回忆考点与法条，定位大前提。

参考答案：

[结论] 甲公司不能善意取得。

[大前提] 根据《公司法解释（三）》第 7 条第 1 款的规定，出资人以不享有处分权的财产出资，当事人之间对于出资行为效力产生争议的，人民法院可以参照《民法典》第 311 条的规定予以认定。

[小前提] 本案中，E 公司用于出资的房产实际上是李四所有，其出资行为构成无权处分，张三作为甲公司董事及法定代表人对此应知情，张三知情可推知甲公司对 E 公司以无权处分的财产出资也知情，故不能认定甲公司善意，甲公司不符合《民法典》第 311 条规定的善意取得的条件，故不能取得 E 公司出资的房屋。（与 2013 年商法主观题非常相似）

2. 股东 B 和赵六关于股权的约定是否有效？为什么？

解题思路：

[第 1 步] 读问题。"股权的约定"，可联想关于股权转让、股权质押、股权让与担保的考点，想到 2021 年度的热门考点，股权让与担保。

[第 2 步] 带着问题，分析股东 B 和赵六之间的法律关系。

[第3步] 回忆考点与法条，定位大前提。

参考答案：

[结论] 该约定让与担保的部分有效，"若B到期不还款，则股权归赵六所有"属于"流质约款"，该约定无效。

[大前提] 根据《民法典担保制度解释》第68条第2款的规定，债务人或者第三人与债权人约定将财产形式上转移至债权人名下，债务人不履行到期债务，财产归债权人所有的，人民法院应当认定该约定无效，但是不影响当事人有关提供担保的意思表示的效力。

[小前提] 本案中，股东B为了担保与债权人赵六的债务，把股权转让给了赵六，其目的是设定担保的意思表示，属于非典型担保形式——让与担保，该约定包含"若B到期不还款，则股权归赵六所有"，属于"流质约款"，该部分无效，但是不影响当事人有关提供担保的意思表示的效力。故股权让与担保部分约定有效。

3. 对于股东B将股权转让给赵六的行为，其他股东是否可以主张优先购买权？为什么？

解题思路：

[第1步] 读问题。"优先购买权"这个词，可以想到股权对外转让，公司内部股东享有优先购买权。

[第2步] 发现第2、3问的主体都是"股东B"和"赵六"，故第2问和第3问应该相关。

[第3步] 回忆考点与法条，定位大前提。

参考答案：

[结论] 其他股东不享有先购买权。

[大前提+小前提] 股东B为担保债务，将股权形式上转移到债权人赵六的名下，其真实的意思表示是设立担保，非股权转让的意思表示，不产生股权转让的效力。另根据《民法典担保制度解释》第69条的规定，股权让与担保中，债权人赵六为名义股东，不承担股东责任。综上，设定股权让与担保，非股权转让，不能适用股权转让的相关规定，故其他股东不享有优先购买权。

4. 对于甲公司分红决议的表决，应当如何计算表决权的比例？

解题思路：

[第1步] 读问题。分红决议，想到应是股东会，"表决权比例"，可以想到2021年度的热点，股东表决权比例的认定。

[第2步] 带着问题，注重"分红决议"这个关键词。

[第3步] 回忆考点与法条，定位大前提。

参考答案：

[结论] 应按照认缴出资比例进行表决。

[大前提+小前提] 根据《公司法》第42条的规定，股东会会议由股东按照出资比例行使表决权；但是，公司章程另有规定的除外。另根据《九民纪要》第7点的规定，股东认缴的出资未届履行期限，对未缴纳部分的出资是否享有以及如何行使表决权等问题，应当根据公司章程来确定。公司章程没有规定的，应当按照认缴出资的比例确定。故对于甲公司分红决议的表决，应按照认缴出资比例进行表决。

5. 巫旺担任甲公司法定代表人的决议是否有效？为什么？

解题思路：

[第1步] 读问题。"变更法定代表人"的决议，考查决议效力。

[第2步] 在案情中找到该变更法定代表人的决议即可，主要看公司章程有无特别约定。

[第3步] 需要综合运用决议效力、决议内容、法定代表人、公司章程的考点。

参考答案1：

[结论] 变更巫旺为公司法定代表人的决议未成立。

[大前提] 根据《公司法》第13条的规定，公司法定代表人依照公司章程的规定，由董事长、执行董事或者经理担任，并依法登记。公司法定代表人变更，应当办理变更登记。公司章程规定，董事长担任公司的法定代表人。另根据《公司法》第25条第1款的规定，有限责任公司章程应当载明下列事项：……⑦公司法定代表人；……《公司法》第43条第2款规定，股东会会议作出修改公司章程的决议，必须经代表2/3以上表决权的股东通过。

[小前提] 甲公司章程规定法定代表人由张三担任，甲公司通过股东会决议将法定代表人更换为巫旺，涉及对公司章程事项的修改，必须经代表2/3以上表决权的股东通过。本案中，仅经合计持有半数表决权的股东通过，未达到《公司法》所规定的通过比例，根据《公司法解释（四）》第5条的规定，该项决议不成立。

参考答案2：

[结论] 变更巫旺为公司法定代表人的决议成立有效。

[大前提] 根据《公司法》第13条的规定，公司法定代表人依照公司章程的规定，由董事长、执行董事或者经理担任，并依法登记。公司法定代表人变更，应当办理变更登记。

[小前提] 公司章程规定，董事长担任公司的法定代表人。法定代表人虽属于公司章程的绝对记载事项，但属于描述性的形式条款的修改，不属于公司的重大事项变更，因而不需要代表2/3以上表决权的股东通过，甲公司章程规定法定代表人由张三担任，变更法定代表人的决议经合计持有半数表决权的股东通过，故该决议有效。

提示：本题的争议点在于，变更公司法定代表人是否属于修改公司章程事项。

6. 董事会无因解除总经理的行为是否合法？为什么？

解题思路：

[第1步] 读问题。本题关键词"无因"，"董事会解除总经理"。

[第2步] 找到相关案情，看看有无特别约定，若无特别约定，直接按照所学知识点回答即可。

[第3步] 回忆考点与法条，定位大前提。

参考答案：

[结论] 合法。

[大前提] 根据《公司法》第46条的规定，董事会对股东会负责，行使下列职权：……⑨决定聘任或者解聘公司经理及其报酬事项，并根据经理的提名决定聘任或者解聘公司副经理、财务负责人及其报酬事项；……

[小前提] 本案中，董事会的决议内容是解除公司总经理的职务，董事会有权解除，故内容合法，公司召开董事会，程序合法，没有可撤销事由，解除经理职务，属于公司的内部自治

事项。解除的理由不属于司法审查范围，根据《公司法解释（五）》董事无因解除的精神，总经理同样适用无因解除，故董事会解除巫旺经理职务的决议并未违反法律、行政法规以及公司章程，合法有效。

2020 年主观卷（回忆版）（本题 28 分）（选做题）

案情： 国有企业改制，成立甲有限责任公司，甲公司有张一、关二、刘三、工会（已登记法人，代表甲公司职工持股）四个股东，持股比例分别为：26%、8%、15%、51%。张一担任董事长和法定代表人，关二担任总经理，工会委派曹四、袁五担任甲公司董事，与张一、关二、刘三组成董事会。

曹四将其股权转让给第三人董六，未告知工会，工会知情后，召开工会会议撤销曹四在甲公司的董事资格，推选了另外一位职工赵七担任董事，工会将决议抄送甲公司，甲公司由于一直在处理增资事项没有对曹四股东问题做出处理。

甲公司经营状况良好，欲与乙公司达成战略合作。甲公司与乙公司约定：甲公司定向增资 3000 万元，全部由乙公司认缴。增资款分三期实缴，合同签订后支付第 1 期股款 200 万元，办理股权变更登记后支付第 2 期股款 800 万元，第 3 期增资在甲公司上市后足额缴纳。乙公司出资以后，持有甲公司 60% 的股权。此次增资全部用于公司上市。

甲公司就上述增资协议召开股东会：①关二、刘三不同意该增资方案；②刘三主张优先认购 500 万元的增资份额；③持股比例为 0.05% 的职工股东黄十一主张按照其持有的股权比例优先认购增资；④其他股东同意该增资方案。股东会最终通过该增资方案。

乙公司登记为甲公司股东，委派潘八到甲公司担任法定代表人。乙公司在完成第 2 期出资 3 天后，指示公司法定代表人潘八与乙公司的全资子公司签订无息借款 700 万元的合同，期限 8 年。

后乙公司经营陷入困境，1 年多以来，乙公司与甲公司原有股东因经营理念不合等原因，矛盾加剧。甲公司原股东在未通知乙公司的情况下，召开股东会通过解除乙公司股东资格的决议。

问题：

1. 职工股东曹四的股权转让行为是否有效？为什么？

解题思路：

[第 1 步] 读问题。股权转让行为理解为物权关系，若直接问合同效力，则考虑债权关系。

[第 2 步] 带着问题，分析案情，分析曹四的身份。

[第 3 步] 回忆考点与法条，定位大前提。

详细版参考答案：

[结论] 无效。

[大前提] 曹四因是甲公司的职工而持有公司的股权，是基于员工身份获得的股权，工会代甲公司职工持股，为甲公司的登记股东，且依法登记为法人，本质上工会为名义股东，职工为实际出资人，实际持股人应为公司职工、工会会员。关于曹四与董六签订的股权转让合同，合同没有无效事由，股权转让合同有效。

[小前提] 董六能否取得股权需根据工会关于会员股权转让的规定以及董六的身份认定。本案中，曹四转让股权未告知工会，董六非公司职工，故董六无法取得股东资格，股权转让行

为无效。

简略版参考答案：

无效。曹四因是甲公司的职工而持有公司的股权，工会代甲公司职工持股，本质上工会为名义股东，职工为实际出资人，实际持股人应为公司职工、工会会员。董六能否取得股权需根据工会关于会员股权转让的规定以及董六的身份认定。本案中，曹四转让股权未告知工会，董六非公司职工，故董六无法取得股东资格，股权转让行为无效。

2. 工会撤销曹四董事资格是否对甲公司产生使其董事资格丧失的效力？

解题思路：

[第1步] 读问题。董事资格的解除。

[第2步] 带着问题，分析案情，分析曹四的身份以及资格解除。

[第3步] 回忆考点与法条，定位大前提。

详细版参考答案：

[结论] 不产生。

[大前提] 根据《公司法》第37条的规定，股东会行使下列职权：……②选举和更换非由职工代表担任的董事、监事，决定有关董事、监事的报酬事项；……根据《公司法》第44条第2款的规定，董事会中的职工代表由公司职工通过职工代表大会、职工大会或者其他形式民主选举产生。

[小前提] 本案中，曹四是工会股东委派的董事，非职工大会或职工代表大会选举的职工代表，故工会（股东）无权撤销曹四的董事资格，对甲公司不发生效力。

简略版参考答案：

不产生。选举和更换非由职工代表担任的董事、监事是股东会的职权，董事会中的职工代表由公司职工通过职工代表大会、职工大会或者其他形式民主选举产生。曹四是工会股东委派的董事，故工会（股东）无权撤销曹四的董事资格，对甲公司不发生效力。

3. 甲公司关于增资部分的股东会决议，效力如何？

解题思路：

[第1步] 读问题。增资决议，股东会2/3以上表决权，决议效力的认定。

[第2步] 带着问题，分析案情，是否有无效、可撤销、未成立的情形。

[第3步] 回忆考点与法条，定位大前提。

详细版参考答案：

[结论] 有效。

[大前提] 根据《公司法》第43条第2款的规定，股东会会议作出修改公司章程、增加或者减少注册资本的决议，以及公司合并、分立、解散或者变更公司形式的决议，必须经代表2/3以上表决权的股东通过。

[小前提] 本案中，针对甲公司的增资事项决议，仅关二、刘三不同意该增资方案，而关二、刘三合计持股比例为23%，即就增资事项经代表2/3以上表决权的股东通过，故甲公司的增资事项决议有效。

简略版参考答案：

有效。股东会会议作出增加注册资本的决议必须经代表2/3以上表决权的股东通过。

本案中，针对甲公司的增资事项决议，仅关二、刘三不同意该增资方案，而关二、刘三合计持股比例为23%，即就增资事项经代表2/3以上表决权的股东通过，故甲公司的增资事项决议有效。

4. 刘三、黄十一关于认缴增资的主张，是否能够得到支持？

解题思路：

[第1步] 读问题。公司新增资本时，股东优先认购的范围。

[第2步] 带着问题，分析案情，刘三和黄十一的增资主张。

[第3步] 回忆考点与法条，定位大前提。

详细版参考答案：

[结论] 刘三的优先认缴增资主张不能得到支持，黄十一的优先认缴增资的主张能够得到支持。

[大前提] 根据《公司法》第34条的规定，公司新增资本时，股东有权优先按照实缴的出资比例认缴出资。但是，全体股东约定不按照出资比例优先认缴出资的除外。

[小前提] 本案中，刘三持有公司15%的股权，有权按照15%的比例主张优先认缴权，其主张优先认缴500万元，超出其实缴出资比例，于法无据，故不能得到支持。黄十一有权主张按照0.05%比例优先认缴增资，符合法律规定，故能够得到支持。

简略版参考答案：

刘三的优先认缴增资主张不能得到支持，黄十一的优先认缴增资的主张能够得到支持。公司新增资本时，股东有权优先按照实缴的出资比例认缴出资。全体股东另有约定除外。本案中，刘三持有公司15%的股权，有权按照15%的比例主张优先认缴权，其主张优先认缴500万元，超出其实缴出资比例，于法无据，故不能得到支持。黄十一有权主张按照0.05%比例优先认缴增资，符合法律规定，故能够得到支持。

5. 甲公司法定代表人潘八与乙公司的子公司签订借款合同是否具有法律效力？为什么？

解题思路：

[第1步] 读问题。只能分析出借款合同，无法得出其他信息，但是基于做题经验，应该会考查抽逃出资或者关联交易。

[第2步] 带着问题，分析案情，找出借款合同的本质。

[第3步] 回忆考点与法条，定位大前提。

详细版参考答案：

[结论] 不具有法律效力。名为借款合同，实为抽逃出资行为。

[大前提] 根据《公司法解释（三）》第12条的规定，公司成立后，公司、股东或者公司债权人以相关股东的行为符合下列情形之一且损害公司权益为由，请求认定该股东抽逃出资的，人民法院应予支持：……③利用关联交易将出资转出；④其他未经法定程序将出资抽回的行为。另根据《公司法》第148条第1款第3项的规定，董事、高级管理人员不得有下列行为：……③违反公司章程的规定，未经股东会、股东大会或者董事会同意，将公司资金借贷给他人或者以公司财产为他人提供担保；……

[小前提] 本案中，乙公司指示其委派的法定代表人潘八与其全资子公司签订借款合同，未经法定程序，且没有利息，借期过长，不能认定为合法的借款合同，可认定为通过关联交易

转移出资，为抽逃出资行为，故不具有法律效力。

简略版参考答案：

不具有法律效力。名为借款合同，实为抽逃出资行为。公司成立后，股东利用关联交易将出资转出，可认定该股东抽逃出资。本案中，乙公司指示其委派的法定代表人潘八与其全资子公司签订借款合同，未经法定程序，且没有利息，借期过长，不能认定为合法的借款合同，可认定为通过关联交易转移出资，为抽逃出资行为，故不具有法律效力。

6. 甲公司解除乙公司股东资格的股东会决议效力如何？为什么？

解题思路：

[第1步] 读问题。解除股东资格，未履行出资义务/抽逃全部出资+催告+股东会决议。

[第2步] 带着问题，分析案情是否符合解除股东资格的情形。

[第3步] 回忆考点与法条，定位大前提。

详细版参考答案：

[结论] 无效。

[大前提] 根据《公司法解释（三）》第17条第1款的规定，有限责任公司的股东未履行出资义务或者抽逃全部出资，经公司催告缴纳或者返还，其在合理期间内仍未缴纳或者返还出资，公司以股东会决议解除该股东的股东资格，该股东请求确认该解除行为无效的，人民法院不予支持。

[小前提] 本案中，乙公司并未抽逃全部出资，不符合解除股东资格的条件，故股东会决议因内容违法而无效。

简略版参考答案：

不具有法律效力。有限责任公司的股东抽逃全部出资，经公司催告缴纳或者返还，其在合理期间内仍未缴纳或者返还出资，公司可以股东会决议解除该股东的股东资格。本案中，乙公司并未抽逃全部出资，不符合解除股东资格的条件，故股东会决议因内容违法而无效。

2018年主观卷（回忆版）（本题28分）

案情：（1）木道公司有林强、赵珂和孙淼三位股东，林强担任木道公司法定代表人，与赵珂是恋人关系。2015年4月，木道公司与林强、赵珂、郝宏、王季设立遥感公司，签订了《投资人协议》，制定《公司章程》，公司注册资本5000万元。其中，木道公司认缴2000万元，林强认缴1000万元，赵珂认缴500万，郝宏认缴1000万元，王季认缴500万元。

（2）《公司章程》规定，木道公司和郝宏的出资应在公司设立时一次性缴足，林强、赵珂、王季认缴的出资在公司设立后3年内缴足。郝宏和孙淼签订了《委托持股协议》，协议约定：郝宏在遥感公司认缴的出资由孙淼缴纳，孙淼与郝宏之间系代持股关系。孙淼与郝宏将该《委托持股协议》进行了公证。

（3）遥感公司营业执照上注明：注册资本5000万元，实缴3000万元，认缴2000万元。赵珂是遥感公司的法定代表人。木道公司和孙淼均按章程的规定，以向公司账户汇款的方式足额缴纳了出资，汇款单用途栏内注明"认缴股款投资款"。

（4）2016年12月，林强分两次向赵珂银行卡分别汇款100万元、80万元。到款当日，赵珂将这两笔款项均汇入遥感公司账户，汇款单用途栏内写明"投资款"。赵珂认缴的出资，尚有 320 万元未缴足。

（5）2016 年 12 月，王季向遥感公司账户汇款 100 万元，尚有 400 万元未实际缴足。2017 年 1 月，王季拟转让股权，其他股东未主张优先购买权，王季将股权转让给轩辕公司，并办理了股权变更登记。

（6）2017 年 3 月，林强与赵珂关系破裂。在赵珂的运作下，伪造木道公司法定代表人林强的签字，将木道公司在遥感公司的股权转让给遥感公司的会计麦芜，签订了《股权转让协议》，并盖有木道公司公章。赵珂持该《股权转让协议》到公司登记机关办理了股权变更登记，麦芜未实际向木道公司支付股权转让款。

（7）2017 年 4 月，麦芜与炫彩钢铁公司签订《股权转让协议》，麦芜将其名下的遥感公司股权转让给炫彩钢铁公司，炫彩钢铁公司向麦芜支付全部股权转让款 3000 万元，遥感公司为炫彩钢铁公司办理了股权过户变更登记。

（8）2017 年 8 月，郝宏因拖欠小额贷款公司借款，被法院判决应偿还借款本金 300 万元及相应的利息及罚息。小额贷款公司申请法院强制执行，法院查封了郝宏在遥感公司的股权，对此孙淼提出案外人异议。

（9）2017 年 9 月，遥感公司因不能偿还银行到期借款 3000 万元本金及利息，被银行起诉到法院。在该案一审审理期间，银行以林强认缴的出资未足额缴纳为由，追加林强为被告，请求林强对银行债务承担连带清偿责任。

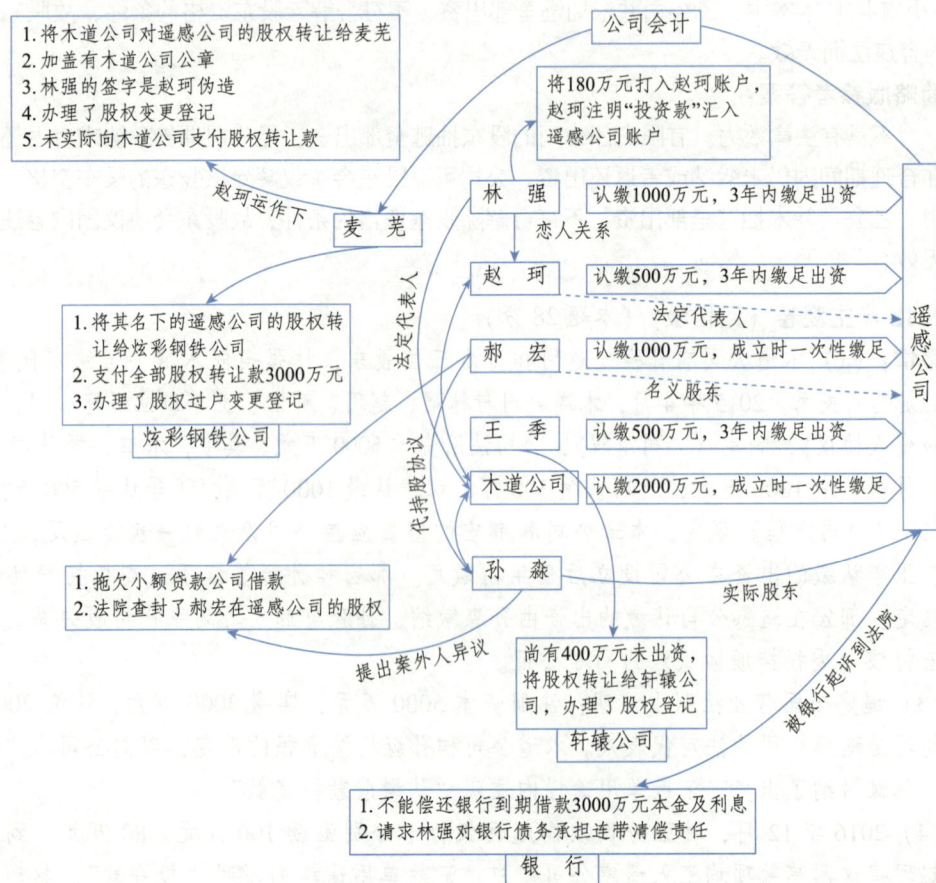

问题：

1. 如林强以赵珂用于出资的 180 万元是他所汇为由，主张确认赵珂名下的相应股权实际为林强所有，该主张是否成立？为什么？

详细版参考答案：

[结论] 不成立。

[大前提] 根据《公司法》第 28 条第 1 款的规定，股东应当按期足额缴纳公司章程中规定的各自所认缴的出资额。股东以货币出资的，应当将货币出资足额存入有限责任公司在银行开设的账户；以非货币财产出资的，应当依法办理其财产权的转移手续。

[小前提] 本案中，林强将 180 万元转入赵珂银行卡，并没有按照《公司法》规定将款项直接转入银行账户，赵珂将该款项汇入公司账户，并注明"投资款"，表明该款项是股东赵珂履行的出资义务，对应的股权应属于赵珂。林强汇入赵珂个人账户中的款项，可视为林强对赵珂的借款。故林强以赵珂用于出资的 180 万元是他所汇为由，确认赵珂名下的相应股权实际为林强所有的主张不成立。

简略版参考答案：

不成立。股东以货币出资的，应当将货币出资足额存入有限责任公司在银行开设的账户。本案中，林强将 180 万元转入赵珂银行卡，并没有按照《公司法》规定将款项直接转入银行账户，赵珂将该款项汇入公司账户，并注明"投资款"，表明该款项是股东赵珂履行的出资义务，对应的股权应属于赵珂。林强汇入赵珂个人账户中的款项，可视为林强对赵珂的借款。故林强以赵珂用于出资的 180 万元是他所汇为由，确认赵珂名下的相应股权实际为林强所有的主张不成立。

2. 王季向轩辕公司转让股权时，其认缴的出资尚有 400 万元未缴纳，如认缴期限届满，遥感公司是否可以向轩辕公司催缴？为什么？

详细版参考答案：

[结论] 可以。

[大前提] 根据《公司法》第 26 条第 1 款的规定，有限责任公司的注册资本为在公司登记机关登记的全体股东认缴的出资额。在认缴制下，允许股东分期缴纳出资。根据《公司法》第 71 条第 1 款的规定，有限责任公司的股东之间可以相互转让其全部或者部分股权。股东也可按照程序对外转让股权。转让人与受让人没有约定的情况下，股权转让是权利义务的概括转让。

[小前提] 本案例中，设立遥感公司时，王季认缴出资 500 万元，实际出资 100 万元，尚有 400 万元未缴足，公司章程规定，王季认缴的出资可在公司设立后 3 年内缴足。《公司法》并未禁止分期缴纳出资的股权转让，且不属于《公司法解释（三）》第 18 条规定的瑕疵股权转让，不能适用关于瑕疵股权转让的规定。王季转让股权时，尚未超过出资期限，股权转让是权利义务的概括转让，股权转让后，股东基于股东地位对公司所发生的全部权利义务关系均一体移转给受让人，轩辕公司受让王季转让的股权成为遥感公司的股东，股权转让协议未明确该股权后续的出资义务由谁承担的，应确定受让股东承担继续出资的义务，即应按照公司章程的规定履行出资义务。故认缴期限届满，遥感公司可以向轩辕公司催缴。

简略版参考答案：

可以。有限责任公司设立为认缴资本制，允许股东分期缴纳，法律没有禁止尚在认缴出资期限内的股权转让，且认缴出资期限内的股权不属于瑕疵股权，不能适用瑕疵股权转让的规定。王季转让股权时，尚未超过出资期限，股权转让是权利义务的概括转让，股权转让后，股东基于股东地位对公司所发生的全部权利义务关系均一体移转给受让人，应确定受让股东承担继续出资的义务，故认缴期限届满，遥感公司可以向轩辕公司催缴。

3. 木道公司与麦芜签订了《股权转让协议》，并将股权过户到麦芜名下，据此是否可以认定麦芜已取得遥感公司的股权？为什么？

详细版参考答案：

［结论］该股权转让行为无效，不可以认定麦芜已取得遥感公司的股权。

［大前提］根据《民法典》第154条的规定，行为人与相对人恶意串通，损害他人合法权益的民事法律行为无效。根据《民法典》第311条的规定，无处分权人将不动产或者动产转让给受让人的，所有权人有权追回；除法律另有规定外，符合下列情形的，受让人取得该不动产或者动产的所有权：①受让人受让该不动产或者动产时是善意；②以合理的价格转让；③转让的不动产或者动产依照法律规定应当登记的已经登记，不需要登记的已经交付给受让人。受让人依据前款规定取得不动产或者动产的所有权的，原所有权人有权向无处分权人请求损害赔偿。当事人善意取得其他物权的，参照适用前两款规定。

［小前提］本案中，①赵珂无权处分木道公司在遥感公司的股权，麦芜不能继受取得遥感公司的股权。②麦芜作为遥感公司的会计，木道公司法定代表人林强的签名是伪造，并未实际支付股款，1个月后即将股权转让。该股权转让协议因恶意串通，损害第三人利益而无效。③麦芜不能善意取得遥感公司的股权。首先，赵珂是遥感公司的法定代表人，即使股权转让协议上加盖有木道公司公章，受让人麦芜是遥感公司的会计，林强是遥感公司的股东，仍可推定麦芜主观上为恶意；其次，麦芜并未实际向木道公司支付股款。即麦芜不属于法律上保护的善意第三人，不符合善意取得股权的条件，股权转让行为无效。综上，麦芜不能取得遥感公司的股权。

简略版参考答案：

该股权转让行为无效，不可以认定麦芜已取得遥感公司的股权。行为人与相对人恶意串通，损害他人合法权益的民事法律行为无效。无处分权人将不动产或者动产转让给受让人的，所有权人有权追回。受让人符合如下条件，可善意取得该不动产或者动产的所有权：①受让人受让该不动产或者动产时是善意；②以合理的价格转让；③转让的不动产或者动产依照法律规定应当登记的已经登记，不需要登记的已经交付给受让人。本案中：①赵珂无权处分木道公司在遥感公司的股权，麦芜不能继受取得遥感公司的股权。②麦芜作为遥感公司的会计，木道公司法定代表人林强的签名是伪造的，并未实际支付股款，1个月后即将股权转让，该股权转让协议因恶意串通，损害第三人利益而无效。③麦芜不能善意取得遥感公司的股权，首先，赵珂是遥感公司的法定代表人，即使股权转让协议上加盖有木道公司公章，受让人麦芜是遥感公司的会计，林强是遥感公司的股东，仍可推定麦芜主观上为恶意；其次，麦芜并未实际向木道公司支付股款。即麦芜不属于法律上保护的善意第三人，不符合善意取得股权的条件，股权转让行为无效。综上，麦芜不能取得遥感公司的股权。

4. 根据题中所述事实，是否可以认定炫彩钢铁公司已取得遥感公司股权？为什么？

详细版参考答案：

［结论］可以。

[大前提] 根据《民法典》第 311 条第 1 款的规定，受让人善意取得应符合三个条件：①受让人受让该不动产或者动产时是善意；②以合理的价格转让；③转让的不动产或者动产依照法律规定应当登记的已经登记，不需要登记的已经交付给受让人。

[小前提] 本案例中，遥感公司会计麦芫并未取得遥感公司股权，其转让股权行为是无权处分。材料中不能推出炫彩钢铁公司对麦芫无权处分的事实知情，炫彩钢铁公司已经支付股权对价，并办理了股权过户变更登记。故炫彩钢铁公司可基于善意取得制度取得遥感公司股权。

简略版参考答案：

可以。处分人无权处分财产，根据《民法典》第 311 条第 1 款的规定，受让人善意取得应符合受让时善意、合理价格、办理财产权转移手续的情形。本案中，遥感公司会计麦芫并未取得遥感公司股权，其转让股权行为是无权处分。材料中不能推出炫彩钢铁公司对麦芫无权处分的事实知情，炫彩钢铁公司已经支付股权对价，并办理了股权过户变更登记。故炫彩钢铁公司可基于善意取得制度取得遥感公司股权。

5. 孙淼的案外人执行异议是否成立？为什么？

参考答案 1：

[结论] 不成立。

[大前提] 根据《公司法》第 32 条第 3 款的规定，公司应当将股东的姓名或者名称向公司登记机关登记；登记事项发生变更的，应当办理变更登记。未经登记或者变更登记的，不得对抗第三人。

[小前提] 本案中，郝宏拖欠小额贷款公司借款，小额贷款公司申请法院强制执行，法院查封了郝宏在遥感公司的股权。郝宏与孙淼之间签订了《委托持股协议》，即孙淼是遥感公司的实际股东，股权代持协议仅具有内部效力，对于外部第三人而言，股权登记具有公信力，隐名股东对外不具有公示股东的法律地位，不得以内部股权代持协议有效为由对抗外部债权人对显名股东的正当权利。根据商事外观主义原则，基于对工商登记股权的情况的信赖，第三人的民事法律行为效力应受到法律的优先保护，<u>名义股东非基于股权处分的债权人属于法律保护的"第三人"</u>。因此，本案中郝宏因未能清偿到期债务，小额贷款公司申请法院强制执行的，实际出资人孙淼不能提案外人执行异议。

简略版参考答案：

不成立。公司应当将股东的姓名或者名称向公司登记机关登记；未经登记或者变更登记的，不得对抗第三人。本案中，郝宏与孙淼之间签订了《委托持股协议》，对于外部第三人而言，股权登记具有公信力，隐名股东对外不具有公示股东的法律地位，不得以内部股权代持协议有效为由对抗外部债权人对显名股东的正当权利。根据商事外观主义原则，第三人的民事法律行为效力应受到法律的优先保护，<u>名义股东非基于股权处分的债权人属于法律保护的"第三人"</u>。因此，本案中郝宏因未能清偿到期债务，小额贷款公司申请法院强制执行的，实际出资人孙淼不能提案外人执行异议。

参考答案 2：

[结论] 成立。

[大前提] 根据《九民纪要》的精神，处理好民商事审判与行政监管的关系，应通过穿透式审判思维，查明当事人的真实意思，探求真实法律关系；从现行法律规则看，外观主义是为保护交易安全设置的例外规定，<u>一般适用于因合理信赖权利外观或意思表示外观的交易行</u>

为。实际权利人与名义权利人的关系，<u>应注重财产的实质归属</u>，而不单纯地取决于公示外观。另根据《公司法解释（三）》第25条的规定，名义股东处分股权，股权善意取得制度的适用主体限于与名义股东存在股权交易的第三人，即商事外观主义原则的适用范围不包括非交易第三人。

[小前提] 本案中，申请执行人小额贷款公司因为债务纠纷申请强制执行名义股东郝宏名下的股权，小额贷款公司非基于股权交易产生的第三人，并无信赖利益保护的需要，若适用商事外观主义原则，将损害实际出资人的合法权利，故实际出资人孙淼提出的案外人异议能够得到支持。

简略版参考答案：

成立。根据《九民纪要》的精神，处理好民商事审判与行政监管的关系，应通过<u>穿透式审判思维</u>，探求真实法律关系；<u>外观主义是为保护交易安全设置的例外规定，一般适用于因合理信赖权利外观或意思表示外观的交易行为。实际权利人与名义权利人的关系，应注重财产的实质归属</u>，而不单纯地取决于公示外观。另根据《公司法解释（三）》第25条的规定，<u>商事外观主义原则的适用范围不包括非交易第三人</u>。本案中，申请执行人小额贷款公司因为债务纠纷申请强制执行名义股东郝宏名下的股权，小额贷款公司非基于股权交易产生的第三人，<u>并无信赖利益保护的需要</u>，若适用商事外观主义原则，<u>将损害实际出资人的合法权利</u>，故实际出资人孙淼提出的案外人异议能够得到支持。

提示：执行过程中，实际出资人提出的案外人异议能否得到支持，有不同的裁判观点，考生言之有理即可。

6. 在银行诉遥感公司和林强的清偿贷款纠纷案件中，林强是否应当对公司债务承担连带责任？为什么？

详细版参考答案：

[结论] 林强不应当对公司债务承担连带责任。在认缴出资期限届满后，若未按期履行出资义务，应在未出资本息范围内对公司不能清偿的债务承担补充赔偿责任。

[大前提] 根据《公司法》第26条第1款的规定，有限责任公司的注册资本为在公司登记机关登记的全体股东认缴的出资额。根据《九民纪要》第6点的规定，在注册资本认缴制下，股东依法享有期限利益。债权人以公司不能清偿到期债务为由，请求未届出资期限的股东在未出资范围内对公司不能清偿的债务承担补充赔偿责任的，人民法院不予支持。另根据《公司法解释（三）》第13条第2款的规定，公司债权人请求未履行或者未全面履行出资义务的股东在未出资本息范围内对公司债务不能清偿的部分承担补充赔偿责任的，人民法院应予支持；未履行或者未全面履行出资义务的股东已经承担上述责任，其他债权人提出相同请求的，人民法院不予支持。

[小前提] 本案中，林强是遥感公司的股东，其认缴的出资期限尚未到期，股东依法享有期限利益。本案中没有出现股东出资加速到期的例外情形，故债权人无权请求未届出资期限的股东在未出资本息范围内对公司不能清偿的债务承担补充赔偿责任。银行作为遥感公司的债权人，在认缴出资期限届满后，有权请求股东林强在未出资本息范围内对公司不能清偿的债务承担补充赔偿责任，而非连带责任。

简略版参考答案：

林强不应当对公司债务承担连带责任。在认缴出资期限届满后，若未按期履行出资义务，应在未出资本息范围内对公司不能清偿的债务承担补充赔偿责任。股东未履行或未全面履行出资义务，公司债权人有权请求未履行或者未全面履行出资义务的股东在未出资本息范围内对公司债务不能清偿的部分承担补充赔偿责任。注册资本认缴制下，股东依法享有期限利益。本案中，林强是遥感公司的股东，其认缴的出资期限尚未到期，股东依法享有期限利益，本案中没有出现股东出资加速到期的例外情形，故此时债权人无权请求未届出资期限的股东在未出资本息范围内对公司不能清偿的债务承担补充赔偿责任。在认缴出资期限届满后，可请求股东承担补充赔偿责任，非连带责任。

2016 年卷四第五题（本题 18 分）

案情： 美森公司成立于 2009 年，主要经营煤炭。股东是大雅公司以及庄某、石某。章程规定公司的注册资本是 1000 万元，三个股东的持股比例是 5：3：2，各股东应当在公司成立时一次性缴清全部出资。大雅公司将之前归其所有的某公司的净资产经会计师事务所评估后作价 500 万元用于出资，这部分资产实际交付给美森公司使用；庄某和石某以货币出资，公司成立时庄某实际支付了 100 万元，石某实际支付了 50 万元。

大雅公司委派白某担任美森公司的董事长兼法定代表人。2010 年，赵某欲入股美森公司，白某、庄某和石某一致表示同意，于是赵某以现金出资 50 万元，公司出具了收款收据，但未办理股东变更登记。赵某还领取了 2010 年和 2011 年的红利共 10 万元，也参加了公司的股东会。

2012 年开始，公司经营逐渐陷入困境。庄某将其在美森公司中的股权转让给了其妻弟杜某。此时，赵某提出美森公司未将其登记为股东，所以自己的 50 万元当时是借款给美森公司的。白某称美森公司无钱可还，还告诉赵某，为维持公司的经营，公司已经向甲、乙公司分别借款 60 万元和 40 万元，向大雅公司借款 500 万元。

2013 年 11 月，大雅公司指示白某将原出资的资产中价值较大的部分逐渐转入另一子公司美阳公司。对此，杜某、石某和赵某均不知情。

此时，甲公司和乙公司起诉了美森公司，要求其返还借款及相应利息。大雅公司也主张自己曾借款 500 万元给美森公司，要求其偿还。赵某、杜某及石某闻讯后也认为利益受损，要求美森公司返还出资或借款。

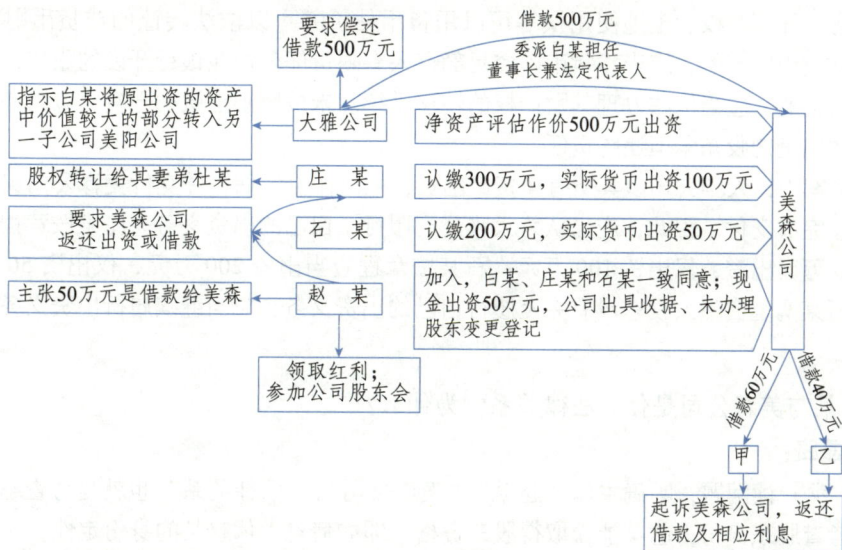

问题：

1. 应如何评价美森公司成立时三个股东的出资行为及其法律效果？

解题思路：

[第1步] 阅读问题，找出关键词"股东的出资行为""法律效果"，可得知本题考查的是股东出资，回顾相关知识点。

[第2步] 明确问题的考查方向以及考查的知识点，阅读案例，在材料中分别找出股东的出资行为。

[第3步] 用知识点分析案件事实，根据答题结构写出答案。

详细版参考答案：

[结论] 应当认为大雅公司履行了自己的出资义务；庄某和石某两位自然人股东没有完全履行自己的出资义务，应当承担继续履行出资义务及违约责任。

[大前提]《公司法》第27条规定，股东可以用货币出资，也可以用实物、知识产权、土地使用权等可以用货币估价并可以依法转让的非货币财产作价出资；但是，法律、行政法规规定不得作为出资的财产除外。对作为出资的非货币财产应当评估作价，核实财产，不得高估或者低估作价。法律、行政法规对评估作价有规定的，从其规定。《公司法》第28条规定，股东应当按期足额缴纳公司章程中规定的各自所认缴的出资额。股东以货币出资的，应当将货币出资足额存入有限责任公司在银行开设的账户；以非货币财产出资的，应当依法办理其财产权的转移手续。股东不按照前款规定缴纳出资的，除应当向公司足额缴纳外，还应当向已按期足额缴纳出资的股东承担违约责任。

[小前提] 本案中，大雅公司以其所有净资产出资，依法作价评估，并交付美森公司实际占有和使用，完成交付。因此，应当认为大雅公司履行了自己的出资义务。庄某按章程应当以现金300万元出资，仅出资100万元；石某按章程应当出资200万元，仅出资50万元。庄某和石某两位自然人股东没有完全履行自己的出资义务，应当继续履行出资义务及承担违约责任。

简略版参考答案：

应当认为大雅公司履行了自己的出资义务；庄某和石某两位自然人股东没有完全履行自己的出资义务，应当承担继续履行出资义务及违约责任。股东可以用货币出资，也可以用实物、知识产权、土地使用权等可以用货币估价并可以依法转让的非货币财产作价出资；以货币出资的，应当将货币出资足额存入有限责任公司在银行开设的账户；以非货币财产出资的，应当依法办理其财产权的转移手续。未按照规定缴纳出资，应当向已按期足额缴纳出资的股东承担违约责任。

本案中，大雅公司以其所有净资产出资，依法作价评估，并交付美森公司实际占有和使用，完成交付。因此，应当认为大雅公司履行了自己的出资义务。庄某按章程应当以现金300万元出资，仅出资100万元；石某按章程应当出资200万元，仅出资50万元。庄某和石某两位自然人股东没有完全履行自己的出资义务，应当继续履行出资义务及承担违约责任。

2. 赵某与美森公司是什么法律关系？为什么？

解题思路：

[第1步] 读问题，明确主体"赵某""美森公司"，"法律关系"也就是考查赵某与美森的关系，考查股东身份，赵某能否取得股东资格，即如何对主体赵某的身份定性。

[第2步] 带着问题，分析案情，第二问对应的案例材料主要是第二段和第三段，赵某入股美森公司，其他股东一致同意，出资50万元，公司未办理股东变更登记，后赵某主张50万元是借给美森公司的。

[第3步] 将案情与法律关系进行对应，回顾股东资格的取得、股东权利的内容等知识点，定位大前提。

详细版参考答案：

[结论] 投资与借贷是不同的法律关系，赵某是美森公司的实际出资人或者实际股东而非债权人。

[大前提]《公司法解释（三）》第23条规定，当事人依法履行出资义务或者依法继受取得股权后，公司未根据《公司法》第31、32条的规定签发出资证明书、记载于股东名册并办理公司登记机关登记，当事人请求公司履行上述义务的，人民法院应予支持。《公司法》第4条规定，公司股东依法享有资产收益、参与重大决策和选择管理者等权利。《公司法》第36条规定，有限责任公司股东会由全体股东组成。股东会是公司的权力机构，依照《公司法》行使职权。

[小前提] 本案中，赵某主张自己是借贷关系中的债权人，赵某虽然没有被登记为股东，但是他在2010年时出于自己的真实意思表示，愿意出资成为股东，其他股东及股东代表均同意，并且赵某实际交付了50万元出资，参与了分红及公司的经营，这些行为均非债权人可为，所以赵某具备实际出资人的地位，在公司内部也享有实际出资人的权利。此外，从民商法的诚信原则考虑也应认定赵某作为实际出资人或实际股东而非债权人。

简略版参考答案：

投资与借贷是不同的法律关系，赵某是美森公司的实际出资人或者实际股东而非债权人。当事人依法履行出资义务或者依法继受取得股权后，公司未根据《公司法》规定签发出资证明书、记载于股东名册并办理公司登记机关登记，当事人有权请求公司履行上述义务。公司股东依法享有资产收益、参与重大决策和选择管理者等权利。本案中，赵某主张自己是借贷关系中的债权人，赵某虽然没有被登记为股东，但是他在2010年时出于自己的真实意思表示，愿意出资成为股东，其他股东及股东代表均同意，并且赵某实际交付了50万元出资，参与了分红及公司的经营，这些行为均非债权人可为，所以赵某具备实际出资人的地位，在公司内部也享有实际出资人的权利。此外，从民商法的诚信原则考虑也应认定赵某作为实际出资人或实际股东而非债权人。

3. 庄某是否可将其在美森公司中的股权进行转让？为什么？这种转让的法律后果是什么？

解题思路：

[第1步] 找出题目中考查的知识点，关键词"股权转让"，通过前面做题，已经知道庄某未全面履行出资义务，庄某转让其股权属于瑕疵股权转让，定位知识点为瑕疵股权转让及其法律后果。

[第2步] 回顾关于瑕疵股权转让的知识点。

[第3步] 回到案情，庄某未全面履行出资义务，将其股权转让给其妻弟杜某。

详细版参考答案：

[结论] 尽管庄某没有全面履行自己的出资义务，但其股权也是可以转让的。

[大前提]《公司法解释（三）》第18条第1款规定，有限责任公司的股东未履行或者未全面履行出资义务即转让股权，受让人对此知道或者应当知道，公司请求该股东履行出资义务、受让人对此承担连带责任的，人民法院应予支持；公司债权人依照《公司法解释（三）》第13条第2款向该股东提起诉讼，同时请求前述受让人对此承担连带责任的，人民法院应予支持。

[小前提] 本题中，受让人是其妻弟，按生活经验应当推定杜某是知情的。我国《公司法解释（三）》第18条已经认可了瑕疵出资股权的可转让性；这种转让的法律后果就是如果受让人知道，转让人和受让人对公司以及债权人要承担连带责任，受让人再向转让人进行追偿。

简略版参考答案：

庄某未全面履行出资义务的股权可以转让。《公司法解释（三）》第18条第1款规定，有限责任公司的股东未履行或者未全面履行出资义务即转让股权，受让人对此知道或者应当知道，公司可请求该股东履行出资义务、受让人对此承担连带责任；公司债权人依照《公司法解释（三）》第13条第2款向该股东提起诉讼，同时有权请求前述受让人对此承担连带责任。本题中，受让人是其妻弟，按生活经验应当推定杜某是知情的。我国《公司法解释（三）》第18条已经认可了瑕疵出资股权的可转让性；转让的法律后果就是如果受让人知道，转让人和受让人对公司以及债权人要承担连带责任，受让人再向转让人进行追偿。

4. 大雅公司让白某将原来用作出资的资产转移给美阳公司的行为是否合法？为什么？

解题思路：

[第1步] 找出题目中考查的知识点，关键词"用作出资的资产转移"，定位知识点为公司财产独立性。

[第2步] 回顾公司体现其独立法人的知识点。公司是企业法人，有独立的法人财产，享有法人财产权。

[第3步] 回到案情，该问题对应的是案例中的第4段，在其他股东均不知情的情况下，大雅公司让白某将原来用作出资的资产转移给美阳公司。

详细版参考答案：

[结论] 不合法。

[大前提]《公司法》第3条第1款规定，公司是企业法人，有独立的法人财产，享有法人财产权。公司以其全部财产对公司的债务承担责任。

[小前提] 公司具有独立人格，公司财产是其人格的基础。出资后的资产属于公司而非股东所有，故大雅公司无权将公司资产转移，该行为损害了公司的责任财产，侵害了美森公司、美森公司股东（杜某和石某）的利益，也侵害了甲、乙这些债权人的利益。

简略版参考答案：

不合法。公司具有独立人格，享有法人财产权，公司财产是其人格的基础。出资后的资产属于公司而非股东所有，故大雅公司无权将公司资产转移，该行为损害了公司的责任财产，侵害了美森公司、美森公司股东（杜某和石某）的利益，也侵害了甲、乙这些债权人的利益。

5. 甲公司和乙公司对美森公司的债权，以及大雅公司对美森公司的债权，应否得到清偿？其受偿顺序如何？

解题思路：

[第1步] 阅读问题，抓住关键词"债权受偿""受偿顺序"，明确甲公司、乙公司债权人身份，大雅公司是债权人也是股东的双重身份。

[第2步] 回顾相关法条和理论，《公司法》第21条第1款规定，公司的控股股东、实际控制人、董事、监事、高级管理人员不得利用其关联关系损害公司利益。

[第3步] 阅读案例，对应案情在案例材料中的第三段，公司向甲、乙公司分别借款60万元和40万元，向大雅公司借款500万元，可知，甲、乙公司是普通的债权人。

详细版参考答案：

[结论] 甲公司和乙公司是普通债权，应当得到清偿。大雅公司的债权也应当得到清偿。在受偿顺序方面，答案一：大雅公司作为股东（母公司）损害了美森公司的独立人格，也损害了债权人的利益，其债权在顺序上应当次于正常交易中的债权人甲、乙公司，这是深石原则的运用。答案二：根据民法公平原则，让大雅公司的债权在顺序方面次于甲、乙公司。答案三：按债权的平等性，他们的债权平等受偿。

[大前提]《公司法》第21条第1款规定，公司的控股股东、实际控制人、董事、监事、高级管理人员不得利用其关联关系损害公司利益。

[小前提] 大雅公司是美森公司的大股东，我国公司法并未禁止公司与其股东之间的交易，只是规定关联交易不得损害公司和债权人的利益，因此借款本身是可以的，只要是真实的借款，也是有效的。所以大雅公司的债权也应当得到清偿。

简略版参考答案：

甲公司和乙公司是普通债权，应当得到受偿。大雅公司是美森公司的大股东，我国公司法并未禁止公司与其股东之间的交易，只是规定关联交易不得损害公司和债权人的利益，因此借款本身是可以的，只要是真实的借款，也是有效的。所以大雅公司的债权也应当得到清偿。

在受偿顺序方面：

[答案一] 大雅公司作为股东（母公司）损害了美森公司的独立人格，也损害了债权人的利益，其债权应当在顺序上劣后于正常交易中的债权人甲、乙公司，这是深石原则的运用。

[答案二] 根据民法公平原则，让大雅公司的债权在顺序方面劣后于甲、乙公司。

[答案三] 按债权的平等性，他们的债权平等受偿。

提示： 受偿顺序的三种答案，言之有理即可。

6. 赵某、杜某和石某的请求及理由是否成立？他们应当如何主张自己的权利？

解题思路：

[第1步] 阅读问题，主体"赵某、杜某、石某"，"请求及理由"，题干中不能获取具体考点，需要阅读案情，找到赵某、杜某和石某的请求及理由。

[第2步] 阅读案例，对应案情在最后一段，赵某、杜某及石某闻讯后也认为利益受损，要求美森公司返还出资或借款。石某为公司股东，通过本题第2问，可得知赵某是实际出资人或公司实际股东，通过本题第3问，可得知杜某也是公司股东。本题也就是考查，股东能否要求公司返还出资，股东利益受损，应如何主张权利？然后再找到损害公司利益的主体，根据本题第4问，可知股东大雅公司指示白某转移公司资产，损害了公司利益，白某作为公司董事

长，其行为也损害了公司的利益。

[第 3 步] 回顾知识点，公司资本维持原则，股东不得要求退股。

参考答案：

[结论] 赵某和杜某、石某的请求不成立。他们可以向大雅公司和白某提出赔偿请求。

[大前提] 基于公司资本维持原则，股东不得要求退股。

[小前提] 大雅公司作为大股东转移资产的行为损害了公司的利益，也就损害了股东的利益，因此他们可以向大雅公司提出赔偿请求。同时，白某作为公司的董事长，其行为也损害了股东利益，他们也可以起诉白某请求其承担赔偿责任。

提示： 本问没有明确的法条规定，所提供的参考答案，已经是详略得当版答案，故不区分详细版答案和简略版答案。

第一节　理论法学科规律分析

一、本科目主观题考查特点剖析

虽然在主观题的考试大纲中列举的理论论述的内容包括习近平法治思想、法理学、宪法学、司法制度与法律职业道德，但根据这么多年的考试规律以及2018~2021年的考试情况，主观题主要考查的是中国特色社会主义法治理论（现为习近平法治思想），考查的题型主要为时政型论述题，但有时会结合实体法或者诉讼法部分考查法理学部分的知识点，此时考查的题目类型为复合型论述题。在司考时代的卷四中，第一题为中国特色社会主义法治理论（现为习近平法治思想）的时政型论述题，一般要求字数不少于400~500字。最后一题为复合型论述题。如果为大论述题，一般要求字数不少于800字，如果是小论述题（即设置2~3问，前1~2问为实体法或诉讼法的知识点，最后1问为论述），一般总字数要求在800字左右（论述题本身在400~500字之间）。

论述题部分经历了从"法治理念"到"法治理论"的时代变化，这样的变化影响的是做题的答案，但对考试的题型没有特别影响，对考查的特点也没有特别的影响。在司考时代，中国特色社会主义法治理论（现为习近平法治思想）都是作为卷四的第一题，通过"两段材料（材料也可能是多段）+一问"的方式加以考查，而这种考查的特点也延续到了2018年开启的法考时代。2018年主观题的第一题就是考查中国特色社会主义法治理论的论述题，也是通过给材料的方式要求进行某角度的简述。而材料的主要来源是国家领导人在重要场合的重要讲话，或者摘自中共中央的纲领性文件。材料来源的特点是具有很强的时政性，是对当年重要时政热点的考查，但用来作答的知识点都是中国特色社会主义法治理论里的知识点，即"时髦的是衣服，不变的是答案"。通过对司考时代与法考时代的命题的研究，本书作出以下两点有关命题特点推测：

1. 2022年的法考主观题第一题要以习近平法治思想的内容为重点来准备。2018~2021年理论法学的主观题主要通过时政型论述题的方式考查中国特色社会主义法治理论（现为习近平法治思想）。这一点从2007年以来就一直保持不变，是从"法治理念"到"法治理论"，不论是"司考时代"还是2018年开启的"法考时代"，第一题考查中国特色社会主义法治理论（现为习近平法治思想）的时政型考题，是雷打不动的。变化的是论述题的重要性增强了，分值也相应地增加了（如下图）。虽然2021年法考大纲调整，将中国特色社会主义法治理论全面升级成习近平法治思想，但是实质内容并没有发生根本变化，主要体现在十一个坚持的内容，所以考生在复习2022年的主观题第一题时，应主要以习近平法治思想为重点来准备论述题。

当然，不时有考生问到，自己以往积累的关于中国特色社会主义法治理论内容的基础句式，例如全面依法治国的意义以及基本原则等，是否可以继续在文章中使用，答案当然是肯定的，这些内容与习近平法治思想的精神内核并不矛盾，两者具有内在的统一性。不过需要提醒考生注意的是，在写作时切不可一股脑直接堆砌这些素材，而应当需要根据文章的题眼去设计答案，灵活运用这些素材。

年份（年）	2018	2019	2020	2021	2022
分值（分）	38	38	32	35	预估 32+

2. 熟悉其他学科的理论性知识点，作为复合型论述题备用的素材。从目前的考试情况来看，在司考时代有一种论述题型，放在最后一道题。该题型主要结合实体法与诉讼法中的热点，多以结合法理学知识来作答。该种题型在 2018~2021 年的法考中没有出现，但由于只是经历了 4 年，我们还很难判定出来该种题型是否完全被"法考时代"所抛弃，其结合实体法来加以考查的可能性尚不能武断排除，否则风险极高。另外，考生也应注意其他学科与习近平法治思想存在重合的内容，也有可能出现其他学科和习近平法治思想内容的综合考查，而该类考题的主要特点是出题素材可能来源于党和国家领导人的讲话，但法学专业色彩会相对浓厚一些，回答赋予考生一定的灵活度，需要考生运用法学的理论进行回答，允许提出自己的观点。因此，本书从备考风险的角度出发，也将这部分有考查可能性的知识点加以总结分析（详见复合型论述题模板部分），为的就是"以防万一"。我们全面复习，准备充分，以不变应万变，方为上策。

二、理论法学主观题命题规律

（一）2008~2017 年司考时代考点展示

年 份	考 点	具体内容
2017 年	（1）天理、国法、人情的关系；法治建设的概念	天理、国法、人情对法治建设的影响。
	（2）法治政府的意义；简政放权的概念	简政放权对法治政府的意义（行政法）。
2016 年	（1）平等原则的含义；司法公正的含义和措施	法律面前人人平等原则对于推进严格司法的意义。
	（2）政府信息的概念；政府信息公开的意义；信息公开与不公开的关系	政府信息公开的意义和作用，以及处理公开与不公开关系（行政法）。
2015 年	（1）全面推进依法治国的总目标；建设社会主义法治国家的途径和意义	结合全面推进依法治国的总目标，从立法、执法、司法三个环节谈谈建设社会主义法治国家的意义和基本要求。
	（2）以审判为中心原则的概念；刑事诉讼改革的意义；辩护	推进以审判为中心的诉讼制度改革的意义（刑诉法、法理学）。

续表

年 份	考 点	具体内容
2014 年	（1）执法为民的概念	执法为民。
	（2）行政法基本原则；法治政府的概念和建设法治政府的意义	结合行政法的基本原则，谈我国公司注册资本登记制度改革在法治政府建设方面的主要意义（行政法）。
2013 年	（1）科学立法与民主立法的关系	科学立法与民主立法。
	（2）化解社会矛盾纠纷的途径；调解对审判的意义	多种渠道化解社会矛盾纠纷，调解对审判的意义（民诉法）。
2012 年	（1）法理与情理的关系；公正与效率的关系；社会主义法治公平正义理念	从法理与情理、公正与效率的相互关系，简述社会主义法治公平正义理念的基本要求。
	（2）非法证据排除规则的概念；刑事诉讼的价值	非法证据排除规则的诉讼价值（刑诉法、法理学）。
2011 年	（1）社会主义法治理念的基本特征；谈在法治下繁荣法学事业的方法	社会主义法治理念的基本特征，谈谈社会主义法治理念中繁荣法学事业的要求。
	（2）民法、商法、民诉法中与执行行为有关系的原则，评析执行行为	结合法理学和民法、商法、民事诉讼法的相关原则，对执行行为评析（民诉法）。
2010 年	（1）依法治国的内涵	依法治国的基本内涵。
	（2）协调、和解的概念；行政争议的概念；解决行政争议的途径	运用协调、和解方式解决行政争议的做法（行政法）。
2009 年	（1）社会主义法治理念；"三个至上"的观点及两者间的关系	社会主义法治理念和"三个至上"重要观点的认识。
	（2）"限权"的概念；限制权利的合法与合理；平衡价值	限制权利的合法性与合理性，利益平衡（法理学、民法）。
2008 年	（1）法与政治的关系；法的作用	法与政治和法的作用。
	（2）自由的概念；自由的限制；罪刑法定原则	法律对个人自由干预的正当性及其限度/罪刑法定原则（法理学、刑法）。

（二）2018~2021 年法考时代考点展示

年 份	考 点	具体内容
2021 年	习近平法治思想的核心要义（"十一个坚持"）	根据材料，结合习近平法治思想的核心要义，谈谈你对当前和下一个阶段推进全面依法治国重点抓住的"十一个坚持"的认识。
2021 年延考	以人民为中心内涵及其实现途径	根据材料，结合以人民为中心，谈谈依法治国的根本立场及其实现途径。

续表

年　份	考　　点	具体内容
2021 年延考	建设高素质法治工作队伍的内容	根据材料，结合习近平法治思想的理解，谈谈建设社会主义法治人才队伍的认识。
2020 年	发挥法治的积极作用；国家治理体系和治理能力现代化	根据材料，结合在法治轨道上统筹推进疫情防控工作的要求，谈谈发挥法治在国家治理体系和治理能力现代化中的积极作用。
2020 年延考	建设中国特色社会主义法治体系的内容	根据材料，结合《民法典》的颁布，谈谈你对健全和完善中国特色社会主义法治体系的理解。
2019 年	党和国家的关系；法治政府的具体内容；依法治国的理念	根据材料，结合你对深化党和政府机构改革的认识，谈谈法治政府建设在全面依法治国中的重要意义以及新时代法治政府建设的根本遵循。
2018 年	中国特色社会主义法治道路核心要义的具体内容；坚定不移走法治道路的措施	根据材料，谈谈你对坚定不移走中国特色社会主义法治道路核心要义的理解和认知。

（三）司考时代及法考时代考查规律

1. **热点素材，回归本源**

不论是第一题的时政型论述题，还是最后一题的复合型论述题，多源于热点素材。第七题常考查的是部门法的热点，如 2010 年第七题考查的多种途径解决行政纠纷，就是对当年"能动司法"的回应；2013 年考查的多元化纠纷解决机制、2015 年考查的非法证据排除规则、2016 年考查的政府信息公开、2017 年考查的简政放权都是对当年司法改革社会热点的回应。第一题的素材也往往是当年比较重要的国家领导人的讲话，比如 2020 年的素材，是结合疫情防控的背景来谈谈发挥法治在国家治理体系与治理能力现代化中的积极作用；2018 年的素材，是结合十九大报告对总目标的强调和对深化依法治国实践的部署进行命题的；2017 年的"国法、天理、人情"的素材就是来自于 2017 年最高院副院长沈德咏的主题讲话；2015、2016 年考查的都是《中共中央关于全面推进依法治国若干重大问题的决定》，这个决定是 2014 年生效的。虽然素材是热点，但最终的落脚点都是对于法治理论的关键词的回应，建立热点素材与依法治国的联系。

2. **不同科目交叉结合**

在过去的十年时间内，论述题出现不同科目交叉结合的考题，考生应当注意学科之间相关联的知识点，学会融会贯通。尤其是理论法中的法理学常常在最后一题的论述题中与行政法、诉讼法进行结合考查，而职业道德部分，也曾在诉讼法部分加以考查。论述题的结合套路向来为"热点—部门法基本原则—法理学的基本知识"。虽然 2018～2021 年主观题未加以考查，但基于稳妥性的考量，考生不可不知不备该类题型。

3. **重者恒重，不惧重复**

在司考时代，第一题的时政型论述题，重复考查的知识点为依法治国的基本格局，只不过主要在于中性层面上，即考查某一个格局，如执法为民、严格司法，重复命题两次。

第七题多次在行政法的基本原则上进行命题，如合法行政、合理行政、高效便民。在法考时代，虽然在考题的关键词中，没有明显的重复，但是利用的习近平法治思想的基础素材存在重复使用的情况，例如坚持党的领导、以人民为中心，都是文章中常见的论述基本点。因此，考生备战今年的主观题第一题时，需要特别注意的是，对于习近平法治思想的内容不能因为某一章节的内容在往年考查过，就认为可以完全排除该考点从而盲目缩小背诵素材的范围，而应对该部分的内容也积累部分的素材，构建丰富的素材库，为文章提供充足的素材。例如 2021 年法考主观题延考区的考题中提及谈谈你对健全和完善中国特色社会主义法治体系的理解，对于健全和完善中国特色社会主义法治体系的内容也仍然有可能在之后的考题中出现，只不过可能只体现其中的部分内容。同时，对于法治理论与法理学中的重点，考生也需要重点记忆。

4. 关注法治动态

论述题的出题，会受到当年度热点问题的影响。因此，考生在平时复习时，要适当地关心国家法治领域出现的新动向以及适当了解法学研究的前沿问题，积累一些法理知识和写作素材，切不可"两耳不闻窗外事，一心只读圣贤书"。《法治中国建设规划（2020~2025年）》、《法治社会建设实施纲要（2020~2025 年）》和《法治政府建设实施纲要（2021~2025 年）》是近年法治领域涉及的热点以及重点问题，这三个文献所涉及的内容需要引起重视，考生应熟悉文献内容，可选取部分内容作为写作素材使用。

第二节　理论法解题思路与模板

一、理论法主观题应试技巧

结合近年考试的情况来看，2022 年的法考主观题第一题应以习近平法治思想的内容为重点来准备，考生需要在单位时间内完成一篇小文章，而阅卷人平均用时 50 秒左右定分数。如何能够让阅卷老师在不到 1 分钟的时间内对你的文章形成高分印象，这绝对是需要技巧的。考生如果能够掌握并运用以下技巧就比较容易取得高分。

（一）一般注意点

1. 考生应当根据各科分值预估答题时间。第一题以 32 分为基数，答题时间一般控制在 30~40 分钟。即使在其他学科题目训练有素的情况下，这道题目一般最多也应在 60 分钟之内完成。对于考试而言，第一题控制时间是第一位的，然后才是考虑字数问题。

2. 对于容易遗忘背诵点的，尤其是对于法治理论类政治性比较强的考点记忆不牢固的考生，应先完成第一题后再作答其他题目，也可避免因其他题目答题时间过久导致最后答第一题而字数不够的大悲剧。

3. 当然，对于参加笔试的同学，确保卷面整洁、字迹干净是最基本的要求。如果很难做到，那么建议考生参加机考，毕竟笔试最大的心理压力在于落字不悔，很容易让考生不敢下笔，白白浪费了宝贵的答题时间。

答题要求：

1. 无观点或论述、照搬材料原文的不得分；

2. 观点正确，表述完整、准确；

3. 总字数不少于600字（实际考题可能浮动）。

(二) 行文注意点

考生应从答题要求出发把握本题的注意点，达到拿到理想分数的目的。笔者结合以往批阅考生的作业以及考生主动反馈问题的角度，以直观展现考生写作存在的常见问题并提出合理的应对策略的方式帮助考生快速"避坑"、迅速提分，具体有以下几个方面：

1. **问题一：近似克隆类**——审题不清，背诵素材机械堆砌，单一模板痕迹明显。

考生在备考中，经常问到我一个问题，老师能否给我一个模板，在考试的时候利用修改个别关键词，通篇使用模板。我的回答肯定是否定的，这种做法是十分不可取的。老师们为考生总结的论述题"答题模板"，考生可以借鉴参考，其核心作用是提供答题的思路，教会考生答题的"套路"，不论题目如何改变，难度如何加大，也不会对考生的实际答题产生太大的影响，犹如"授之以渔"根本不必担心捕不到"鱼"。

应对策略：

确保不跑题，这是高分的核心。如何保证不跑题呢？关键在于考生对关键词的提炼和对材料的归纳总结。要学会在题干中划出关键的词眼，对其进行分解，然后将关键词之间的关系理出来，最后才能给出论点。不跑题的核心在于论点正确。

(1) **审题技巧：关键词识别法**——提取题目的题干关键词，保证不跑题！

对于材料+题目，我们首先要扣住题干关键词，这是答题的核心，也是我们文章的主体内部展开的重点。题干的关键词一般都是和法治有一定关联性的词汇，比如推进严格司法、深化党和国家体制改革等。而后考生可结合真题、模拟题进行实战演练，体会如何准确提取题干关键词。

(2) **积累自己的素材库**，创建自己的专属"模板"。

考生需要对习近平法治思想有全面的了解，对其中一些经典言论和重要论述，也要进行适当背诵记忆。详见（三）素材背诵技巧。

2. **问题二：引用不当类**——材料摘抄过多或者过少，名言类引用不当。

从答题要求中"无观点或论述、照搬材料原文的不得分"可以推断出对于材料的摘抄不能过多，阅卷老师在阅卷时，发现这种情况会直接把文章打入低分档；而另一个极端是考生通篇文章并没有体现材料的任何内容，阅卷老师在文章中找不到材料的只言片语，也很容易将考生答案定性为"偏题"或者是模板题。如果这样，分数也不会太理想，这也是考生比较冒险的做法。因此，材料的适当引用，不仅可以使文章观点与考题给出的材料紧密结合，而且也可以缓解部分考生因为"词穷"而达不到文章基本字数的尴尬。

另外，部分考生喜欢引用一些著名法学家的名言、法律谚语、重大判例等作为文章的小亮点，这有助于提升文章的学术品位，体现考生的法学素养。但是如果出现名人和名言并非一一对应、张冠李戴的情况，阅卷老师在阅卷时发现这类错误反而会降低对文章的好感度，暴露考生自己的缺点。

应对策略：

(1) **材料引用的基本要求**

❶考生应避免完全脱离材料的"自娱自乐"，这是得分的雷区之一。材料引用的字数

保持在文章总字数的 20% 左右为宜（这是大致比例，考生在考试中不必十分精确计算，阅卷老师一般不会逐个数字数）。

❷巧用引导词提醒阅卷老师注意。实际阅卷中，阅卷老师的阅卷速度较快，可以引用引导词，例如"从材料来看/材料中提到/正如材料所言"等来提示阅卷老师，在文章中体现材料部分的内容的引用，实现考题、材料与文章内容的有机结合。

❸对材料的内容进行适当改装后使用。考生在引用材料中，发现材料的内容多数来源于党的文件，长句居多。此时，完整地引用一个句子，可能会导致材料引用的字数过多或者有照搬材料嫌疑的情况。因此，我们可以将句子进行改装，一般以"，"为分割的界限，选取长句中部分内容引用即可。此种情况下，并不会对句式的文义表达产生影响。

（2）**法律类名言的合理使用**

❶基于论述题的字数篇幅原因，名言类引用的篇幅不宜过长，语句应当准确、简短；

❷考生结合个人学习情况，有选择地背诵部分使用范围较广、容易记忆的谚语或者名言作为素材。

［例］ 法律是治国之重器，良法是善治之前提。

国无常强，无常弱。奉法者强，则国强；奉法者弱，则国弱。

法治兴则国兴，法治强则国强。

3. **问题三：观点表达类**——观点不正确，背离中国的现实情况，表述不完整、不准确，病句明显。

应对策略：

（1）**文章观点必须正确，符合当前的基本国情。**

❶政治正确。文章的观点必须与党的方针政策、基本立场、核心观点保持高度一致，符合当前的中国现实国情。

❷法律正确。文章的观点必须与现代法治的精神保持一致，既符合我国宪法、法律的规定，也符合法的基本价值。

（2）**文章观点必须鲜明，醒目。**

观点必须在第一段就亮明，即开门见山。阅卷人第一段若读不到自己想要的关键词，几乎就会把回答打入低分档。如果题干的关键词是多个，那么逻辑结构往往就是围绕这几个关键词。如果核心词不多，那一般就围绕"是什么—为什么—怎么办"的逻辑来展开各段。所以，分析题干，确定行文的逻辑是非常重要的。每一段都要有该段的核心语句，即分论点，一定要写在每段的第一句话。最后一段一定要进行首尾呼应。如此方显得观点清晰、行文流畅、一气呵成。这些都是给阅卷人留下好印象的关键。

4. **问题四：文体不当类**——语言过于口语化、表述不准确。

阅卷老师在阅卷时，发现考生文章通篇都是大白话，基本的法律概念都不会使用，表达不清晰，对文章的印象不佳也就在情理之中，那分数可想而知。

应对策略：

（1）**文章以议论文为主**，类似报纸上的法治评论文章，避免散文或者诗歌。

［注］ 议论文要素：论点、论据、论证。

> 议论文结构的一般形式：①引论（提出问题）—— ②本论（分析问题）—— ③结论（解决问题）

（2）文章语言严肃规范，表述完整。

首先要求句子文义表达清楚，不能是明显的病句，然后尽量使用规范的法言法语。另外，考生比较容易操作的技巧是写作的句式不必过长，不容易出现病句的情形。

❶避免使用口语、网络用语，避免使用语气词，与较为严谨的文风相匹配。

❷过分绝对的句式不宜过多。例如，只有……才能……

5. 问题五：思路混乱类——条理不清、层次不清、逻辑不明了。

以近年的考查重点，时政类的论述题为例，部分考生在写作中，容易注重内容的论述，而往往忽略对文章结构的关注，采用一个段落完成一篇约800字的文章这种极为不可取的做法，显得文章条理不清，没有层级和逻辑，难以找到重点。也有一部分考生，则将文章分成十几个段落，显得非常零散，一样显得文章的层次不够清晰，缺乏中心思想，重点不够突出。

应对策略：

以时政类的论述题为例，文章结构框架应该包括三个部分：开篇、正文、结尾。我们可以把它称为"三段论"的写作模式。

首先，文章的开篇是文章第一部分，一般是文章的第一段，其任务是抛观点，给文章确立一个明确的中心和方向。考生需要注意的是，在第一段开篇部分切不可照抄材料原文，对于材料内容要用自己的话进行表述，一两句话带过即可。

其次，文章的正文部分是文章的重点所在，主要是对本文的中心问题进行阐述和分析，必须做到逻辑清晰。因此，这部分要注意适当的分段。切不可把所有内容都堆积在一段，段与段之间最好使用承接词相互连接，以展现上下文之间的逻辑关系。具体来说，可以采取如下的写法：

段落间体现逻辑分层，例如：首先→其次→最后→总之；（一）→（二）→（三）……→总之。

字数较多的段落内部之间也可以采用分层，体现逻辑性：关键句+分层。例如：……具体包括以下几点：（1）→（2）→（3）（根据题目的需要）。

除此之外，文章的正文部分也需要体现一定的逻辑性。对于考生来说，比较实用的技巧是每段基本结构可以按照"观点—解释—结合材料"的方式精心展开。第一，观点句是考生在考场根据题目的题干关键词整理得到的句子，并非一定是考生所背的法治理论的原话，这部分是决定你的文章不是模板的核心。第二，"解释"是对观点中的专业术语，为什么是你所提的某种关系的解释，这个解释所要用到的语言，往往是法治理论的常用语言，不是胡编乱造的。第三，"结合材料"部分是对你的观点的佐证，材料要么是体现了某种要求和做法，要么就是暴露了存在的不足等。你需要从材料中筛选出你所需要的内容加以阐述。

最后，文章的结尾，最后一段是总结或者提升，往往谈某个问题的重要性或者进行一个法治社会的美好展望，也可以用名人名言等进行润色，但不强求。主要任务是呼应第一段的论点，如果有分论点，对分论点进行总结。

6. **问题六：粗心大意类**——错别字、不当的符号使用。

虽然考试中，阅卷老师阅卷速度比较快，考生在文章中出现些许错别字不容易被发现，但是有时阅卷老师火眼金睛，一眼就看见明显的错别字，则会影响阅卷老师对这篇文章的印象，感觉考生不够细心，与较为严谨的法律类文章有所差距。此时，如果在文章中还出现一些不适当的符号多次运用，更显得与文体不符。

应对策略：

（1）考生完成行文后，快速检查一遍，尤其是在文章的首段首句，结尾段落的首句避免出现明显的错别字。同时，机考的考生可以利用检查的机会，再适当地调整文章的内容，做到重点突出，层次分明。

（2）尽量不使用不适合的符号。例如：！＆＊""……

7. **问题七：惜字如金类**——论证不充分，字数不达标。

不少考生反映，写作时"挤"不出内容，感觉脑袋空空，达不到写作最低要求的600字，更别说更多了。这是考试的大忌，字数不达标，直接影响得分，往往容易被划到低分档。

应对策略：

（1）考生应当特别注意，文章的字数不仅要多于答题要求所写的600，而且至少要多100~200字；当然在时间比较充裕的情况，考生可以根据情况再适当增加篇幅。

（2）**常用的论述技巧：**"巧妇难为无米之炊"，考生除了多积累背诵素材之外，掌握一定的充分论述的技巧也可以帮助解决字数不够的难题：

❶**概念解释类：**一方面考生可以在习近平法治思想中积累常见的概念，对概念进行解释，另一方面也可以对概念进行字面解释，利用文义进行扩充。

[常见概念的列举] 依法治国；国家治理体系；国家治理能力；法治政府；法治社会等。

❷**材料适当改装：**上文论述的材料的适当引用也可以增加一些字数，使得文章观点切合题意。但是需要注意的是，仅通过材料的改装完成文章写作是不可取的，不仅改装的难度极大，而且极有可能与题干的关键词存在矛盾。

❸**词汇替换：**在习近平法治思想的内容中，一些句式的部分词汇经过替换后，可以运用到文章。

[例] 习近平法治思想是习近平新时代中国特色社会主义思想的重要组成部分。可以变化成：坚持科学立法、严格执法、公正司法、全民守法是习近平新时代中国特色社会主义思想的重要组成部分。抓住一个基本要点是对于概念的大小范畴有一定的认知，经过词汇替换后并不影响句式正确性。比如上述句子中，坚持科学立法、严格执法、公正司法、全民守法是习近平法治思想的核心要义之一。而习近平法治思想是习近平新时代中国特色社会主义思想的重要组成部分，因此，坚持科学立法、严格执法、公正司法、全民守法，当然是习近平新时代中国特色社会主义思想的重要组成部分。

8. **问题八：下笔千言类**——字数过分多，内容重复度高。

考生写作的字数较多，确实会让阅卷老师觉得论述比较充分，但是如果是利用极为相似的句子反复在文章中出现，远不如变换使用其他句子、缩短文章的篇幅更符合答题要求。

应对策略：

考生答题时间较为充裕的时候，可增加字数使得论述更加充分，一般来说1000多字足矣，而且需要避免多次使用重复度极高的句子。同时，合理变换句式，显得表述丰满，论证充实。考生时刻牢记，考试是一场综合战，注意合理分配各科时间！

（三）素材背诵技巧

法考的考试大纲对于习近平法治思想的论述有3万多字，考生对这部分的内容如何记忆、记忆多少，有不少的困惑。笔者有如下经验分享给考生：

1. 考生应掌握习近平法治思想的整体框架。考生通过掌握习近平法治思想的整体框架，不仅可以帮助学员理解习近平法治思想的结构，帮助记忆素材，还可以帮助考生定位到学习内容在习近平法治思想的哪个模块，从而判断在写作中文章主体展开角度的方向。

［例］

习近平法治思想
- 法治思想的重大意义
  - 法治思想的形成和发展
  - 法治思想的重大意义
- 法治思想的核心要义
  - 坚持党对全面依法治国的领导
  - 坚持以人民为中心
  - 坚持中国特色社会主义法治道路
  - 坚持依宪治国、依宪执政
  - 坚持在法治轨道上推进国家治理体系和治理能力现代化
  - 坚持建设中国特色社会主义法治体系
  - 坚持依法治国、依法执政、依法行政共同推进，坚持法治国家、法治政府、法治社会一体建设
  - 坚持全面推进科学立法、严格执法、公正司法、全民守法
  - 坚持统筹推进国内法治和涉外法治
  - 坚持建设德才兼备的高素质法治工作队伍
  - 坚持抓住领导干部这个"关键少数"
- 法治思想的实践要求
  - 发挥法治在经济社会发展中的作用
  - 正确处理全面依法治国重大关系

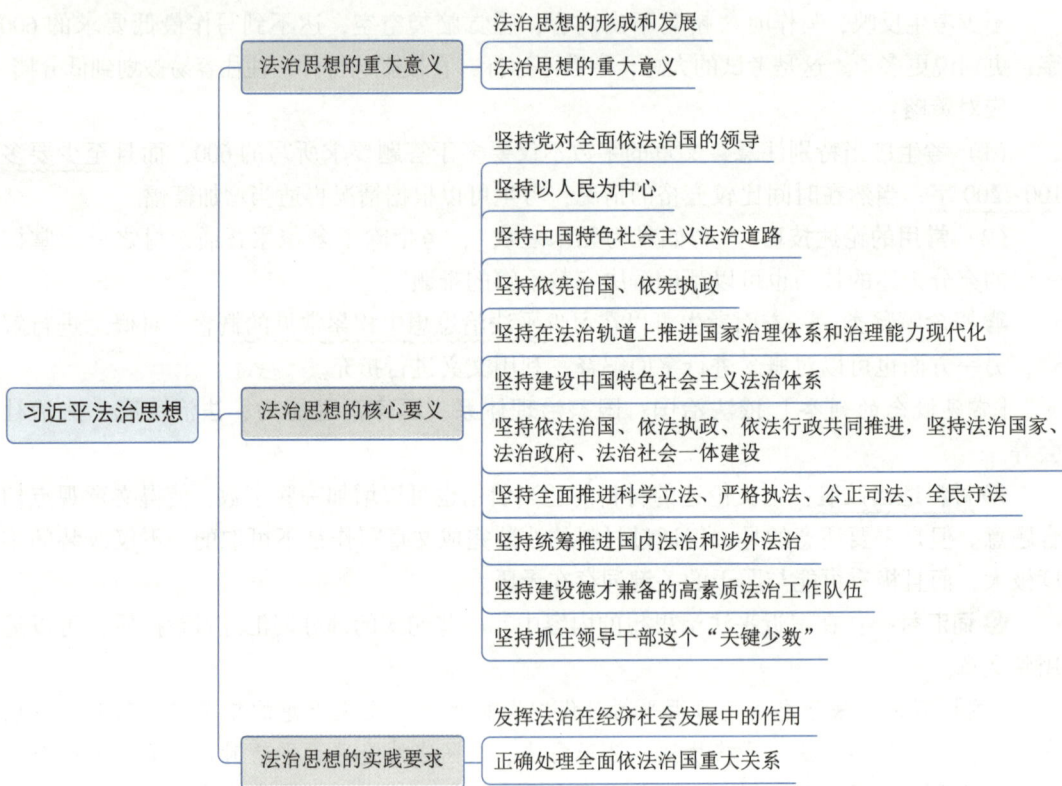

上述思维导图中，可以清晰地看到习近平法治思想的核心要义是"十一个坚持"，每个坚持的具体内容在单独的一节再进行展开。2021年真题（回忆版）考查到的题目是"结合习近平法治思想的核心要义，谈谈你对当前和下一个阶段推进全面依法治国重点抓住的'十一个坚持'的认识"。有的考生在平时复习中注重复习"十一个坚持"中每个坚持的内容，但是却忽略了习近平法治思想的核心要义就是"十一个坚持"，看到题目后困惑，不能确定习近平法治思想的核心要义就是"十一个坚持"进而加剧了紧张的心情，一通乱写而偏离了答题的中心。

2. 考生应根据背诵素材的特点进行区分记忆。对于背诵内容的篇幅多少，是不少考

生十分头疼的问题。如果背诵内容太多，感觉记忆负担极重；但是，如果背诵内容太少，感觉不够用，心慌。产生这些问题的原因是考生在选择背诵素材的过程中，"胡子眉毛一把抓"不进行有效区分，不仅花费了较多的时间，而且背诵的效果也不佳。基于此，考生可通过对背诵素材根据特点进行区分记忆的方法解决该问题，具体提出以下建议：

（1）固定搭配，精准记忆。习近平法治思想的内容中，经常出现的固定搭配，一般是通用的说法。针对这类相对固定的搭配，考生直接精准记忆即可。

［例］在大纲中常见的句式，比如：

党的领导是推进全面依法治国的法治之魂。

以人民为中心是中国特色社会主义法治的本质要求。

中国特色社会主义法治道路是建设社会主义法治国家的唯一正确道路。

依宪治国、依宪执政是建设社会主义法治国家的首要任务。

建设中国特色社会主义法治体系是推进全面依法治国的总抓手建设。

坚持依法治国、依法执政、依法行政共同推进，法治国家、法治政府、法治社会一体建设，是对全面依法治国的工作布局。

（2）万能金句，有效积累。万能金句的特点在于普适性强，在文章中可以多种方式运用。但是需要提醒考生的是，考生在实际写作中，应该根据情况灵活运用，切不可在文章中生硬地套用，避免出现文不对题的情况。一般要先点明题干中出现的关键词后，再过渡到万能金句的内容。

［例］在大纲中常见的万能金句，比如：

习近平法治思想是马克思主义法治理论同中国实际相结合的最新成果；是对党领导法治建设丰富实践和宝贵经验的科学总结；是在法治轨道上推进国家治理体系和治理能力现代化的根本遵循；是引领法治中国建设实现高质量发展的思想旗帜。

要毫不动摇地坚持习近平法治思想在全面依法治国工作中的指导地位，把习近平法治思想贯彻落实到全面依法治国全过程和各方面，转化为做好全面依法治国各项工作的强大动力，转化为推进法治中国建设的思路举措，转化为建设社会主义法治国家的生动实践，不断开创法治中国建设新局面。

法治建设要为了人民、依靠人民、造福人民、保护人民，推动把体现人民利益、反映人民愿望、维护人民权益、增进人民福祉落实到全面依法治国各领域全过程，不断增强人民群众获得感、幸福感、安全感。

（3）自由搭配，灵活运用。在习近平法治思想的内容中，一些句式经过适当地改写后，可以运用到文章中。例如上文提到的坚持党的领导，是全面推进依法治国的题中应有之义。可以改写为：……是全面推进依法治国的题中应有之义。将党的领导进行替换，比如坚持以人民为中心、坚持建设高素质的法治工作队伍等，并不影响句式正确性。

另外，在习近平法治思想的内容中，针对具体某个问题采取的措施，考生在记忆时选取部分自己熟悉的内容加强记忆，在进行论证时，不必通篇将背诵的内容进行罗列，根据文章篇幅选取部分内容使用即可。在法考中考查本题，主要是考查考生的法律分析能力、法律论证能力以及法律表达能力，并非是让考生成为背诵的重复机器，所以文章观点正确、言之成理就能够达到考题的要求。

3. 背诵素材的周期合理化

重复是牢固记忆的良方。我们结合法治思想的学科特点，考生可以借助艾宾浩斯记忆曲线的方式来进行记忆，保证素材在复习到考试的期间都能较为准确地复述出来。下面为考生展示一个例子，考生可根据自己的学习情况进行适当地调整。

[例] 我们将需要背诵的素材看成一个整体，把背诵素材切割成为若干，分割成为每天的任务。例如把素材分成10份（A、B、C、D、E、F、G、H、I、J），那将要在10天完成一轮背诵，以3轮背诵作为目标要求，那我们可以根据上述情况制作一份背诵的周期表，每天安排时间完成上述任务。

Day 1	Day 2	Day 3	Day 4	Day 5	Day 6	Day 7
A1	B1	C1	D1 A2	E1 B2	F1 C2	G1 D2
Day 8	Day 9	Day 10	Day 11	Day 12	Day 13	Day 14
H1 E2	I1 F2 A3	J1 G2 B3	H2 C3	I2 D3	J2 E3	F3
Day 15	Day 16	Day 17	Day 18	Day 19	Day 20	Day 21
G3	H3	I3	J3	回顾全部		

[注] A1表示第一部分素材第一轮背诵，A2表示第一部分素材第二轮背诵。

当然，考生积累的背诵素材较多，可增加分割次数。如果复习时间比较充裕，可以多完成几轮背诵，效果更佳。

4. 训练的技巧

写文章，除了"肚子里有货"之外，有效的练习必不可少。考生可以在练习中，找到自己的问题，对症下药，才能看到显著的进步。具体来说，考生背诵了习近平法治思想的基础素材，掌握了基本的行文技巧，即可以进行写作训练。以下几点需要提醒考生注意：

（1）调整心态，坚持练习。尤其是写作基础比较薄弱的考生刚开始写作，可能写不出来，或者词句匮乏，显得文章的水准不高，感觉十分沮丧，请千万别灰心。正因为如此，你才更需要经过训练来达到符合标准的写作水平。

（2）练习必不可少，但是有效的练习方为上策。

针对刚通过客观题的一战考生而言，时间紧，任务重，切勿腹中空空就开始硬写，即使你能勉强完成文章，结果发现与答题要求相距甚远，想要得到较高分数的目标犹如"水中月镜中花"般缥缈。因此，考生请在背诵过习近平法治思想的基础素材后，再开始练习，至少要完成近五年的真题，才能算是基本达标。

而对于二战的考生而言，复习时间比较充裕，素材的积累也可以更丰富，安排可以相对松散，但至少在考前一两个月时间里，可以每周练习一到两篇论述题的小文章。通过不断地积累，考生会发现到了考场上很快就能找到感觉、进入写文章的状态。

（3）写作训练以写作质量优先，再考虑做题的数量；练习以真题优先，而后考虑模拟题。一方面，考生需要避免单纯"走量"的误区，通过第一次练习发现自己文章的问题所在，改正，再进行第二次练习，再找问题，再改正，循环反复，写作水平的进步是必然的。另一方面，往年的法考真题的难度适中，可以把正确的解题思路和写作技巧运用到文章中，通过实操去找到写作的感觉，这远比"纸上谈兵"来得有效果得多。

二、理论法论述题模板

（一）时政类论述题的答题思维

简答题的答题思维是非常重要的。主要包括如下内容：

1. 审问题

审题时先看问题，而不是先看材料。因为不知道问题的阅读材料纯属浪费时间，有的放矢才是明智之选。主观题的答题时间是非常紧张的，高效精准方为上策。审题的关键是什么？能够有效提取题干问题的关键词，即需要圈出题干问题的核心词。考生在掌握基本思路后通过练习，来提升自己提取关键词的能力。

［常见命题模型展示］

基本结构：根据上述材料，结合 A，谈谈 B。

但是，随着法考的难度变化，题目的关键词可能会增多，在上述基本命题结构的基础上，实际考试命题结构也会发生一些变化，产生变形结构，例如：

变形结构 1：根据上述材料，结合 A，谈谈 B 与 C 之间的关系。

变形结构 2：根据上述材料，结合 A，谈谈 B 对 C 的意义。

……

［注］此处，因为根据材料内容作答是答题的基本要求之一，故本书才不再将材料作为专门的采分点进行讲解。A、B、C 均为题干提取出的关键词。

以后的考题也可能在上述情况的基础上，增加关键词。但是不管题目内容如何复杂，本质上均离不开对关键词的有效提取。在考场上，考生看到主观题的问题时，应当第一时间准确提取问题的关键词，而后再进行下一步分析。

同时，需要注意的是，在有多个关键词的题目中，必须确定文章侧重点。例如，题目是"结合 A 谈谈 B"，侧重点是"谈谈 B"，也就是说阅卷重点集中在 B 部分，考生在写作时对 B 部分的论述需要比较充分，而 A 部分是让考生进行"结合"的角度而已。

另外，如果题目是"谈谈 B 与 C 之间的关系"，考生可以通过判断 B 与 C 的字面意思可知，若含义属于正面积极，则可推断出两者之间的关系为有机统一。常见的"有机统一"关系的概念有：依法治国与以德治国的有机统一；合法性与合理性的有机统一；程序公正和实体公正的有机统一；党的领导、人民当家作主、依法治国的有机统一（关键词也可以是多个）；可预测性和可接受性的有机统一等。

2. 读材料

考生必须树立材料为题干的关键字服务的意识。考生应以题干的关键字为线索，找出问题与各个材料之间的内在联系，用题干的关键字将材料和问题统一起来。

一般来说，考生阅读分解材料，寻找题干关键词的表述，把有关"××"的表述全部划下来，这样就删掉了无用语言。这是典型的做语文阅读理解的基本思维——带着问题寻找提示。在对所有碎片化的提示的搜索过程中，进行整合，从而形成观点，找出文章的中心思想。但如果考生在审读材料的过程中，找不到题干关键词的表述，那么就需要寻找关键字的同义词、近义词，或者是内容有实质相关的词汇的句子，进行标记，以备分析和写作之用。

3. 以题干问题的关键字为重心，材料为基础，并结合自己掌握的习近平法治思想的

理论知识，提炼出文章的论点。

（1）考生找到题干关键词后，应当第一时间联想到习近平法治思想的内容，定位关键词是习近平法治思想的哪部分内容。如果能成功地联系到习近平法治思想的内容，那么，我们就找到了题干问题的答题要点，也就找到了答题方向。

（2）如果考生找到题干关键词后，联想不到习近平法治思想的内容，或者是不确定自己定位到的知识点是否准确。此时，考生还可以借助阅读材料的机会，在材料中寻找和题干关键字有关的部分，并对之进行分析，找到材料和题干关键词之间的联系，从而确定文章的观点。当然，考生在文章观点确立之后，还可以再利用材料中的相关素材充实题干关键词的写作。

4. 排兵布阵，构建文章的结构和思维。这个结构和思维主要是前面所说答题的技巧及框架。需要注意的是，有时候命题会问意义是什么，有时候会问做法是什么。不同问法导致每段的具体排阵有所不同。如果问意义，那文章的内容需要在主要的段落谈意义，而对于基本的概念有所涉及即可。如果谈做法，那一般要先点出问题，主要段落谈做法，最后再谈一下意义。

- **审题**：阅读题干，定位问题，搞清命题人想问的问题——关键词识别法。

- **定位**：回忆背诵素材库知识点，找寻相关关键词。
  阅读分解材料：寻找题干相关的内容的表述，提供答题素材、思路，尤其是自己不熟悉的话题。

- **排兵布阵**：回答的内容的布局：几段？每段写什么？写多长？

- **正式写作**：注意基本逻辑！行文结束后，快速检查一遍。顺利完工！

（二）时政型论述题的答题模板

开篇第一段：亮明观点，简单干脆，往往100多字即可。考生在提出观点前，考生要先审题，从题干中找到关键词，然后再阅读材料，通过材料的表述，将各个题干关键词之间的关系梳理清楚。提出观点时，题目所要求的关键词一定要出现在观点中，最好能够表述清楚这些采分点彼此之间的关系，否则会被认定为偏题。但是，需要注意的是，切勿在第一段进行题干关键词概念的具体阐述与论证，否则会被认为观点不明确，开门见山才能保住高分。

正文：一般2~5段：演绎关键词，一一对应法治理论知识点和材料，有几个核心词分几段，一般不会超过三个关键词的。在这些段落中，每段一般可以按照"观点—解释—结合材料"的方式精心展开，即先写根据题干的关键词提炼观点句，紧接着论述关键词在法治理论中的地位、作用等，再结合材料，点出材料体现了关键词。该部分的字数大概在500~600字左右。

结尾最后一段：总结或者提升。此时，考生可以应用简洁的语言对全文的内容进行高度概括，使得论点更加突出。另外，考生还可以根据情况，结合当代中国法治现实对自己的论述进行理论上的提升，给文章一个有意义的结尾。一般100字左右。

2013 年卷四第一题（本题 20 分）

材料一：中共中央政治局 2 月 23 日下午就全面推进依法治国进行第四次集体学习。中共中央总书记习近平在主持学习时强调，我国形成了以宪法为统帅的中国特色社会主义法律体系，我们国家和社会生活各方面总体上实现了有法可依，这是我们取得的重大成就。实践是法律的基础，法律要随着实践发展而发展。要完善立法规划，突出立法重点，坚持立改废并举，提高立法科学化、民主化水平，提高法律的针对性、及时性、系统性。要完善立法工作机制和程序，扩大公众有序参与，充分听取各方面意见，使法律准确反映经济社会发展要求，更好协调利益关系，发挥立法的引领和推动作用。

（摘自新华社北京 2013 年 2 月 24 日电）

材料二：到 2010 年底，中国已制定现行有效法律 236 件、行政法规 690 多件、地方性法规 8600 多件，并全面完成对现行法律和行政法规、地方性法规的集中清理工作。一个立足中国国情和实际、适应改革开放和社会主义现代化建设需要、集中体现党和人民意志的，以宪法为统帅，以宪法相关法、民法商法等多个法律部门的法律为主干，由法律、行政法规、地方性法规等多个层次的法律规范构成的中国特色社会主义法律体系已经形成，法律体系内部总体做到科学和谐统一。国家经济建设、政治建设、文化建设、社会建设以及生态文明建设的各个方面实现了有法可依。

（摘自 2011 年 3 月 10 日公布的《全国人民代表大会常务委员会工作报告》）

问题：

根据以上材料，结合依法治国理念的内涵，从科学立法与民主立法的角度谈谈构建和完善中国特色社会主义法律体系在实施依法治国方略中的意义和要求。

答题要求：

1. 观点正确，表述完整、准确；

2. 无观点或论述，照搬材料原文的不得分；

3. 总字数不得少于 400 字。

解题思路：

1. 找出题干关键词

本道题目的关键词为：依法治国概念、科学立法、民主立法、中国特色社会主义法律体系、意义和要求。

从这些关键词中，可以理出这是一个谈意义和具体措施的时政型论述题，而且要从民主立法与科学立法两个角度进行，即每个角度各一段。

2. 找出材料中能够体现题干关键词的有用语句，做好标记。

例如材料一中有用的语句为：

（1）实践是法律的基础，法律要随着实践发展而发展；

（2）完善立法规划，突出立法重点，坚持立改废并举，提高立法科学化、民主化水平，提高法律的针对性、及时性、系统性；

（3）要完善立法工作机制和程序，扩大公众有序参与，充分听取各方面意见，使法律准确反映经济社会发展要求，更好协调利益关系，发挥立法的引领和推动作用。

材料二中有用的语句为：

一个立足中国国情和实际、适应改革开放和社会主义现代化建设需要、集中体现党和人民意志的，以宪法为统帅，以宪法相关法、民法商法等多个法律部门的法律为主干，由法律、行政法规、地方性法规等多个层次的法律规范构成的中国特色社会主义法律体系已经形成，法律体系内部总体做到科学和谐统一。

3. 对材料进行总结，提炼出每段材料的核心思想。第1段材料主要在谈如何做，第2段材料在谈已经取得的成就。第1段材料和第2段材料的纽带在于建设中国特色社会主义法律体系。

4. 结合材料与关键词，寻找关键词之间的关系，产生核心论点。两段材料分别在谈如何构建中国特色社会主义法律体系以及我们在构建中国特色社会主义法律体系中所取得的成就。那中国特色社会主义法律体系的构建与依法治国有何关系？答案就是构建和完善中国特色社会主义法律体系是依法治国的必要前提和坚实基础，依法治国的总目标的实现，需要形成完备的法律规范体系、高效的法治实施体系、严密的法治监督体系、有力的法治保障体系。那科学立法与民主立法又有何关系呢？这是关于如何构建中国特色社会主义的法律体系的具体要求。如此，本题中几个核心词的关系就理清楚了，理出的关键就是核心观点：依法治国总目标的实现需要中国特色社会主义法律体系的支撑，依靠科学立法与民主立法，我们已经构建了一个中国特色的社会主义法律体系，这为依法治国提供了必要前提和坚实基础。

5. 排兵布阵，构思每段的布局。本道题目，笔者得出如下构思：

第一段：观点。

第二段：关键词的演绎：阐述依法治国的内涵。

第三段：关键词的演绎：从科学立法与民主立法的角度，阐释构建和完善中国特色社会主义法律体系的要求。

第四段：总结，坚持科学立法与民主立法对构建和完善中国特色社会主义法律体系的意义。

如此，从拿到材料，到最终成稿，整个思维就是如此。材料、要求永远在变，但这种破解的思维是不会变的。希望考生朋友把握这种论述题的思维。

参考答案：

[亮明观点] 构建和完善中国特色社会主义法律体系是坚持依法治国的必要前提和坚实基础，完善中国特色社会主义法律体系，加强宪法的实施是法治工作的有机组成部分。在深入实施依法治国方略中，构建和完善中国特色社会主义法律体系，必须在立法环节始终坚持科学立法与民主立法。

[关键词的演绎] 依法治国是法治国家的重要条件。依法治国是指，人民群众在党的领导下，依照宪法和法律，通过各种途径和形式，管理国家事务，管理经济文化事业，管理社会事务，保证国家各项工作都依法进行，逐步实现社会主义民主的制度化、法律化，使这种制度和法律不因领导人的改变而改变，不因领导人看法和注意力的改变而改变。

[关键词的演绎] 依法治国要求构建和完善中国特色社会主义法律体系，这是实施依法治国方略的必要前提。构建完善的中国特色社会主义法律体系，需要做到：一方面，坚持科学立法。科学立法是指立法应当符合中国的国情，符合人民的利益。（概念）立法的程序要科学化，因此需要健全立法起草、论证、协调审议机制，推进立法精细化。（以上内容来自于法治理论所背诵的部分素材）要做到科学立法，还应该坚持实践出真知，即深入实际，让立法能够反映社会的需求。正如材料所言，坚持以实践促进法律的制定，完善立法规划以做到重点突出，提高立法的针对性、及时性和系统性。（结合材料）另一方面，民主立法是指立法过程要广泛听取民众的意见，体现民众的需求。（概念）要做到民主立法，需要在立法机关的主导下，社会

各方有序参与立法。（以上内容来自于法治理论所背诵的素材）要完善立法工作参与机制和程序，扩大公众有序参与，充分听取各方意见。材料二中所说我国法律体系反映人民意志等，这些都是民主立法的要求。（结合材料）

[总结] 总之，在法治发展的道路上，始终坚持科学立法与民主立法，让法律符合科学和民众的意志，有利于进一步完善以宪法为统帅，以宪法相关法、民法商法等多个法律部门的法律为主干，由法律、行政法规、地方性法规等多个层次的法律规范构成的中国特色社会主义法律体系，最终推动依法治国方略的深入实施。

（三）复合型论述题的答题模板

复合型论述题与时政型论述题最大的不同之处在于其往往涉及多个学科，其主要是运用部门法的基本原则和法理学来阐述某个具体制度的意义或者对某个社会现象进行评价。答题的模板基本也遵循"总分总"的方式来进行阐述，一般也是 3~4 段。在解题思维中，最重要的是要保证答题的理论方向是正确的。纵观之前论述题的考查方向可以得知，其主要是以诉讼法和行政法作为主要的命题科目，同时会涉及法理学的基本知识。也有个别情况下是以民事法律关系来进行现象和做法的点评，如 2009 年关于信用卡滥发和诚信的认识问题；或是以刑法的基本原则为出发点对案例进行评析，如 2009 年评述上述两个网上"裸聊"案的处理结果。在答题的时候一般分为平权思维与非平权思维两种。

平权思维是指案件以平等主体的关系进行设置，考查对民法、商法的具体措施的评价。这种平权思维的设计，主要考查的角度是权利的自由与限制的关系，个人的自由与社会利益的冲突。而非平权的法律关系则主要指非平等主体之间的关系，一般命题的基调为"控权保民"，在诉讼法中即体现为对程序的重视，在刑法中体现为严格坚持罪刑法定原则，在行政法中体现为公开、便民。把握住这个基本的规律，破解论述题就比较简单了。

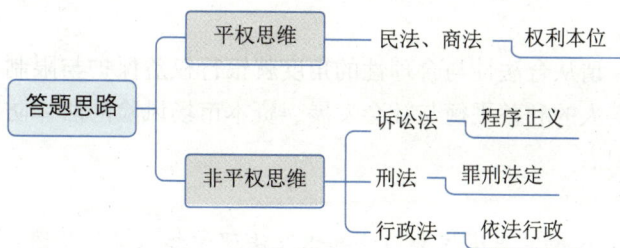

```
                    ┌─ 平权思维 ─── 民法、商法 ─── 权利本位
                    │
答题思路 ───────────┤              ┌─ 诉讼法 ─── 程序正义
                    │              │
                    └─ 非平权思维 ─┼─ 刑法 ───── 罪刑法定
                                   │
                                   └─ 行政法 ─── 依法行政
```

[总结] 积累其他学科的必备素材备用

科　　目		必备素材
基本理论	法　　理	法的价值及其冲突解决、法的作用的局限性、法律与道德的关系
	宪　　法	人民主权原则、人权保障原则、法律至上原则、权力制衡原则
	司法制度与法律职业道德	注意与司法改革以及习近平法治思想相关的考点
	行政法	合法行政原则、合理行政原则、程序正当原则、高效便民原则、诚实守信原则、权责统一原则
	诉讼法	程序公正、诉讼效率、多元化纠纷解决机制

续表

科　　目	必备素材
民　　法	诚实信用原则、禁止权力滥用原则、平等原则、自愿原则、公平原则、绿色原则
刑　　法	罪刑法定原则、刑法面前人人平等原则、罪刑相当原则

2009年卷四第七题（本题25分）

材料：潘晓大学毕业不久，向甲商业银行申领了一张信用卡，透支额度为20 000元。潘晓每月收入4000元，缴纳房租等必需开销3000多元。潘晓消费观念前卫，每月刷卡透支3000多元，累计拖欠甲商业银行借款近60 000元。不久，潘晓又向乙商业银行申领了一张信用卡，该卡的透支额度达30 000元。

据报道，甲商业银行近几年累计发行信用卡近600万张，每张信用卡的透支额度从5000元至10万元不等。该银行2009年8月统计发现，信用卡持卡人累计透支接近300亿元，拖欠期限从一个月到四、五年不等。不少人至少持有两张甚至多张信用卡，因延期还款产生的利息和罚息达到数千元甚至上万元。由于上述现象大量存在，使得一些商业银行的坏账比例居高不下。对此，银行界拟对透支额度大、拖欠时间长的持卡人建立个人信用档案，列入"黑名单"，相关信息各银行共享；拟采取加大罚息比例、限制发放个人贷款、限制发放信用卡、停止信用卡功能等措施制裁信誉不良持卡人；拟建议在设立企业、购买不动产等方面对持卡人进行限制。

另据反映，为数不少的信用卡持卡人则认为，银行信用卡发放泛滥，安全防范功能不强，申领条件设定偏低，合同用语生涩，还款程序设计复杂且不透明，利息负担不尽合理，呼吁国家出台政策进行干预。

问题：

根据上述材料，请从合法性与合理性的角度就银行权益保护与限制、持卡人权利与法律责任、银行和持卡人的利益平衡与社会发展、资本市场风险的法律防范对策，或者其他任一方面阐述你的观点。

答题要求：

1. 应结合相关法律规定，运用部门法知识及法理学知识进行论述；

2. 观点明确，逻辑合理，说理充分，表述清晰；

3. 字数不少于500字。

解题思路：

[第一步] 确定基调与核心词，保证方向不出错。本题考查的是民事法律关系，即为平权法律关系，因此主要围绕权利与权利的限制，法理中即围绕合法性与合理性来谈。主体涉及银行与个人。本题的核心词语为"合理性、合法性（法理学）、保护与限制、社会发展与风险防范"，从这些关键词可以得出都是矛盾的关系，因此可以得出本题的核心问题为"法律和自由的关系问题"。注意：题目中出现"或者其他任一方面阐述你的观点"，那么从答题角度上，该题属于开放型论述题，考生可以任选角度，例如，"自由与秩序""民法的诚实信用""禁止权利滥用"等。

[第二步] 阅读材料，寻找材料的主题思想，进行主旨的总结。本材料可以总结为以下三点：①银行存在信用卡滥发行为，各种不合理的做法给信用卡的使用人带来权利的损害；②信用卡的持卡人也存在一卡多用、恶意透支等不诚信的行为，损害银行的利益；③提出一个小呼吁：加强对于信用卡方面的国家监管。

[第三步] 确定文章的价值观。从要求中可以看出本题可以利用民法学与法理学相关知识的具体适用。民法确定的基本原则为诚实信用原则、禁止权利滥用等权利行使的原则。这两个原则恰恰是本材料涉及的，于是主题思想就可以确定为：合理行使权利，不可滥用权利。从法理学角度也就是对法的价值、法与自由、法与秩序等进行评价，最后谈谈合理行使权利的意义就可以了。

[第四步] 写作排兵布阵

第一段：结合材料，点出问题的实质。问题解决类的论述题，第一段要做的是点出问题的实质，而非都是直接提出观点，这是与时政型论述题不同的部分。

第二段：分析问题背后反映了哪些理论，民法中的知识点是什么，法理学中的知识点是什么。这种做法为什么不对。说正确的做法，并给出理由。

第三段：有感而发谈自己的建议。可以与第二段合二为一。

第四段：总结。

参考答案：

[结合材料，评价问题] 部分持卡人还款意识淡薄与恶意透支的行为导致了银行利益受损，银行采取的各种规制信用卡的行为又伤害了持卡人的利益，各种不合理的行为引发了公众呼吁国家出台政策来进行调整。

[总结材料] 这体现了银行与个人之间的利益冲突，体现了滥用权利所带来的损害，也反映了自由的行使是有边界的，法律保护的自由必须是在法律的限制之下才能真正实现，才能在实现自己权利的同时不损害他人正当利益，才能构建一个稳定和谐的社会环境。(观点)

[具体做法分析——持卡人] 使用信用卡进行提前消费是民法赋予持卡人的权利。但民法同样对权利人行使权利提出了要求：要符合诚实信用原则，不可滥用权利损害他人的合法权利。材料中的有些持卡人的恶意透支导致银行的利益受损，构成了权利的滥用，是法律所不支持的行为。虽然如何使用信用卡是权利人的自由，但自由不是无限制的自由，而是在法律范围之内的自由。持卡人应当始终秉持诚实信用原则来约束自己的消费行为。诚实信用原则是民法的基本原则，被誉为民法中的帝王条款。所谓诚实信用是指民事主体的活动应当讲求诚信，遵守市场规则，不可滥用权利而侵犯他人的合法权益。本题中潘晓等人的做法侵犯了银行的合法权益，违背了诚实信用原则。

[具体做法分析——银行] 银行对恶意透支行为可以采取各种规制措施，但这些措施应当经得起合法性与合理性的检验，应当坚持合法性与合理性的统一。而从材料来看，银行并没有很好地做到这一点。银行为了保护自己的利益有权利制定各种规则以防止信用卡的滥用，但并不意味银行可以自由设置各种规则去侵害持卡人的利益。不论是立法还是行为，都应当坚持合法性与合理性的统一。在对公民权利的限制上，法无授权即禁止。从材料反映的问题来看，银行对信用卡透支的规制措施，有些已经违背了合法性原则。银行的规制措施还必须符合合理性的检验。所谓的合理性原则是指，任何权利的行使都必须有正当的目的、适当的手段，必须实现均衡的结果。从材料中反映的情况看，银行的行为如"加大罚息比例、停止信用卡的功能

等措施"需要注意把握合理的限度,否则会侵犯公民个人的利益。

[正确做法建议] 不论是银行还是持卡人,在从事行为时都必须遵守诚实信用这个基本的原则,都不可滥用权利侵害他人的合法权利。个人要明白自由是法律规制内的自由,而不是没有任何枷锁的自由。银行一方在采取具体的措施进行规制的时候,也需要做到合法性与合理性的统一,不可侵害个人的合法权利。只有双方都能够意识到自由与秩序、合法性与合理性的关系,才能够共同构建健康的市场经济与和谐的社会。

(四) 真题模板套用

2021 年主观卷第一题(回忆版)(本题 35 分)

材料一:推进全面依法治国是国家治理的一场深刻变革,必须以科学理论为指导,加强理论思维,不断从理论和实践的结合上取得新成果,总结好、运用好党关于新时代加强法治建设的思想理论成果,更好指导全面依法治国各项工作。

(2020 年 11 月 16 日~17 日习近平在中央全面依法治国工作会议上的重要讲话)

材料二:党的十八大以来,党中央对全面依法治国作出一系列重大决策,提出一系列全面依法治国新理念新思想新战略……明确了全面依法治国的指导思想、发展道路、工作布局、重点任务。这些新理念新思想新战略,是全面依法治国的根本遵循,必须长期坚持、不断丰富发展。

(2018 年 8 月 24 日习近平在中央全面依法治国委员会第一次会议上的重要讲话)

材料三:立足我国国情和实际,加强对社会主义法治建设的理论研究,尽快构建体现我国社会主义性质,具有鲜明中国特色、实践特色、时代特色的法治理论体系和话语体系。坚持和发展我国法律制度建设的显著优势,深入研究和总结我国法律制度体系建设的成功经验,推进中国特色社会主义法治体系创新发展。

(《法治中国建设规划(2020~2025 年)》)

问题:

结合习近平法治思想的核心要义,谈谈你对当前和下一个阶段推进全面依法治国重点抓住的"十一个坚持"的认识。

答题要求:

1. 无观点或论述、照搬材料原文的不得分;

2. 观点正确,表述完整、准确;

3. 总字数不少于 600 字。

参考答案:

[观点] 全面依法治国是一个系统工程,注重用整体联系、辩证统一的科学方法谋划和推进法治中国建设,必须坚持以习近平法治思想为指导。习近平法治思想的核心要义集中体现为"十一个坚持"。当前和今后一个时期推进全面依法治国必须重点抓好"十一个坚持"。

[分段论述关键词] "十一个坚持"是习近平法治思想的核心要义,是习近平法治思想的重要组成部分,具体包括:①坚持党对全面依法治国的领导;②坚持以人民为中心;③坚持中国特色社会主义法治道路;④坚持依宪治国、依宪执政;⑤坚持在法治轨道上推进国家治理体系和治理能力现代化;⑥坚持建设中国特色社会主义法治体系;⑦坚持依法治国、依法执政、依法行政共同推进,法治国家、法治政府、法治社会一体建设;⑧坚持全面推进科学立法、严

格执法、公正司法、全民守法；⑨坚持统筹推进国内法治和涉外法治；⑩坚持建设德才兼备的高素质法治工作队伍；⑪坚持抓住领导干部这个"关键少数"。全面依法治国，必须统筹推进"十一个坚持"，把握重点，整体规划。

[分段论述关键词] 一方面，推进全面依法治国必须坚持以习近平法治思想为指导。其一，习近平法治思想是马克思主义法治理论同中国实际相结合的最新成果；其二，习近平法治思想是对党领导法治建设丰富实践和宝贵经验的科学总结；其三，习近平法治思想是在法治轨道上推进国家治理体系和治理能力现代化的根本遵循；其四，习近平法治思想是引领法治中国建设实现高质量发展的思想旗帜。正如材料所言，推进全面依法治国，必须以科学理论为指导，总结好、运用好党关于新时代加强法治建设的思想理论成果，更好指导全面依法治国各项工作。

[分段论述关键词] 另一方面，抓住"十一个坚持"是推进全面依法治国的重点。全面推进依法治国各领域各方面的工作相互联系、相互衔接，必须加强统筹、协同推进。坚持依法治国、依法执政、依法行政共同推进，法治国家、法治政府、法治社会一体建设，是对全面依法治国的工作布局，为我们从整体上把握全面依法治国提供了科学指引。正如材料所言，党中央对全面依法治国的新理念新思想新战略，是全面依法治国的根本遵循，必须长期坚持、不断丰富发展。

[总结] 总之，必须深入贯彻以"十一个坚持"为核心要义的习近平法治思想，推进全面依法治国，这为实现国家长治久安提供了科学指南。在全面依法治国工作中，必须毫不动摇地坚持习近平法治思想的指导地位，把习近平法治思想贯彻落实到全面依法治国全过程和各方面，转化为做好全面依法治国各项工作的强大动力，转化为推进法治中国建设的思路举措，转化为建设社会主义法治国家的生动实践，不断开创法治中国建设新局面。

2020年主观卷第一题（回忆版）（本题32分）

材料一： 当今世界正经历百年未有之大变局，我国正处于实现中华民族伟大复兴关键时期。顺应时代潮流，适应我国社会主要矛盾变化，统揽伟大斗争、伟大工程、伟大事业、伟大梦想，不断满足人民对美好生活新期待，战胜前进道路上的各种风险挑战，必须在坚持和完善中国特色社会主义制度、推进国家治理体系和治理能力现代化上下更大功夫。把我国制度优势更好转化为国家治理效能，为实现"两个一百年"奋斗目标、实现中华民族伟大复兴的中国梦提供有力保证。

（摘自十九届四中全会）

材料二： 要加大对危害疫情防控行为执法司法力度，严格执行传染病防治法及其实施条例、野生动物保护法、动物防疫法、突发公共卫生事件应急条例等法律法规，依法实施疫情防控及应急处理措施。

（摘自中央全面依法治国委员会第三次会议）

材料三： 这场抗疫斗争是对国家治理体系和治理能力的一次集中检验。新征程上，要突出问题导向，从完善疾病预防控制体系、强化公共卫生法治保障和科技支撑、提升应急物资储备和保障能力、提升国家生物安全防御能力、完善城市治理体系和城乡基层治理体系等方面入手，抓紧补短板、堵漏洞、强弱项，加快完善各方面体制机制，增强社会治理总体效能，不断提升应对重大突发公共卫生事件的能力和水平，为保障人民生命安全和身体健康夯实制度保障。

（摘自《求是》）

问题：

根据材料，结合在法治轨道上统筹推进疫情防控工作的要求，谈谈发挥法治在国家治理体系和治理能力现代化中的积极作用。

答题要求：

1. 无观点或论述、照搬材料原文的不得分；

2. 观点正确，表述完整、准确；

3. 总字数不少于600字。

参考答案：

[观点] 坚持在法治轨道上统筹推进疫情防控工作，这是全面依法治国的题中应有之义，是实现国家治理体系和治理能力现代化的重要保障，实现国家治理体系和治理能力现代化的内在要求是必须重视法治的积极作用。

[分段论述关键词] 在疫情防控问题上，法治有力地发挥了对疫情防控的引领、规范、保障作用，从立法、执法、司法、守法等各个环节发力。具体来说，第一，科学立法是前提，必须坚持立法先行，不断完善公共卫生有关的法律规范，健全和完善疫情防治的医疗保障制度。第二，严格执法是关键，必须推进依法行政，着力提高政府应对重大突发公共卫生事件的能力和水平。第三，公正司法是保障，对于涉疫情的违法犯罪行为要依法审理，公正裁决，努力让人民群众在每一个司法案件中感受到公平正义。正如材料所言，要加大对危害疫情防控行为执法司法力度，严格执行传染病防治法及其实施条例等法律法规，依法实施疫情防控及应急处理措施。第四，全民守法是基础，要加强疫情防控法治宣传，必须要形成守法光荣、违法可耻的社会氛围。

[分段论述关键词] 推进全面依法治国，发挥法治在国家治理体系和治理能力现代化中的积极作用，要着重把握以下几个方面：第一，提高党依法治国、依法执政能力。要进一步推进党的领导入法入规，善于使党的主张通过法定程序成为国家意志、转化为法律法规，推进党的领导制度化、法治化、规范化。第二，必须坚持以人民为中心。要充分调动广大人民群众的积极性，要坚持和完善人民当家作主制度体系，健全社会公平正义法治保障制度。第三，坚持和完善中国特色社会主义法治体系。要坚持依法治国、依法执政、依法行政共同推进，坚持法治国家、法治政府、法治社会一体化建设。第四，必须建设一支忠于党、忠于国家、忠于人民、忠于法律的高素质法治工作队伍，为法治建设提供人才支持。

[总结] 总之，必须在法治轨道上统筹推进疫情防控，发挥法治对推进国家治理体系和治理能力现代化固根本、稳预期、利长远的重要作用，有利于实现党执政兴国、人民幸福安康，有利于实现国家的长治久安，为实现"两个一百年"奋斗目标、实现中华民族伟大复兴的中国梦提供有力保证。

2019年主观卷第一题（回忆版）（本题38分）

材料一： 建设法治政府必须坚持中国共产党的领导，坚持人民主体地位，坚持法律面前人人平等，坚持依法治国和以德治国相结合，坚持从中国实际出发，坚持依宪施政、依法行政、简政放权，把政府工作全面纳入法治轨道，实行法治政府建设与创新政府、廉洁政府、服务型政府建设相结合。

（摘自《法治政府建设实施纲要（2015~2020年）》）

材料二： 深化机构和行政体制改革。统筹考虑各类机构设置，科学配置党政部门及内设机构权力、明确职责。统筹使用各类编制资源，形成科学合理的管理体制，完善国家机构组织法。转变政府职能，深化简政放权，创新监管方式，增强政府公信力和执行力，建设人民满意的服务型政府。

（摘自十九大报告）

问题：

根据材料，结合你对党和政府深化改革的认识，谈谈法治政府建设对全面依法治国的重要意义和新时代法治政府建设的根本遵循。

答题要求：

1. 无观点或论述、照搬材料原文的不得分；

2. 观点正确，表述完整、准确；

3. 总字数不少于600字。

参考答案：

[观点] 党的十九大要求，要深入推进依法行政，加快建设法治政府。法治政府建设在全面依法治国战略中具有重大意义。加快建设法治政府是深化党和国家机构改革的重要内容。同时，建设法治政府，必须坚持中国特色社会主义法治道路，这是新时代法治政府建设的根本遵循。

[分段论述关键词] 从党和国家机构改革的角度看，法治政府建设对全面依法治国具有重要意义。一方面，法治政府有助于推动国家治理体系现代化。通过转变政府职能，加快建设法治政府，可以加强和完善政府经济调节、市场监管、社会管理、公共服务、生态环境保护职能，调整优化政府机构职能，提高社会治理科学化和法治化水平，全面提高政府效能，激发社会活力。另一方面，法治政府建设有助于推动社会治理法治化。在社会治理中，政府发挥着主导性作用，加强社会治理法律、体制机制、能力、人才队伍和信息化建设，提高社会治理科学化和法治化水平，树立法律的权威，引导社会大众尊法守法。正如材料所言，建设法治政府必须深化机构和行政体制改革，必须把政府工作全面纳入法治轨道，实行法治政府建设与创新政府、廉洁政府、服务型政府建设相结合。

[分段论述关键词] 建设法治政府的根本遵循是坚持中国特色社会主义道路、理论体系、制度。一方面，法治政府建设，需要从我国基本国情出发，同改革开放不断深化相适应，总结和运用党领导人民实行法治的成功经验，推进法治理论创新，发展符合中国实际、具有中国特色、体现社会发展规律的社会主义法治理论。另一方面，新时代法治政府建设，还需要汲取中华法律文化精华，借鉴国外法治有益经验，但决不照搬外国法治理念和模式，也不能照抄照搬他国制度模式。正如材料所言，建设法治政府，坚持从中国实际出发，把政府工作全面纳入法治轨道，实行法治政府建设与创新政府、廉洁政府、服务型政府建设相结合。

[总结] 总之，法治政府建设是深化党和国家机构改革的内在要求，对全面依法治国具有深远的意义。同时，建设法治政府，必须坚持中国特色社会主义法治道路、理论体系、制度，事关党执政兴国、事关人民幸福安康、事关党和国家的长治久安，有利于实现中华民族伟大复兴的中国梦。

2018年主观卷第一题 （回忆版）（本题38分）

材料一： 改革和法治如鸟之两翼、车之两轮。我们要坚持走中国特色社会主义法治道路，加快构建中国特色社会主义法治体系，建设社会主义法治国家。全面依法治国，核心是坚持党的领导、人民当家作主、依法治国有机统一，关键在于坚持党领导立法、保证执法、支持司法、带头守法。要在全社会牢固树立宪法法律权威，弘扬宪法精神，任何组织和个人都必须在宪法法律范围内活动，都不得有超越宪法法律的特权。

（摘自《习近平在庆祝中国共产党成立95周年大会上的讲话》）

材料二："全面推进依法治国这件大事能不能办好，最关键的是方向是不是正确、政治保证是不是坚强有力，具体讲就是要坚持党的领导，坚持中国特色社会主义制度，贯彻中国特色社会主义法治理论。"

（摘自《关于〈中共中央关于全面推进依法治国若干重大问题的决定〉的说明》）

问题：

根据材料，结合自己的实际工作和学习，谈谈坚定不移走中国特色社会主义法治道路的核心要义。

答题要求：

1. 无观点或论述、照搬材料原文的不得分；
2. 观点正确，表述完整、准确；
3. 总字数不少于600字。

参考答案：

[观点] 依法治国是坚持和发展中国特色社会主义的本质要求和重要保障，是实现国家治理体系和治理能力现代化的必然要求。在推进依法治国伟大战略的过程中，坚持党的领导，坚持中国特色社会主义制度，贯彻中国特色社会主义法治理论构成了中国特色社会主义法治道路的核心要义。

[分段论述关键词] 中国特色社会主义法治道路的核心要义，具体包括：首先，党的领导是中国特色社会主义最本质的特征，是社会主义法治最根本的保证。我国宪法确立了中国共产党的领导地位，坚持党的领导，是社会主义法治的根本要求，是全国各族人民的利益所系、幸福所系。其次，中国特色社会主义制度是中国特色社会主义法治体系的根本制度基础，是全面依法治国的根本制度保障。在法治国家的建设过程中，始终坚持从中国的基本国情出发。中国特色社会主义制度集中体现了中国特色社会主义的特点和优势。最后，中国特色社会主义法治理论是建设社会主义法治国家的根本指引。社会主义法治理论是将马克思主义普遍真理同中国实际不断结合的理论结晶，是对我党带领全国人民探索法治道路经验的科学总结。正如材料所言，全面推进依法治国最关键的是方向是不是正确、政治保证是不是坚强有力，具体讲就是要坚持党的领导，坚持中国特色社会主义制度，贯彻中国特色社会主义法治理论。

[分段论述关键词] 在我国不断推进法治建设的过程中，我作为一名法律工作者，深刻感受到中国特色社会主义法治理论的进步和科学。在日常工作中，首先，必须坚持党组织的领导作用，同时注重发挥党员干部的带头作用。其次，要注重对中国现实的把握，我们要坚持走中国特色社会主义法治道路，加快构建中国特色社会主义法治体系，建设社会主义法治国家。最后，必须树立宪法法律权威，弘扬宪法精神，任何组织和个人都必须在宪法法律范围内活动，都不得有超越宪法法律的特权。

[总结] 总之，坚持党的领导，坚持中国特色社会主义制度，贯彻中国特色社会主义法治理论，三者有机统一，构成了中国特色社会主义法治道路的核心要义，指明了中国特色社会主

义法治道路的领导力量、制度基础与保障、理论指导和学理支撑，彰显了道路自信、理论自信和制度自信，对于我们的实践和学习有重大的指导意义。

2017年卷四第一题（本题22分）

材料一： 法律本来应该具有定分止争的功能，司法审判本来应该具有终局性的作用，如果司法不公、人心不服，这些功能就难以实现。……我们提出要努力让人民群众在每一个司法案件中都感受到公平正义，所有司法机关都要紧紧围绕这个目标来改进工作，重点解决影响司法公正和制约司法能力的深层次问题。

（摘自习近平：《第十八届中央政治局第四次集体学习时的讲话》）

材料二： 新华社北京2017年5月3日电：中共中央总书记、国家主席、中央军委主席习近平3日上午来到中国政法大学考察。习近平指出，我们有我们的历史文化，有我们的体制机制，有我们的国情，我们的国家治理有其他国家不可比拟的特殊性和复杂性，也有我们自己长期积累的经验和优势。

问题：

请根据材料一和材料二，结合自己对中华法文化中"天理、国法、人情"的理解，谈谈在现实社会的司法、执法实践中，一些影响性裁判、处罚决定公布后，有的深获广大公众认同，取得良好社会效果，有的则与社会公众较普遍的认识有相当距离，甚至是截然相反判断的原因和看法。

答题要求：

1. 无观点或论述、照搬材料原文的不得分；

2. 观点正确，表述完整、准确；

3. 总字数不少于500字。

参考答案：

[观点] 在传统中华法文化中，天理是指法律所依据的道理，它是法律制定、实施的本源；国法是指国家法律；人情则是指社会公众所认可的道德伦理情感。"天理、国法、人情"的融会贯通是传统中华法文化的价值追求和精华所在，也能够使法律决定最大程度地兼顾法律效果和社会效果。

[分段回答题干问题——裁判、决定获得广大公众认同或者不认同的原因] 天理、国法和人情都是社会关系调控的重要规范，但是它们并不总是协调一致的，它们之间往往存在一定的冲突。这主要表现为情理与法理的冲突，即合法不合理、合理不合法。在现实社会的司法、执法实践中，一些影响性裁判、处罚决定公布后，有的既合乎法理又合乎情理，深获广大公众认同，取得良好社会效果；有的则虽然合乎法理，却违背情理，与社会公众较普遍的认识有相当距离，甚至判断截然相反，受到社会公众抵制批评。出现这种情况主要是由法律与道德之间的差异造成的，两者在调整对象、规范性特点和程度方面均有不同之处，这很大程度上反映出我国的法律制度与社会道德准则之间出现了脱节。

[分段回答题干问题——裁判、决定获得广大公众认同或者不认同的看法] 为了避免法律与道德之间出现冲突，一方面，在立法时应当充分考虑一定时期社会道德的基本要求，将其作为制定法律的价值基础，防止与道德对立的"恶法"出现。对于出现的违背天理、人情的国法，应当及时地完善，切实保证立法符合中国实际。另一方面，在执法和司法过程中，执法

和司法主体应当在合法的前提下，在自由裁量范围内尽量考虑道德要求，使法律的适用不仅合法，而且又合乎情理。

［总结］综上所述，在中华文化中强调天理、国法、人情有机统一，坚持依法治国和以德治国相结合。国家治理应从中国实际出发，汲取中华法律文化中的精华，灵活运用"天理、国法、人情"解决纠纷，才能真正地让人民群众在每一个司法案件中都感受到公平正义。

2013年卷四第七题（第4问）

案情： 孙某与钱某合伙经营一家五金店，后因经营理念不合，孙某唆使赵龙、赵虎兄弟寻衅将钱某打伤，钱某花费医疗费2万元，营养费3000元，交通费2000元。钱某委托李律师向甲县法院起诉赵家兄弟，要求其赔偿经济损失2.5万元，精神损失5000元，并提供了医院诊断书、处方、出租车票、发票、目击者周某的书面证言等证据。甲县法院适用简易程序审理本案。二被告没有提供证据，庭审中承认将钱某打伤，但对赔偿金额提出异议。甲县法院最终支持了钱某的所有主张。

二被告不服，向乙市中院提起上诉，并向该法院承认，二人是受孙某唆使。钱某要求追加孙某为共同被告，赔偿损失，并要求退伙析产。乙市中院经过审查，认定孙某是必须参加诉讼的当事人，遂通知孙某参加调解。后各方达成调解协议，钱某放弃精神损害赔偿，孙某即时向钱某支付赔偿金1.5万元，赵家兄弟在7日内向钱某支付赔偿金1万元，孙某和钱某同意继续合伙经营。乙市中院制作调解书送达各方后结案。

问题：

近年来，随着社会转型的深入，社会管理领域面临许多挑战，通过人民调解、行政调解、司法调解和民事诉讼等多种渠道化解社会矛盾纠纷成为社会治理的必然选择；同时，司法改革以满足人民群众的司法需求为根本出发点，让有理有据的人打得赢官司，让公平正义通过司法渠道得到彰显。请结合本案和社会发展情况，试述调解和审判在转型时期的关系。

答题要求：

1. 根据法律、司法解释规定及民事诉讼法理知识作答；

2. 观点明确，逻辑清晰，说理充分，文字通畅；

3. 请按提问顺序逐一作答，总字数不得少于600字。

参考答案：

［观点］在转型时期，应当将调解与审判两种方式结合起来，充分发挥各自的优势，以实现优势互补，取得相得益彰的法律效果。调解尊重当事人意愿，能够快速有效解决纠纷，是司法效率的体现，而民事审判则是司法公正的体现，二者结合体现了司法公正与效率这两种法的价值的辩证统一关系。

［理论］司法公正与效率是统一的关系。司法公正是指法官能够做到以事实为依据、以法律为准绳，严格依照实体法和诉讼法的规定进行裁判。司法效率是指以较小的司法资源的投入获取较好的效果。诉讼效率越低，诉讼程序的持续时间越长，被告人和被害人的权利遭到损失的可能性就越大，越不利于公正的实现。同时，程序公正也有利于诉讼效率的提高。在一定情况下，效率与司法公正必然会发生矛盾。正义优先于效率。只有在正义得到实现的前提下，才能提高诉讼效率；对诉讼效率的追求，不能妨碍公正价值的实现。当然，一定情况下，为了效

率，不得不对公正价值做出适当牺牲。所以在司法实践中就需要找到公正与效率最佳的结合点。

[材料] 本案很好地体现了效率和公正的关系，也很好地做到了二者的统一。本案中，二审法院利用调解解决了纠纷，节约了司法资源，节省了当事人的精力，体现了司法效率的要求。法院的调解是建立在法定的条件之上，对案件事实进行了合乎程序的审理，做到了尊重事实和法律，体现了司法公正的要求。

[结论] 在转型期，利用多种途径，尤其是调解的方式与诉讼相结合来解决纠纷是一种非常好的尝试，这是一次司法公正与司法效率的结合。但需要注意在具体的实践中要始终坚持公正优先，兼顾效率的原则，当调则调，当审则审，不可久调不决。把握好二者的关系才能够更好地实现司法公正，推进依法治国的进程。

提示：本题是从司法公正与司法效率的角度出发，考生也可尝试从合法性与合理性的关系、三个效果的统一等角度进行阐述。

图书在版编目（ＣＩＰ）数据

主观题模板写作一本通/厚大法考组编. —北京：中国政法大学出版社，2022.6
ISBN 978-7-5764-0384-8

Ⅰ.①主… Ⅱ.①厚… Ⅲ.①法律－中国－资格考试－自学参考资料 Ⅳ.①D92

中国版本图书馆CIP数据核字(2022)第051320号

出　版　者	中国政法大学出版社
地　　　址	北京市海淀区西土城路25号
邮寄地址	北京100088信箱8034分箱　邮编100088
网　　　址	http://www.cuplpress.com（网络实名：中国政法大学出版社）
电　　　话	010-58908285(总编室) 58908433（编辑部）58908334(邮购部)
承　　　印	北京铭传印刷有限公司
开　　　本	787mm×1092mm　1/16
印　　　张	16
字　　　数	380千字
版　　　次	2022年6月第1版
印　　　次	2022年6月第1次印刷
定　　　价	73.00元

厚大法考 2022 年 "客观题学习包" 免费网络课堂课程安排

超级系统强化阶段——主讲各科主要内容，全面学习和掌握各科知识点（☆夯实基础，全面学习和掌握各科知识点）

教学内容： 系统讲解各科的考试主要内容及核心内容。围绕各学科内容的框架体系，将各基本理论进行详细讲解，结合案例分析帮助大家理解并掌握知识。

教学目标： 让学生领悟各学科精髓，掌握重点难点，具备应试能力。

部门法	授课教师	课时	部门法	授课教师	课时	配套资料	上传时间
民法	张翔	8天	民诉法	刘鹏飞	4天		
刑法	罗翔	8天	刑诉法	向高甲	5天	理论卷	2022年1月中旬开始陆续上传
行政法	魏建新	5天	三国法	殷敏	4天		
商经知	郄梦莹	5+1天	理论法	高晖云	5天		

真题阶段（☆重者恒重，通过剖析真题来掌握客观题）

教学内容： 对历年经典真题进行归类讲解，归纳考试重点，剖析命题隐脉，掌握命题思路，领会命题技巧，领悟法考真谛。

教学目标： 使学生深刻领悟法考考什么，怎么考，培养法考真题解题技巧，领会命题思路，领悟法考真谛。

部门法	授课教师	课时	部门法	授课教师	课时	配套资料	上传时间
民法	张翔	2天	民诉法	刘鹏飞	2天		
刑法	罗翔	2天	刑诉法	向高甲	2天	真题卷	2022年5月底开始陆续上传
行政法	魏建新	2天	三国法	殷敏	2天		
商经知	郄梦莹	2天	理论法	高晖云	2天		

119 必背阶段（☆浓缩精华，客观题考前必背的精华提炼总结）

教学内容： 临考之前，将各科进行精华总结，带各科进行精华总结，提炼各科核心，将"重中之重"，"2022年浓缩版必背考点"进行总结提炼与讲授。

教学目标： 在客观题临考之前，将各学科核心内容学习，适应法考命题趋势，提高核心内容学习效果，提升应试能力。

部门法	授课教师	课时	部门法	授课教师	课时	配套资料	上传时间
民法	张翔	4天	民诉法	刘鹏飞	3天		
刑法	罗翔	4天	刑诉法	向高甲	3天	119考前必背	2022年7月初开始陆续上传
行政法	魏建新	3天	三国法	殷敏	3天		
商经知	郄梦莹	4天	理论法	高晖云	4天		

168 金题串讲阶段（☆模拟训练，考前冲刺，轻松应战客观题）

教学内容： 带领学生进行仿真模拟训练，以题带点，以点带面，适应考命题特点，提升客观题应试能力。

教学目标： 迅速对知识查漏补缺，提升做题应试能力。

部门法	授课教师	课时	部门法	授课教师	课时	配套资料	上传时间
民法	张翔	2天	民诉法	刘鹏飞	2天		
刑法	罗翔	2天	刑诉法	向高甲	2天	168金题串讲	2022年8月初开始陆续上传
行政法	魏建新	2天	三国法	殷敏	2天		
商经知	郄梦莹	2天	理论法	高晖云	2天		

2022厚大法考主客一体学习包

专属学习平台
学习中心——监控,记录你的学习进度

全名师阵容
严选八大名师,更能把握改革趋势

全套免费课件
全高清/全名师/全课程/全免费

专业答疑服务
高分导学师,专业答疑

更多过关学员选择
累计销售30余万套,业内遥遥领先

专属机考AB卷
让你提前体验实战感觉

八大名师

民法|张翔

刑法|罗翔

民诉|刘鹏飞

刑诉|向高甲

行政|魏建新

商经|鄢梦萱

三国|殷敏

理论|高晖云

全套图书

《理论卷》
8本

《真题卷》
8本

《119必背》
8本

《168金题》
8本

《主观题冲刺一本通》
7本

《主观题历年真题破译》
1本

《主观题模板写作一本通》
1本

《主观题应试重点法条解读》
1本

《主观题模拟四套卷》
1本

请打开手机淘宝扫一扫
厚大教育旗舰店